Dein Wille geschehe ...

Das Bild des Vaters in zeitgenössischer Kunst und Wissenschaft

Herausgegeben von Johannes Bilstein,
Barbara Straka und Matthias Winzen

Mit Essays von Tilman Allert, Christina von Braun,
Micha Brumlik, Yvonne Ehrenspeck,
Dieter Lenzen, Herfried Münkler,
Hans Peter Thurn und Uwe Wesel

Eine Initiative des Siemens Kulturprogramms

Oktagon

Katalog

Dieser Katalog erscheint anläßlich der Ausstellung »Dein Wille geschehe... - Das Bild des Vaters in der zeitgenössischen Kunst« im Haus am Waldsee, Berlin (19.2.-2.4.2000). Die Ausstellung ist Teil der Trilogie »Kind, Mutter, Vater«. Das Gesamtprojekt besteht aus einer Reihe von Tagungen und Ausstellungen, die 1999 und 2000 in Köln, Nürnberg und Berlin stattfinden. Es basiert auf einer Idee von Johannes Bilstein. Das Konzept wurde entwickelt von Johannes Bilstein, Eckart Liebau und Matthias Winzen.

Die Essays von Tilman Allert, Christina von Braun, Micha Brumlik, Yvonne Ehrenspeck, Dieter Lenzen, Herfried Münkler, Hans Peter Thurn und Uwe Wesel gehen auf die Tagung »Das Bild des Vaters« am 23. Oktober 1999 im Haus am Waldsee, Berlin, zurück.

Redaktion: Johannes Bilstein, Barbara Straka, Matthias Winzen
Redaktionelle Mitarbeit: Kristina Helena Pavićević

Satz und Herstellung: WIGEL@munich.netsurf.de
Lithografie: Art Publishing, Troisdorf-Spich
Druck und Bindung: Druckerei Fries, Köln

Auf dem Umschlag:
Lutz Dammbeck: *Herakles Konzept. Versuchsanordnung 3*, 1988-1990; © VG Bild-Kunst, Bonn 2000: Lutz Dammbeck (e.) Twin Gabriel: *Deutscher 1*, 1992; © (e.) Twin Gabriel, Berlin; Martin Kippenberger: *Der Eiermann und seine Ausleger*, 1997 (Abb. Umschlaginnenseite vorn)

Die Deutsche Bibliothek - CIP-Einheitsaufnahme
Dein Wille geschehe : das Bild des Vaters in zeitgenössischer Kunst und Wissenschaft; [erscheint anläßlich der Ausstellung Dein Wille Geschehe ... - das Bild des Vaters in der Zeitgenössischen Kunst im Haus am Waldsee, Berlin (19.2. - 2.4.2000)]; eine Initiative des Siemens Kulturprogramms / hrsg. von Johannes Bilstein ... Mit Essays von Tilmann Allert ... - Köln: Oktagon, 2000

ISBN 3-89611-080-2
Printed in Germany

Ausstellung

Haus am Waldsee
Argentinische Allee 30
D-14163 Berlin
www.hausamwaldsee-berlin.de
Tel: 030/8091-2234, 801-8935
Fax: 030/802-2028

Öffnungszeiten:
Dienstag bis Sonntag 12-20 Uhr,
Führungen jeden Sonntag um 16 Uhr

Kuratoren:
Barbara Straka, Matthias Winzen

Haus am Waldsee, Berlin
Leitung: Barbara Straka
Sekretariat: Gabriele Gohlke, Monja Sass, Christine Koch, Thomas Schaale
Ausstellungstechnik:
Frank Rubner, Martin Sauerborn, Ulrich Ankele

Siemens Kulturprogramm, München
Leitung: Michael Roßnagl
Projekt: Matthias Winzen, Kristina Helena Pavićević
Presse- und Öffentlichkeitsarbeit: Karolin Timm

Leihgeber

Hans-Jürgen Bolz, Mülheim-Ruhr
Franz Bungter, Köln
Lutz Dammbeck, Hamburg
Elfi Fröhlich, Berlin
Cordula Güdemann, Stuttgart
Georg Hautmann, Böllenborn
Sammlung Hirsch, Köln
Courtesy Galerie Hohenthal und Bergen, Berlin
Ulla Jokisalo, Helsinki
Komar & Melamid, New York
Sammlung Landesbank Baden-Württemberg, Stuttgart
Via Lewandowsky, Berlin
Paul Luckner, Düsseldorf
Galerie Greta Meert, Brüssel
Christiane Möbus, Hannover
Albert Oehlen, Köln
Sammlung Olbricht, Essen
Sammlung Reiner Speck, Köln
Barbara Straka, Berlin
Courtesy Galerie Barbara Thumm, Berlin
Courtesy Galerie Barbara Weiss, Berlin

Sowie private Leihgeber

Inhalt

Zum Geleit

Michael Roßnagl
Siemens Kulturprogramm

Barbara Straka
Haus am Waldsee

»Mutter, Vater, Kind« ist ein beliebtes Kinderspiel, mit dem man sich in die Erwachsenenwelt und den Ernst des Lebens hineinversetzt. Je nach eigenen Erfahrungen gerät es zur Komödie oder zum Drama mit verteilten Rollen, die die Spieler wechselseitig annehmen, um sich im jeweils anderen zu spiegeln, sich an seiner Stelle zu sehen, Distanz und Nähe aus wechselseitigen Perspektiven zu lernen. Bedauerlich, daß diese Übungen im Erwachsenenalter eingestellt werden; die Waffen auf manchem Schauplatz familiärer Kämpfe könnten im Rollenspiel vielleicht entschärft, zumindest aber die Lage durchschaut werden.

Die vom Siemens Kulturprogramm mit Ausstellungshäusern in Köln, Nürnberg und Berlin veranstaltete Trilogie »Kind, Mutter, Vater« knüpft an die populären Vorstellungen, Klischees und Rollenzuweisungen an, die sich in jedem von uns mit dem Thema verbinden, die sich im Alltagsbewußtsein und im kollektiven Gedächtnis abgelagert und verfestigt haben. Es scheint, als sei das Thema so selbstverständlich, daß man es sich kaum als Gegenstand einer Kunstausstellung vorstellen kann. Demgegenüber würde kaum jemand die Allgegenwart und historische Bedeutung des Themas im soziologischen, religions- und erziehungswissenschaftlichen Diskurs bezweifeln, wie die in diesem Katalog versammelten Essays eindrucksvoll belegen. Gerade hier liegt die Chance, kontextübergreifend auch nach dem Part der Kunst zu fragen und auf diese Weise dem Leser des Katalogs und dem Ausstellungspublikum die Möglichkeit zu geben, analog dem alten Rollenspiel »Vater, Mutter, Kind« Betrachtungen aus unterschiedlichen – nun nicht mehr individuellen, sondern gesellschaftlichen – Perspektiven anzustellen, um auf diese Weise ein umfassendes Verständnis von der Problematik, ihren Ursachen und Entwicklungslinien zu gewinnen, die sich gestern, heute und morgen mit dem Status der Familie verbinden lassen.

Wohl kaum eine gesellschaftliche Instanz befindet sich derart im Umbau wie die Familie, die einst als sicherer Hort unumstößlicher Wertevermittlung an nachfolgende Generationen galt. Fast täglich ist das Thema in der Presse präsent; politische Parteien, die sich als »Volksparteien« verstehen, sind derzeit dabei, ihr eigenes Verständnis von »Familie« zu hinterfragen und zu verändern, mit den Mitteln der Politik an die Erfordernisse des heutigen Lebens anzupassen. Die Familie ist heute eine Gleichung mit mehreren Unbekannten, ein labiles Gefüge, das sich unterschiedliche Formen geben und kaum noch Orientierungsmuster und Wertvorgaben für sich reklamieren kann. Die noch in der ersten Hälfte des 20. Jahrhunderts unangetasteten Hierarchien zwischen Vater, Mutter und Kind sind heute hinfällig, wie auch die – eigentlich zufällige – Reihenfolge der Ausstellungen zum Bild des Kindes, der Mutter und zuletzt des Vaters vermitteln mag. Dabei ist die Wahl des Ausstellungsortes Berlin für »Das Bild des Vaters« (wie auch bei den vorausgegangenen Ausstellungen der Trilogie) keineswegs von marginaler Bedeutung, denn die Hauptstadt läßt sich gegenüber Köln oder Nürnberg mit einer »Vaterrolle« assoziieren, nicht ohne im selben Moment an die diktatorische Gewalt und die Aggression zweier Weltkriege zu denken, die von Berlin ausgingen. Es wundert kaum, daß diese Aspekte maßgeblich die Bildmotive der Künstler prägen.

Besonderer Dank gilt allen, die am Projekt mitgearbeitet und zu dessen Gelingen beigetragen haben, insbesondere den Künstlerinnen und Künstlern dieser Ausstellung sowie den Leihgebern und Autoren. Wir danken Andreas Balze vom Oktagon Verlag und Kristina Helena Pavićević für die organisatorische Betreuung des Kataloges, Karolin Timm, die für die Öffentlichkeitsarbeit verantwortlich zeichnet. Ein so umfangreiches Projekt wie das vorliegende – mit mehreren Symposien, Ausstellungen und Katalogen – bildet ein sich über lange Zeit entwickelndes Netzwerk, in das Anregungen, Hinweise, Informationen und Unterstützung vieler nicht namentlich genannter Personen eingeflossen sind, denen wir ebenfalls herzlich danken.

Vorwort

Johannes Bilstein
Barbara Straka
Matthias Winzen

Der vorliegende Katalog dokumentiert die dritte und letzte Etappe der Trilogie »Kind, Mutter, Vater«, die im Laufe der Jahre 1999 und 2000 in Nürnberg, Köln und Berlin als Initiative des Siemens Kulturprogramms stattfindet. Die Trilogie ist ein interdisziplinär angelegtes Projekt (konzipiert und entwickelt von Johannes Bilstein, Kunstakademie Düsseldorf, Eckart Liebau, Institut für Pädagogik der Universität Erlangen-Nürnberg und Matthias Winzen, vormals Siemens Kulturprogramm), das sich aus Symposien und Ausstellungen zusammensetzt und – allgemein formuliert – danach fragt, wie sich die Künste und die Wissenschaften Bilder von Müttern, Kindern und von Vätern machen.

»Vater«: ein ernstes Wort mit oft ernstem Bedeutungsgehalt, jedem bekannt und für jeden mit unterschiedlichen Gefühlsgehalten verbunden. Die Erwartungen, Wünsche und Hoffnungen, die Klischees und Topoi, die sich mit »Vater« und mit »Väterlichkeit« verbinden, sind heute ganz andere als noch in den 50er Jahren – und sie werden immer fremder, je weiter man in der Geschichte zurückgeht.

Das Bild des Vaters, das über Jahrhunderte hinweg sehr stabil aussah, ist in der Gegenwart gar nicht eindeutig. Was ein Vater zu tun und zu leisten hat, welche Wichtigkeit ihm für das Leben der Kinder und der Mütter zugeschrieben wird – darüber verhandeln und streiten wir auf vielen Ebenen, nicht zuletzt auch im Entwurf immer neuer und sich widersprechender Bilder. Väter wurden und werden geliebt und gefürchtet, verehrt, bewundert und bekämpft, als übermächtig und bedrohlich erlebt. Spätestens seit dem ausgehenden 19. Jahrhundert gibt es eine eigene und starke – vor allem literarische – Tradition harter, existenziell argumentierender und oft denunziatorisch gemeinter Kritik am Vater, die sich an seiner Position innerhalb der Familie, seinem Benehmen gegenüber der Mutter und den Kindern und an seinem oft als gewaltsam beschriebenen Herrschaftsanspruch innerhalb der Familie entzündet. »Der riesige Mann, mein Vater, die letzte Instanz« (so Franz Kafka in seinem »Brief an den Vater«) – diese Figur hat sich als fast stereotyp reproduzierter Topos im Allgemeingut unserer Kultur niedergeschlagen, und dieser riesige Mann war eine sehr deutlich erkennbare Figur.

In der gegenwärtigen Situation scheint sich Mitscherlichs Behauptung einer charakteristischen Vater-Losigkeit auf bemerkenswerte Weise bestätigt zu haben. Oft wird Vaterschaft auf eine biologische Funktion reduziert oder nur noch dann für beachtens- und diskutierenswert gehalten, wenn sie sich mit traditionell weiblichen und mütterlichen Qualitäten mischt. Unser Vaterbild ist undeutlich geworden. Die Formel »pater semper incertus« – der Vater ist immer unsicher – war ursprünglich biologisch und juristisch gemeint: daß bei der Geburt eines Kindes eben nur die Mutter zweifelsfrei feststeht. Pater semper incertus – das scheint aber inzwischen im Zusammenspiel von Vater, Mutter und Kind so etwas wie ein genereller Slogan geworden zu sein: Vaterschaft ist Unsicherheit.

Die Ausstellung »Dein Wille geschehe ... – Das Bild des Vaters in der zeitgenössischen Kunst«, die im Bildteil des vorliegenden Kataloges dokumentiert ist, zeigt, wie die heutige Kunst mit dem Thema »Vater« umgeht. Es geht ebenso um die Frage, auf welche Weise persönliche Vatererinnerungen künstlerisch produktiv machen, wie um die künstlerische Auseinandersetzung mit Vaterprojektionen im gesellschaftlichen und historischen Raum. Auffällig ist, daß das historische, politisch und religiös assoziierte Vaterbild vor allem von Künstlern aus Deutschland und aus Osteuropa bearbeitet wird, während andere Positionen die ironische oder autobiographische Komponente in den Vordergrund stellen.

Das exilrussische Künstlerduo Komar & Melamid gründet seine der »Soz-Art« verpflichtete Malerei bis heute auf der Demontage und ironischen Vergangenheitsbeschwörung der »Väter der russischen Revolution« (Lenin, Stalin), die nach der Übersiedlung der Künstler nach New York mit anderen Vaterfiguren vertauscht werden. George Washington und Marcel Duchamp stehen jetzt für die selbsternannten Väter der Künstler in einer neuen Serie von Gemälden des »Patriotischen Absurdismus« und entlarven die Auswechselbarkeit patriotischer und weltanschaulicher Leitbilder wie auch den Prozeß der Desillusionierung: Das Leben im amerikanischen Exil erwies sich nicht als Erfüllung eines Kindheitstraums.

Auch Leonards Laganovskis problematisiert und entzaubert das ehemalige sozialistische Vaterbild als diktatorischen Herrscher, Mitglied eines Parteiapparats oder charismatischen Patriarch, indem er Kindheitserinnerungen an massenmediale Präsenz der politischen Führer zum Thema macht. Überväter wie Lenin, Stalin und auch Gorbatschow haben Geschichte geschrieben, doch wird jede Ära politischer Leitbilder von einem »Bildersturm« beendet, den Laganovskis in einer Serie konzeptueller leerer Denkmalsockel reflektiert, die den Betrachter zu eigenen Projektionen herausfordern. Die Abarbeitung an den Vaterbildern der alten Generation wird zur Spiegelung eines Emanzipationsprozesses der osteuropäischen Völker nach der Auflösung der Sowjetunion, zeigt aber auch die Hilflosigkeit einer »vaterlosen Gesellschaft«, die es in ihren noch jungen Demokratien kaum gelernt hat, Eigenverantwortung ohne staatliche Autoritäten zu übernehmen.

Viktor Pivovarov und Pavel Pepperstein repräsentieren in der Ausstellung nicht nur eine weitere, ironisch-narrative Komponente der stark affektiv besetzten künstlerischen Vaterbewältigung in Osteuropa (»Väterchen Stalin«, Großvater Lenin), sondern sie sind auch selbst Vater und Sohn. Während Pivovarov die anekdotischen und ikonenhaften Rollenzuweisungen vornimmt und Stalin mal als Denkmal, dann Lenin als unschuldiges Baby, schließlich als gefallenen Sohn mit »Mütterchen Rußland« darstellt, fragt Pepperstein (Mitglied der konzeptuellen Moskauer Künstlergruppe »Inspektion Medizinische Hermeneutik«) nach dem noch heute im kollektiven Gedächtnis verankerten Innenbild der politischen Führer und ihrer psychischen Allmacht im ehemaligen sozialistischen Alltag.

Nicht als Täter, als Diktator oder Patriarch wie in Osteuropa, sondern als soldatischen Befehlsempfänger zeigen Cordula Güdemann und Gerhard Richter ihre Vaterprojektionen aus unterschiedlichen Generationen. Richter reflektiert in seinen Mitte der sechziger Jahre entstandenen Gemälden und Editionen, die Vorlagen aus Familien-Fotoalben der Nachkriegszeit folgen, den treusorgenden wie den (kriegsbedingt) abwesenden Familienvater, aber auch den willfährigen Befehlsempfänger in Bombenflugzeugen. Die Häufigkeit der Existenz gerade dieser beiden Sujets (Familien- und Bomber-Bilder) in der bundesrepublikanischen Wohlstandsgesellschaft der sechziger Jahre zeigt den tiefverwurzelten Glauben an die »heile Welt« im Widerspruch einer an sich zerstörten Familienstruktur. Cordula Güdemann malt zum Torso reduzierte soldatische Figuren in Tarnkleidung, die an jüngere Kriege in Europa denken lassen und liefert mit ihrem 1991 entstandenen Gemälde *Brandenburger Tor* und Portraits aktueller staatstragender Leitbilder einen brisanten Beitrag zum aktuellen Thema des »politischen Vatermords« und zur »Demontage« politischer Denkmäler und Vater-Personifikationen in der momentanen Erneuerungsdiskussion einer großen Volkspartei in der Bundesrepublik.

Das bei Richter und Güdemann angesprochene militaristische Element des Themas »Vaterbild« liegt auch der aus dem realen Kontext der Familie der Künstlerin entnommenen *Ahnengalerie* von Elisabeth Hautmann zu Grunde. In der Aufreihung von Repräsentationsfotos ausschließlich männlicher Familienmitglieder verschiedener Generationen in soldatischer Montur über einer Dielenbank mit Grünpflanze artikuliert sich ein unerschütterlicher Glaube an den schützenden Vater und den die Werte von Vaterland, Heim und Familie verkörpernden Patriarchen wie auch die von ihm repräsentierte »Männergesellschaft«, das Militär. Elisabeth Hautmann läßt diese vorgefundene, authentische Installation wie ein Ready Made vom Haus ihrer Familie in den Ausstellungskontext übertragen und setzt auf den entlarvenden Impuls dieses »Displacement«. Thomas Schütte greift die altehrwürdige Form der Portraitgalerie auf. An Stelle würdiger Vorväter schauen uns Gesichtsklumpen aus Knetmasse an. Was mag ihnen wohl durch den Kopf gehen?

Der atmosphärischen Herrschaft durch Schweigen und gravitätische Selbststilisierung in Kleidung und Symbolik, wie sie Familien-, Stadt- und Landesväter ausüben, geht Christiane Möbus nach. Von ihren Trägern isoliert, entpuppt sich die dunkle, ehrfurchtgebietende Kleidung, die Möbus in ihren Installationen zeigt, als Verkleidung – und beginnt sogleich ein Eigenleben als Relikt, als Zeugnis einer überwundenen, lange vergangenen Autorität.

Lutz Dammbeck thematisiert mit dem Blick auf das nationalsozialistische und das sozialistische Deutschland die »Väter als Täter«. Er betreibt eine radikale Demontage von Leitbildern in seinem Filmwerk und in seinen Fotoarbeiten, die sich an falschen Autoritäten reiben. Das projizierte und montierte Vaterbild gerät ihm in seinen *Versuchsanordnungen* zum chimärenhaften »Übermenschen«, der Anlaß gibt zur befreienden Destruktion, zur kritischen Durchleuchtung. Unter dem Titel *Herakles Konzept* entstanden zwischen 1988 und 1998 zahlreiche Varianten von Fotomontagen am Fahndungscomputer des BKA.

Ein eindringliches Memento setzen die Fotokünstlerinnen Ulla Jokisalo und Elfi Fröhlich ihrem eigenen Vater, der in autobiographischen Kindheitserinnerungen präsent wird. Während bei Jokisalo die väterliche Macht und Gewalt in ihrem unbewußten Einfluß auf die weibliche Sozialisation geradezu tiefenpsychologisch ausgelotet und Erziehung auch als Verwundung und Beschädigung aufgefaßt wird, widmet sich Elfi Fröhlich in innigen Bildern der kindlichen Hingabe den Erinnerungen an ihren eigenen Vater, der als der beschützende und behütende, »gute« Vater erlebt wird.

Nur ein einziges Mal in der ganzen Ausstellung scheint hier die Idylle perfekt, doch läßt die Künstlerin mit ihrer intimen, auf Distanzierung zum Betrachter angelegten Fotoinstallation keinen Zweifel daran, daß diese Bilder unwiderruflich der Vergangenheit angehören und diese unwiederbringlich mit dem Abschied von der eigenen Vatergeneration verloren sind.

Die Arbeit von Paul Luckner zeichnet den Schrecken des Kindes nach, das den Vater außerhalb der Rollenerwartung, die es an ihn hat, antrifft. Ausgangsmaterial seiner Installation sind im Fahrradkeller versteckte Liebesbotschaften des Vaters an die Nachbarin, die der Künstler als Junge zufällig fand. Die tiefen Ambivalenzen zwischen Bewunderung und Abkehr vom leiblichen Vater – ein in jeder Jugend vorkommender, insofern banaler Prozeß, dessen nie vorhersehbares Ergebnis aber die gesamte Erwachsenenexistenz vorbestimmt – sind auch Material des *Waffentisch*es von Maria Anna Dewes. Auf einem schlichten Bürotisch liegen, wie eine zu Gips geronnene Vorstellung, isolierte Arme, die ein Gewehr halten. Die Arme sind Frauen- oder Mädchenarme. Eifert hier die kleine Tochter dem Vater, dem Hobbyjäger oder Waffennarr, nach? Oder wendet die große Tochter in diesem Gedankenbild die Waffe gegen den Vater? Auch wenn die Symbolik des Waffengebrauchs durch die Frau bei Maria Anna Dewes nicht im familiären, sondern im soldatischen Kontext gedeutet wird, beinhaltet die zarte und zerbrechliche Skulptur eine aggressive Infragestellung, nämlich die der väterlich konnotierten Fähigkeit, durch Militär zu schützen. Die *Soldatin* bringt zentrale Komponenten des patriarchalischen Selbstverständnisses ins Wanken.

Bei Via Lewandowsky erfährt der Vater keine Heiligsprechung wie im »Vaterunser«, sondern eine Demontage der besonderen Art: *Es muß im Keller passiert sein* ist der Titel einer Installation in einem »Paternoster«, (der trivialen Variante des »Vaterunser«), wie er sich als Aufzug in den kleinbürgerlichen Lebenswelten der Rathäuser und Finanzämter findet. Lewandowsky legt in schonungs- und respektloser Weise mit seinen Objekten *Das Beste für Vati* und *Als Vati Fakir wurde* die Ambivalenz von väterlicher Fürsorge und väterlicher Gewalttätigkeit, Sexismus oder psychotischem Herrschertum des Vaters im häuslichen Alltag offen. Seine Werke bergen den Sprengstoff, aus dem die Alpträume sind.

(e.) Twin Gabriel fragen – kurz nach dem Goethe-Jahr in Weimar und kurz vor dem Inkrafttreten der Kampfhunde-Verordnung in Berlin – nach der deutschen Verortung des Vater-Klischees in der »nationalen Identität«, indem ein Goethe-Profil und dasjenige eines deutschen Schäferhundes durch Rotation bis zur Unkenntlichkeit entstellt und gerade dadurch kenntlich gemacht werden. Die Merkmale der Physiognomie von Herr und Hund sind klischeehaft übersteigert und in die Dreidimensionalität transferiert, wodurch sie eine Banalisierung und Abwertung erfahren, die die Hohlräume des längst unglaubwürdig gewordenen patriarchalischen Popanz im deutschen Leitbild einsichtig machen.

Das großformatige Fototriptychon von Roger Lips, eine Art Kreuzigungsszene, erinnert daran, daß Leib, Sexualität und familiäre Rollenvorgaben aller aufgeklärten Desillusion zum Trotz auch heute noch existentielles Leid verursachen können. In dieser Arbeit sind die männlichen Leiber dem instrumentellen Zugriff der Kamera und den manipulativen Eingriffen von Montage und Überblendung so ungeschützt ausgeliefert wie der biblische Jesus den Instrumenten der Folterung bei der Kreuzigung, einem Urbild des gebrochenen väterlichen Schutzversprechens und des Vorwurfs an den Vater: »Warum hast du mich verlassen?«

Deutlich weniger tragisch, jedoch beim gutgelaunten Schrauben und Montieren ebenso unerbittlich gegenüber pathetischen Inszenierungen der Institution Vater, erscheinen die Skulpturen von Georg Herold und Marcel Broodthaers. Herold hebt Gott auf einen Sockel, seit jeher das skulpturale Mittel der Überhöhung, der Hervorhebung, des Unterschiedes. Allerdings: *Gott kennt keinen Unterschied*, erklärt der Titel der Arbeit. Auch ist Gott nicht als personale Verkörperung, als Einheit mit sich selbst, verbildlicht, sondern er muß über ein skulpturales Bild befinden: zwei Knäuel Draht. Welche Macht bleibt dem Vaterbild ohne mächtiges Bild? Bei Marcel Broodthaers (kunsthistorisch ironischerweise eine der einflußreichsten Vaterfiguren der Kunst der neunziger Jahre) wird der Vater zur eingegipsten Luftpumpe. Roh ist der Hohlkörper mit phallischer Symbolik verbunden, womit ein ehrwürdiges Vaterbild ebenso aufgekündigt wird wie (auf formaler Ebene) das patriarchalische Modell weitertradierter handwerklicher Meisterschaft.

Auch Albert Oehlen stellt das patriarchalische Weitergeben, den Vater als Lehrer, in Frage. Seine Zeichnung *Der Mann, der mir das Zeichnen beigebracht hat* ist zweischneidig: scheinbar eine Hommage, in seiner mutwilligen zeichnerischen Grobheit jedoch auch sichtbarer Beleg des Versagens des Künstlervaters.

»Dein Wille geschehe …« ist dem religiösen Kontext des Gebets »Vaterunser« entnommen. Der Titel symbolisiert die archaischen wie politischen und psychologischen Projektionen des »kollektiven Gedächtnisses« auf das Thema. Es zeigt die Ambivalenz der »Väter als Täter« und der »Väter als Opfer«, die in der Ausübung des göttlichen, patriarchalischen Allmachtsanspruches einerseits, oder im Leiden an der Vaterautorität (»Padre Padrone«) und der Unterwürfigkeit gegenüber »Vater Staat« Ausdruck findet. Martin

Kippenberger, dessen *Vaterunser* in Eiform als Frontispiz übernommen wurde, visualisiert in blasphemisch-ironischer Weise die im Alltagsbewußtsein tief verankerten atavistischen Sexual- und Fruchtbarkeitssymbole, die mit der Vorstellung von der Gottvaterfigur und ihren irdischen Stellvertretern stets verbunden waren.

Ob subjektive Erinnerung und persönliche Verklärung oder kritische Demontage: Vaterbilder sind geradezu ideale Indikatoren für die Gehalte des individuellen und kollektiven Gedächtnisses. Hier zeigt sich – wie auch schon in den vorangegangenen Ausstellungen der Familien-Trilogie –, daß ein scheinbar einfaches Wort wie »Vater« ein großes Potential für den aktuellen Diskurs um Kunst und Gesellschaft bereithält.

Die Essays, die sich in diesem Band mit dem »Bild des Vaters« auseinandersetzen, gehen auf ein Symposium zurück, das am 23. Oktober 1999 im Berliner Haus am Waldsee stattgefunden hat. Behandelt werden dabei Imaginationen von Väterlichkeit aus der Sicht ganz unterschiedlicher Disziplinen und Fragestellungen.

Die beiden ersten Beiträge spannen zunächst einen großen historischen Bogen: vom jüdischen Vatergott bis in die Gegenwart; von den Vaterschafts-Vorstellungen in der griechischen Antike bis zur Kritik und Denunziation von Väterlichkeit im 20. Jahrhundert (Lenzen); es geht um die Re-Interpretation antiker Mythen bei Sigmund Freud, um dessen Konflikt mit C. G. Jung und um die Frage, wie man sich die Entstehung der familiären Ordnung, des Lebens- und Beziehungsmusters zwischen Kindern, Vater und Mutter also, vorstellen kann (Brumlik).

Die beiden folgenden Essays behandeln Väter in den Künsten und das Bild der Väter in den Medien: Beschrieben wird, wie sich die Künstler ihre eigenen Vorbilder suchen und sie selbst zu ihren Vätern ernennen, die dann zu den natürlichen Vätern in Konkurrenz treten (Thurn). Und gezeigt wird, wie Vaterschaft und Väterlichkeit in populären Spielfilmen der achtziger und neunziger Jahre verhandelt wird: zwischen verdoppelter Mütterlichkeit, melancholischem Rückblick und distanziert-spielerischem Zitat (Ehrenspeck).

Bis heute lesbare Spuren des Vaters und der Väterlichkeit finden sich auch in der Geschichte unserer wichtigsten Zeichen: den Buchstaben. In diesen Zeichen – zum Beispiel dem Alpha – sind Vorstellungen von geistiger Vaterschaft und Erinnerungen an archaische Riten und Mythen aufgehoben (von Braun).

Die drei letzten Essays schließlich behandeln den im weiteren Sinne politischen Kontext von Väterlichkeit. Es geht um politische Vaterfiguren, die das politische Geschehen auf der Folie familiärer Erfahrungen interpretierbar machen. Es geht um Politiker, die – auch unter demokratischen und republikanischen Verhältnissen – als »Landesväter« imaginiert werden, obwohl die Sphären des Politischen und des Familiären eigentlich nach unterschiedlichen Handlungsmustern organisiert sind (Allert). Es geht um die Geschichte der rechtlichen Regelungen der Verhältnisse in den Familien – von der Patria Potestas des römischen Rechts bis zur Beseitigung der väterlichen Privilegien in der Gegenwart (Wesel). Und schließlich wird die Metaphorik des väterlichen Staates genauer untersucht: die Bilder also von einem Vater, der als Staat wirkt, und einem Staat, der väterliche Qualitäten entwickelt (Münkler).

Alle Textbeiträge und alle Kunstwerke zusammen können und sollen kein einheitliches Bild und auch kein systematisches Muster ergeben. Entwickelt werden sollen vielmehr Facettierungen und Einzelansichten, die einander im gelungenen Falle Fragen und Antwortversuche zuspielen.

ТВ
СССР
NEAIZMIRSTIET IZSLĒGT TELEVIZORU!
Последняя осень

Marcel Broodthaers

Nachdem der früh verstorbene belgische Künstler Marcel Broodthaers (1924–1976) fast 20 Jahre als Lyriker, Journalist und Buchhändler tätig war, markierte er 1964 seinen Eintritt in die Welt der bildenden Kunst durch einen symbolischen Akt. Die Restauflage seiner letzten Gedichtsammlung »Pense-Bête« wurde teilweise eingegipst, das Resultat zur Skulptur erklärt. Die Lektüre wird somit augenfällig verhindert, der Übergang von der Literatur zur Kunst vollzogen. Selbstironisch kommentiert der Künstler diesen Wechsel von der allzu brotlosen Kunst der Poesie hin zur bildenden Kunst auf der Einladungskarte seiner ersten Ausstellung in der Galerie Saint-Laurent in Brüssel mit dem bekannt gewordenen Ausspruch: »Auch ich habe mich gefragt, ob ich nicht etwas verkaufen kann, womit ich Erfolg habe.«

Eingegipst wurden auch drei alte Standluftpumpen, *Les Ancêtres*, die Vorfahren, ebenfalls eine Arbeit von 1964, die der Künstler nebeneinander anordnet. Unschwer lassen sie sich als klassische Familientrias, Vater, Mutter und Kind erkennen: der Vater, mit langem Phallus und zwei überdeutlich markierten Eiern versehen, steht in der Mitte. An seiner rechten Seite die Mutter, als solche durch die Muschel und die blutrote Farbe ausgewiesen, links das bis zur völligen Bewegungslosigkeit zugegipste Kind.

Die sehr frühe Objektcollage, die vier Jahre vor der Achtundsechziger-Revolte entstand, ist eine radikale Kritik an der bürgerlichen Institution Familie und einem autoritären, repressiven Erziehungsstil. Vom Patriarch und seinem Herrschaftsanspruch bleiben nur noch eine leere Hülse und eine kastrierte Potenz übrig: die umgestülpte Form der Eierschalen und der an der Spitze eingegipste Phallus. Marcel Broodthaers, für den, ebenso wie für seinen Künstlerfreund und Zeitgenossen Joseph Beuys, Kunst nur im Zusammenhang mit einem sozialpolitischen und humanitären Engagement möglich ist, greift an und demontiert. Übrig bleibt die Karikatur einer Institution, aus der im wahrsten Sinne des Wortes die Luft raus ist.

Die Kritik am »Vater«, Stellvertreter für Machtpositionen im gesellschaftlichen Raum, weitet sich im Verlauf von Broodthaers' künstlerischen Entwicklung aus. Die Institutionskritik, insbesondere die am Museum als Ort des Sammelns und Archivierens von Kunst, wird zum eigentlichen künstlerischen Anliegen. Marcel Broodthaers wandte sich mit seinen Arbeiten, zu denen auch zahlreiche Filme gehören, immer wieder gegen die Kommerzialisierung des Kunstbetriebes und stellte die Rolle der Museen und deren Ankaufspolitik in Frage. Mit seinem umfangreichen Projekt *Musée d'Art Moderne. Département des Aigles*, das Marcel Broodthaers im Zuge der Ereignisse des Mai 1968 konzipierte, analysiert er die hierarchischen Strukturen des gängigen Museumsbetriebes, deckt Produktionszwänge und Anpassungsstrategien auf und fokussiert den Zusammenhang von Kunst und Macht, überdeutlich akzentuiert durch den Adler, Herrschaftssymbol und Wappentier.

Neben den politischen Implikationen spielen *Les Ancêtres* jedoch auch auf seine eigenen »Ahnen« an, womit Marcel Broodthaers die Gebundenheit unseres Denkens und unserer Wahrnehmung thematisiert. Ironischerweise liest sich Broodthaers' eigene Ahnenreihe wie eine Auflistung geistiger Überväter: Mallarmé, Baudelaire, Poe, Carroll, Duchamp und Magritte, um nur einige zu nennen. Mallarmé mit seinem epochemachenden Gedichtband »Un coup de dés« inspiriert ihn zu eigenen Arbeiten. Die Verwendung von alltäglichen realen Gegenständen und deren Einbeziehung in die Kunstproduktion verweisen direkt auf die von Marcel Duchamp ins Leben gerufenen »ready mades« und das surrealistische Prinzip der »objets trouvés«. Magritte, den Marcel Broodthaers persönlich kannte, war mit seinen surrealen Sprachbildern und der Frage nach der Beziehung zwischen Wort, Bild und Gegenstand, Bild und Abbild, also der Kombination und Überlagerung verschiedener Zeichensysteme, unangefochtenes Vorbild, und selbst die eingelassenen Eierschalen von *Les Ancêtres* verweisen in ihrer krassen Farbigkeit auf den Roman »Le Rouge et le Noir« von Stendhal, dem literarischen Übervater des 19. Jahrhunderts.

Es mag nicht verwundern, daß Marcel Broodthaers, der sich auch mit künstlerischen Tendenzen seiner Zeit – von der Pop-Art über den Nouveau Réalisme bis hin zur Concept Art der sechziger Jahre – auseinandersetzte und diese auch wesentlich mitgestaltete, als wichtiger Anreger für zahlreiche nachfolgende Künstler selbst zu einer »Vaterfigur« geworden ist. *U.T.*

***Les Ancêtres*, 1964**

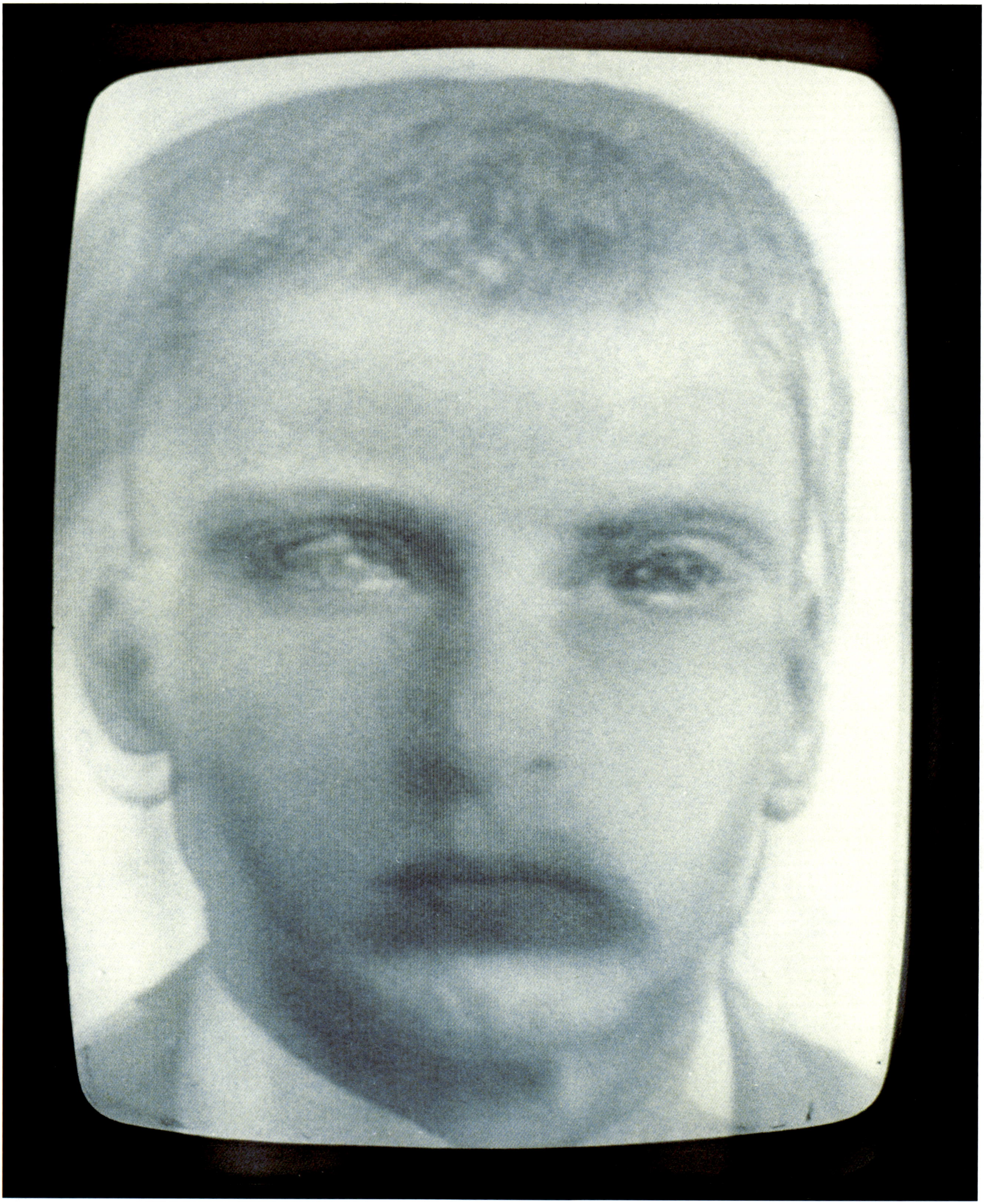

Lutz Dammbeck

Herakles Konzept. Versuchsanordnung 3,
1988–1990

Vorlagen für die Bearbeitung im
Bildmischer des BKA, 1987/88

Lutz Dammbeck stellte für die Ausstellung »Bild des Vaters« eine 8-teilige Bildfolge aus der umfangreichen Werkgruppe seiner *Versuchsanordnung 3* (1988/90) zusammen. Sie besteht aus Leuchtkästen mit Dias männlicher Fotoportraits in kaltem Blauton. Erst auf den zweiten Blick entdeckt der Betrachter in der Bandbreite der Varianten bestimmte Merkmalskonstanten, die die Fotos als konstruiert, die Gesichter als montiert und die Portraits somit als fiktiv erkennbar werden lassen. Es ist, als werde die in den Genen angelegte Physiognomie und Individualentwicklung einer Person in allen denkbaren Kombinationen durchgespielt. Eine dramaturgische Steigerung erreicht Dammbeck damit, daß sein Prototyp immer ältere und unmenschlichere Züge annimmt, denn es tauchen auch Versatzstücke von Kunstfiguren nationalsozialistischer Provenienz (Breker-Skulpturen) und Kitschgeschöpfe (männliche Barbie-Puppen) auf – ein gespenstischer Zyklus der Lebensalter oder alptraumhafte Projektion einer Antiutopie des zum Monster generierten »Übermenschen«?

Lutz Dammbeck, seit 1986 nach seiner Übersiedlung von Leipzig in Hamburg lebend, gehört mit seinen Fotoarbeiten, Installationen und Filmwerken zu einer Künstlergeneration der Nachkriegszeit, die »Archäologie der Erinnerung« als Arbeit in Geschichte betreibt und sich – in Ost und West gleichermaßen – kritisch und unversöhnlich mit der Befragung der »Väter als Täter« und Dekonstruktion überkommener Leitbilder beschäftigt. Archetyp der Erinnerungskunst und Protagonist seiner »Mnemotechnik« ist für Dammbeck eine Kunstfigur, die dem griechischen Mythos entnommene Gestalt des Herakles, halb Mensch und halb Gott, der zwölf heldenhafte Taten verrichten mußte, um seine Vaterschuld, den Mord an seinen Kindern, vor den Göttern zu sühnen. Die Erkenntnis, daß gerade die »Abwesenheit eines festen Bildes des Gottes seine Macht« ist, eröffnet dem Künstler einen Projektionsraum, der von nun an Arbeit in Geschichte an unterschiedlichen Leitbildkonstrukten exerziert. Denn seit 1982, ausgelöst durch Heiner Müllers Text »Herakles oder Die Hydra«, läßt sich Dammbecks konzeptuelles Werk bis Ende der neunziger Jahre unter dem Leitmotiv des Herakles fassen, nicht aber als antiker Held, sondern dessen Gegenbild: der nihilistisch gestimmte Antiheld, der sich selbst dekonstruiert und neu konstruiert, permanent an seinem eigenen »Wiederaufbau« arbeitet.

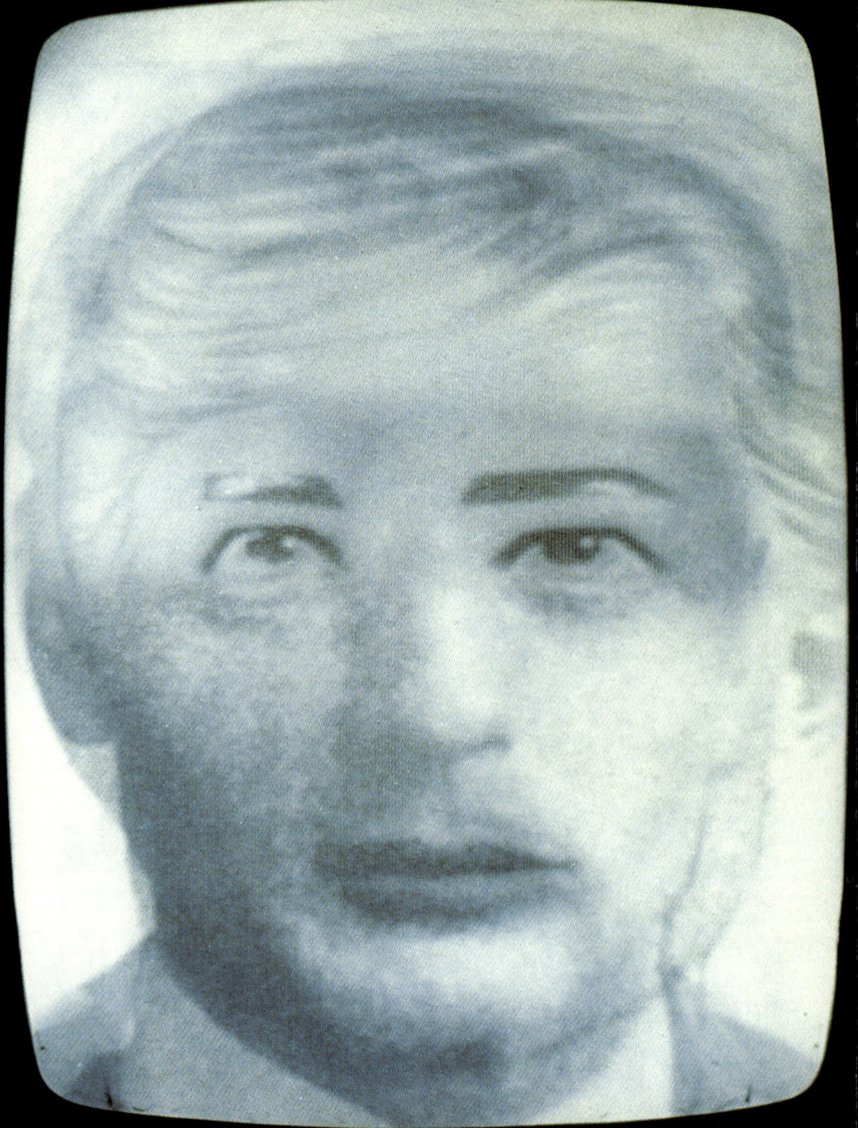

Das Durchspielen der Kunstfigur »Herakles« richtet sich auch auf die autobiographische Auseinandersetzung mit der Vätergeneration der Nachkriegszeit als Anpasser-, Verlierer- und Verschweiger-Generation, deren Lebensspanne die Dauer von zwei Systemen (NS-Deutschland und DDR) in ihrem Zusammenbruch und dem ganzen Ausmaß ihres Scheiterns umgreift. Eine Generation von Vätern, die augenscheinlich nur allzu leicht die Rollen wechselte und sich von ihren Söhnen, den Achtundsechzigern in West und Ost, doppelt in Frage stellen lassen mußte. Dammbeck zerschlägt das korrupte Vaterbild, um es als Phantombild neu zusammenzusetzen. Dazu bedient er sich seit 1988 der kriminalistischen Methoden der digitalen Bildbearbeitung, wie sie vom BKA-Bildmischer zur Erstellung von Steckbriefen, etwa bei der Suche nach Terroristen, praktiziert werden. Elemente der Kriminalanthropologie spielen hinein, etwa die umstrittenen, darwinistischen Verbrechertypologien eines Cesare Lombroso, Ursprung nationalsozialistischer »Rassenkunde«. Dammbeck nennt seine Bildmontagen zwischen 1987 und 1999 auch *Versuchsanordnungen*, da sie Bildvorlagen aus einem selbst angelegten Bilderfundus von Köpfen im Paßbildformat variieren und in unterschiedlichen Überblendungen Persönlichkeitsmerkmale bis zur

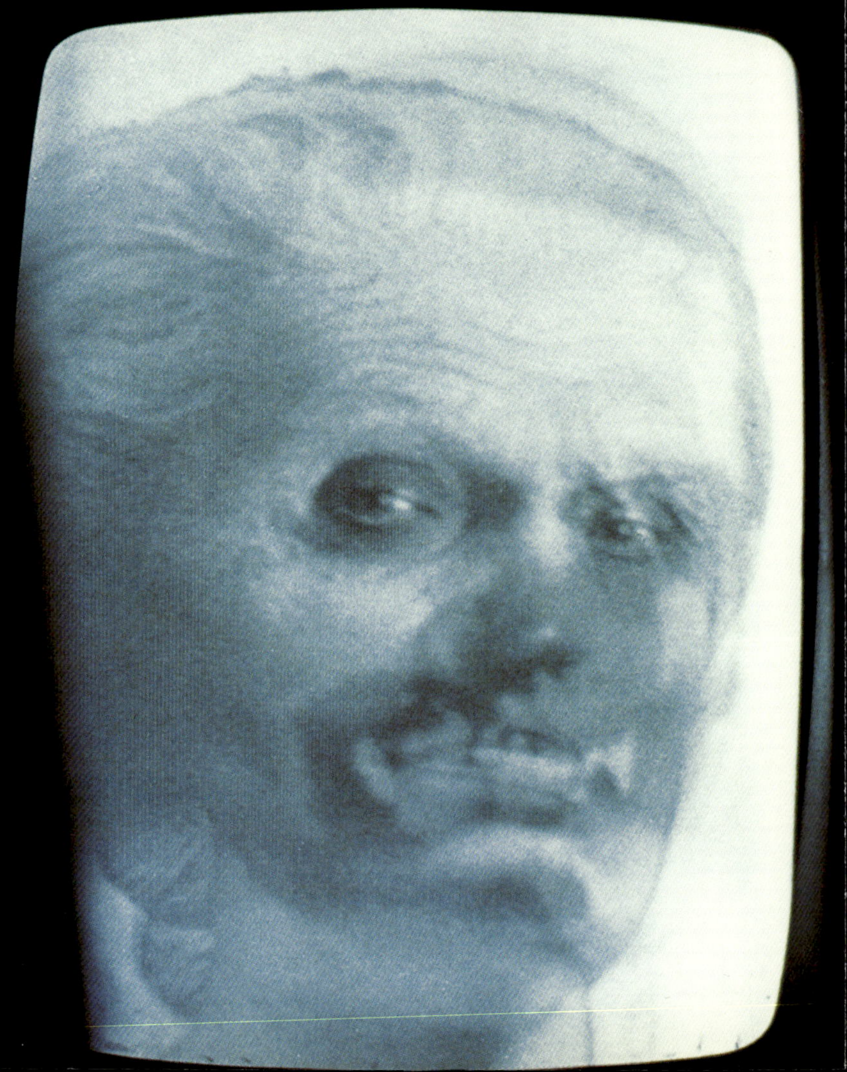

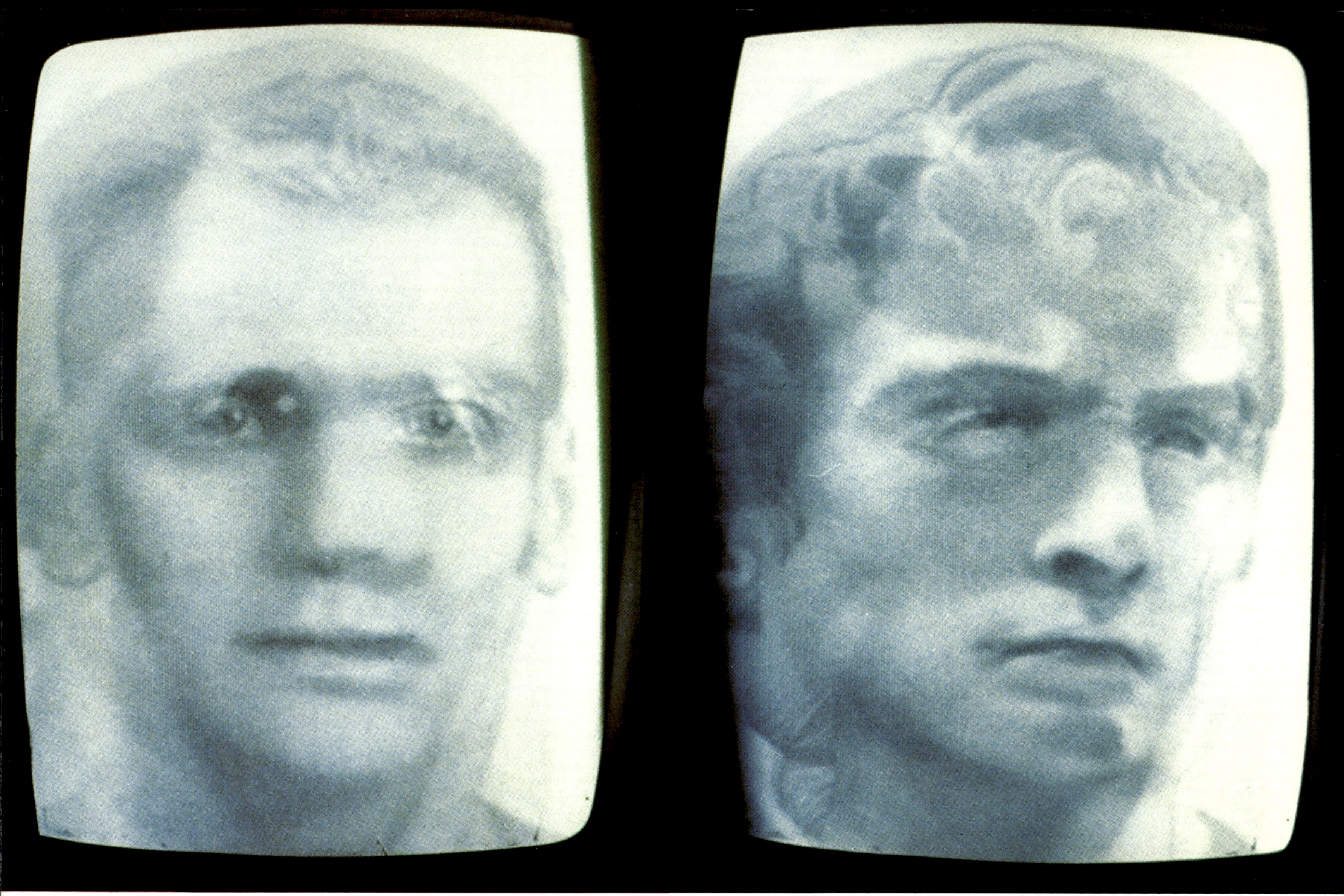

noch der Kriminalistik und Wissenschaft vorbehalten war, der Einsatz von digitalen Bilderzeugungs- und Verarbeitungstechniken, ist heute mit »Photoshop« und »Corel Draw« profanes Allgemeingut geworden.

Dammbeck stellt seine Kunstfigur Herakles wie Grass den Trommler Matzerath in den Dienst einer radikalen Entmythologisierung von Leitbildern. »Herakles«, ein aus Dekonstruktion immer neu geborenes Phantombild, repräsentiert in seinen vielfachen motiv- und zeitgeschichtlichen Spiegelungen – vom griechischen Mythos bis zum »Superman« im Comic – eine epochenübergreifende Figur der abendländischen Kulturgeschichte: den »zum humanen Besitz gewandelten ›Leidschatz der Menschheit‹« (Aby Warburg). Mnemosyne, die Göttin der Erinnerung, und ihre Töchter, die neun Musen, wachen mittels der das Leben spiegelnden Künste darüber, daß die Menschen nicht blind die Fehler der Geschichte wiederholen. So erkennt Dammbeck gerade in Herakles die Schlüsselfigur zu einer Bewältigung von »Arbeit in Geschichte«, die das kollektive Gedächtnis der Nachkriegsdeutschen zu unterlassen bemüht war. Ausgegraben wird eine in Geschichte verstrickte, schuldhafte Biographie, bezeichnend für das Deutschlandbild des 20. Jahrhunderts aus der Perspektive der Gegenwart. So ist Dammbecks Arbeit am *Herakles-Konzept*, das ihn von 1989 bis heute begleitet, zugleich der mühsame Rekonstruktionsversuch einer von der Vätergeneration verleugneten Geschichte aus der Sicht der Nachgeborenen – Herakles: der vom Sockel gestoßene Vater, der mit dem um 1968 eskalierenden Generationskonflikt seine Autorität endgültig eingebüßt hat, Herakles: das durchleuchtete Über-Ich.

B.S.

Maria Anna Dewes

Waffentisch, 1993

Auf einen schlichten quadratischen Bürotisch montiert, halten zwei Frauenarme ein Gewehr, eine einige Zentimeter hinter der Handwurzel abgetrennte Frauenhand eine Pistole. Zwei Schußwaffen peilen zielgerichtet in dieselbe Richtung, jedoch auf wen?

Zuallererst auf den Betrachter. Er ist es, der sich zunächst dieser Form männlich konnotierter Aggressivität gegenüber sieht, auf den sich plötzlich die tödlichen Waffen richten. Der Betrachter sieht sich bedroht, ohne zu wissen warum. Geht er ein paar Schritte weiter um die Skulptur herum, bringt er sich aus der Gefahrenzone und tauscht seine Position der Defensive und des Ausgeliefertseins gegen die eines potentiellen Angreifers aus dem Hinterhalt oder auch die eines unbeteiligten Zuschauers. Die lebensgroßen Arme bedingen sich durch das Abgußverfahren. In Verbindung mit ihrer leichten Hohlform implizieren sie überdies die Möglichkeit, in sie hineinzuschlüpfen, d.h. selbst zur Waffe zu greifen.

Maria Anna Dewes, Jahrgang 1955, Absolventin der Kunstakademie Düsseldorf, thematisiert mit ihrem *Waffentisch* von 1993 Mechanismen von Gewalt. Ausgelöst durch die ausländerfeindlichen Krawalle in Rostock Anfang der neunziger Jahre, in deren Verlauf sich die Gewalt verselbständigte und innerhalb von kürzester Zeit brutal eskalierte, geht die Künstlerin der Frage nach, mit welchem Verständnis von Gewalt wir leben und wann und unter welchen Bedingungen die eigene Gewaltbereitschaft zunimmt und sich schließlich in aktive Teilnahme wandelt.

Setzt Maria Anna Dewes mit ihrem *Waffentisch* diesen aggressiven Moment des Übergangs von der Passivität zur Aktivität künstlerisch um, irritiert auf den zweiten Blick die relative Konturlosigkeit des Materials, weißer Gips. Er verleiht der Arbeit etwas Entrücktes und nimmt ihr die aggressive Schärfe. Die Materialwahl unterstützt diese Zurücknahme, denn Gips ist härter als das Körperhafte des Menschen, jedoch weicher als der Stahl der Waffen. Durch das Ausschnitthafte der Körperfragmente verweist die Skulptur eher in den Bereich der Vorstellungswelt. Es kann die Verdichtung einer Gewaltphantasie sein, die nicht nach außen aufbricht. Folgt man dieser Linie, wird der *Waffentisch* zu einer materialisierten Tötungsphantasie, die als Befreiungsakt erlebt werden kann und hilft, destruktive Aggressivität zu kanalisieren. Der symbolische Tötungsakt kann vielen gelten, auch dem Vater als Stellvertreter für unsere patriarchalisch strukturierte Gesellschaft.

Allabendlich holt sich fast jeder Formen brutaler Gewalt via Medien ins Wohnzimmer. Nach wie vor ist die Waffengewalt die sanktionierte Form, sich »männlich« zu äußern und zu wehren, seit jeher ist die Waffe phallisches Symbol und somit Sinnbild der Macht. Konflikte mit Waffengewalt zu lösen ist Bestandteil der Geschichte des Abendlandes. Maria Anna Dewes durchbricht mit dem *Waffentisch* diese Kette historischer Legitimation, denn längst wurde der gesellschaftliche Konsens aufgekündigt, der die Frau aus den Kriegs- und Waffengeschäften und somit aus dem damit verbundenen Status ausschließt. Im veränderten Geschlechterrollenverständnis ist die Frau zwar immer noch Opfer von Gewalt, sie wird aber zunehmend stärker als zur Waffe greifende, aktiv handelnde Soldatin wahrgenommen, wie sie in den Vereinigten Staaten und auch in Israel mittlerweile selbstverständlich ist.

Der transsexuelle Aspekt des *Waffentisches* ist offensichtlich, dennoch wäre es ein Mißverständnis anzunehmen, es handele sich um ein Plädoyer für den weiblichen Dienst an der Waffe, wie ihn jüngst ein Urteil vom Europäischen Gerichtshof auch für die Bundesrepublik Deutschland vorsieht. Er ist vielmehr der künstlerische Ausdruck einer aggressiven Phantasie, die sich gegen all das richtet, was als bedrohlich empfunden wird. *U.T.*

Elfi Fröhlich

ERAT EST (Detail), 1999

ERAT EST (lat.: »Es war, es ist«, oder: »Was war, ist«) nennt Elfi Fröhlich eine Installation mit Diabetrachtern, die authentische Fotografien vom Vater der Künstlerin mit dem Kind und anderen Familienmitgliedern in verschiedenen Lebenssituationen zeigt. Die Bildmotive sind dem privaten Fotoalbum entnommen; im Original sind es jene chamoisgetönten Abzüge der Schwarz-Weiß-Fotografie der fünfziger Jahre mit elfenbeinfarbenem, gezacktem Rand. Die von Elfi Fröhlich ausgewählten Bilder sind Beispiele von millionenfach produzierten Amateurfotos des ersten Nachkriegsjahrzehnts, als das Hobby des Fotografierens die Bevölkerung quer durch alle Schichten hindurch zu beschäftigen begann. Es ist die große Zeit der Schnappschüsse, die die inszenierte Studiofotografie verdrängte, und hier beginnt eine ganz neue, durch das Medium ermöglichte Wahrnehmungsgeschichte dessen, was später als »Wende zum Alltag«, als »Geschichte von unten« bezeichnet wurde. Denn Ausdruck des anbrechenden Wirtschaftswunders war auch der Besitz einer einfachen Handkamera, mit der die Befindlichkeit der eigenen Familie in jeder Lebenslage, in allen Höhen und Tiefen, erfaßt und für die Nachwelt dokumentiert werden konnte. Familienfotos dienten der Neubildung einer beschädigten Identität der Kriegs- und Nachkriegsgeneration, der Selbstvergewisserung von ausgebombten, vertriebenen, dem Tod entkommenen, in alle Winde zerstreuten Rest-Familien, deren Oberhäupter (ein uns abhanden gekommenes Wort) nicht selten einem Krieg zum Opfer gefallen waren, den sie selbst mit unterstützt hatten. Insofern sind die Vaterbilder von Elfi Fröhlich Beispiele einer seltenen Spezies, da auf den meisten Familienbildern jener Jahre gerade der Vater fehlt. Elfi Fröhlich verwendet in *ERAT EST* (1999) private, aber nicht selbst fotografierte Bilder, und sie erzählen von ganz besonderen Momenten im familiären Miteinander, von glücklichen Erinnerungen. Denn sie zeigen fast ausschließlich den Vater und die Tochter in verschiedenen Lebensalterstufen und in sehr persönlichen Situationen (den Vater umarmend, auf seinen Schultern sitzend, im Sommer mit ihm unter Bäumen), manchmal auch mit dem Bruder, und man könnte von sehr innigen, von Zuneigung geprägten Aufnahmen sprechen. Eines der wenigen gemeinsamen Bilder der Eltern aus unbeschwerten Tagen und ein einziges Foto aus dem ersten Lebensjahr sind Teil des Werks, das bei allem narrativen Gehalt keinesfalls seine Geheimnisse auf den ersten Blick preisgibt: Splitter einer Familiengeschichte, keine zusammenhängende Erzählung, die sich für den Betrachter nachvollziehen ließe. Eine gewisse Intimität der privaten Situation bleibt durch die Form der Inszenierung gewährleistet, indem Elfi Fröhlich Rezeptionsbarrieren in ihre Installation eingebaut hat, die den Betrachter erst einmal »draußen vor der Tür« lassen.

Die neun Boxen der Diabetrachter sind auf dünne Metallstäbe geschweißt, in Kreisform auf einer Fläche von ca. 4 x 4 m angeordnet und suggerieren sowohl Fragilität als auch die geradezu magische Wirkung von Unüberwindlichkeit und hermetischer Abgeschlossenheit nach außen, Schutz und Zuwendung nach innen: der Kreis der Familie. Der Betrachter muß also die Perspektive des Kindes einnehmen, sich auf die Ebene der Bilder begeben, in das Dunkel des Raumes eindringen, das das Dunkel abgesunkener Erinnerung ist. Die Bilder wollen aus der Nacht des Gedächtnisses wieder hervorgeholt werden. Die Dias sind braun getönt und in kleinen Diabetrachtern montiert, von innen mit Batterien erleuchtet. Ihr Zweck ist die momentane,

ERAT EST (Detail), 1999

individuelle Betrachtung, nicht der Dauerbetrieb oder ein öffentlicher Diavortrag. Dennoch denkt man unwillkürlich an die Diaabende der fünfziger und sechziger Jahre im Familien- und Freundeskreis, und so ist auch ein Stück Mediengeschichte in *ERAT EST* enthalten, die von einer Zeit erzählt, als die Fotografie noch unperfekt sein durfte. Manchmal fangen die Bilder an zu flackern, wenn die Energie der Batterie dem Ende zu geht, und dann verlöschen die Fotos.

Auch in *Reflux* (lat., i.d. Medizin: Rückfluß bei Erbrechen) geht es um die Wiederkehr des Vergangenen im Gedächtnis der Bilder, in diesem Fall der »inneren« Bilder, die unauslöschlich durch die Betrachtung der allerersten Fernsehfilme über Auschwitz während der frühen sechziger Jahre im kindlichen Erinnern abgespeichert wurden. Die spätere Arbeit der Künstlerin bestand in der Schaffung einer ästhetischen Form, mit der Ekel und Entsetzen überwunden werden konnten. Inszenierte Fotografie dient hier dazu, »inneren KZ-Bildern einen äußeren Ort zu geben. Auschwitz in uns – das sind schreckliche Bilder aus einer Zwischenwelt, die einen eigenen Status hat. (...) Dabei können Fotowerke von jener riskanten Schönheit entstehen, wie sie dort erscheint, wo jemand versucht, die Arbeit des Unbewußten zu fotografieren«, schreibt Helmut Hartwig. Wenn es nicht um die äußere Realität, sondern um die unbewußten Wirklichkeiten der Bilder geht, dann sind die Fotowerke nicht Instrumente der äußeren Widerspiegelung, sondern als symbolische Verdichtungen einer zweiten Realität Stimulatoren von Erinnerung, Assoziationen, wahrhaftigen Empfindungen. Es sind Bilder aus dem Un- oder nur Halbbewußten, Wunschbilder und Traumgesichter zugleich.

In *ERAT EST* verläßt Elfi Fröhlich diese fiktionale Ebene, um zur ersten, unmittelbaren Erfahrung ihrer Kindheit zurückzukehren. Die Bilder des Vaters sind so erinnerungsmächtig, daß sie, einmal stimuliert, aus dem Unterbewußten wieder an die Oberfläche drängen. Jetzt ist es nicht mehr die Zeitgeschichte, die dem Verdrängtwerden entrissen werden will, sondern die Individualgeschichte der Künstlerin. Der aus dem Lateinischen übernommene Titel *ERAT EST* gibt diesem der »Art of Memory« zuzurechnenden Werk von Elfi Fröhlich eine besondere Komplexität der Interpretation. In der erweiterten Übersetzung als »was war, ist«, stemmt sich das Werk gegen den Verlust der erinnerten Vaterfigur und darüber hinaus gegen den Verlust der (Vater-)Erinnerung an sich. Es ist ein von der Melancholie des Unwiederbringlichen gezeichnetes Arbeiten gegen das Vergessen und gegen die Vergänglichkeit, indem es die Vergangenheit in die Gegenwart hinein verlängert und auch in die Zukunft fortzusetzen bestrebt ist. Der Dialog mit dem Vater soll fortgesetzt werden. Was war, das ist und soll auch künftig sein. Diese Option auf die vierte Dimension ist im Titel *ERAT EST* immanent angelegt, wenn man ihn weiterdenkt.
B.S.

(e.) Twin Gabriel

***Deutscher 2*, 1992**

Das Licht spielt bei den aus dem Kunststoff Teflon gebildeten Skulpturen von (e.) Twin Gabriel eine wichtige Rolle. Gleichmäßig von allen Seiten beleuchtet, wirken sie wie gedrechselte Zylinder, wie runde Tonobjekte, die auf der Töpferscheibe um ihre Achse zu rotieren scheinen. Wenn die Plastik aber nur von einer Seite scharf beleuchtet wird, schlägt die Wahrnehmung um: Die verschattete Seite des eigentlich dreidimensionalen Bildkörpers wird plötzlich als flächiger Schattenriß wahrgenommen, als klares, streng konturiertes Profil. Das Wahrnehmungserlebnis ist dem eines Vexierspiels ähnlich. Sehen erfordert selektive Aufmerksamkeit, die verhindert, daß beide Zustände eines Kipp- oder Vexierbildes zugleich wahrgenommen werden und die Dechiffrierung verwirren könnten.

Statt dessen ist unsere Wahrnehmung durch aktive Assimilation, Angleichung oder Kontrastverstärkung in der Lage, komplexe visuelle Angebote zu entschlüsseln. So drängt der Umriß der Figur durch den vom Auge noch verstärkten Kontrast zwischen Hell und Dunkel derart in den Vordergrund, daß die undifferenzierte plastische Form gleichsam verdrängt wird. Erst jetzt erkennen wir in der Kontur die Gesichtszüge von Johann Wolfgang von Goethe oder in der anderen die Silhouette des keilförmigen Kopfes eines deutschen Schäferhundes.

Johann Wolfgang von Goethe, der große Dichter und Denker, der einer ganzen Epoche seinen Namen gab, Inbegriff deutscher Literatur und eines mit seinem Leben und Werk verbundenen exemplarischen Bildungsgedankens. Und dann der deutsche Schäferhund, ein wegen seiner Zuverlässigkeit geschätzter Führ-, Wach- und Schutzhund. Was haben Dichter und Rassehund gemein?

Ganz so wie erst die Beleuchtung die ungegenständlichen Skulpturen in konkrete Gestalten verwandelt, benennen die Titel *Deutscher 1* und *Deutscher 2* geradezu schlaglichtartig die Figuren durch ihre nationale Zugehörigkeit. Es geht ums Vaterland. Dichtergenie und Schäferhund sind Ikonen der deutschen Geschichte und Gegenwart. Sie stehen offenbar beide in der Hierarchie deutscher Werte weit oben und sollen zentrale Züge des deutschen Wesens repräsentieren. Mit

***Deutscher 1*, 1992**

Goethe lassen sich etwa Eigenschaften wie Universalität, Fleiß und Gelehrsamkeit verbinden. Die Merkmale, die laut offiziellem Rassestandard dem deutschen Schäferhund zugeordnet werden, sind Selbstsicherheit, Aufmerksamkeit, Gehorsam, aber auch Kampftrieb, Härte und Mut. All diese Attribute spielen auf vorgeblich ur-deutsche, politisch folgenreiche Tugenden und Werte an.

Mit den beiden Profilen erproben (e.) Twin Gabriel die identitätsstiftende Kraft von Stereotypen und Klischees, und sie befragen das Phänomen, sich durch nationale Ikonen der eigenen Existenz versichern zu wollen. Nicht zufällig greifen sie dafür die skulpturale Technik des italienischen Bildhauers Renato Bertelli auf, der 1933, fasziniert von der futuristischen Synthese von Dynamik und Zeiterfahrung, das *Profilo continuo* Benito Mussolinis in Terracotta formte. Bertellis Plastik suggeriert Mehransichtigkeit, auch wenn es dem Italiener allein um die Gestaltung eines bestimmten Blicks auf den »Duce« ging. Ganz wie bei den Teflonskulpturen gibt es trotz der Vielzahl an Blickpunkten jedoch lediglich eine einzige, von jedem Standpunkt aus identische Ansicht. Das ausgeprägte Profil Mussolinis entspricht damit den Anforderungen der Führerikonographie des Faschismus. Die klar konturierten Profile von Dichter und Schäferhund, wie sie von (e.) Twin Gabriel kurz nach der Wende geschaffen wurden, stellen dagegen gerade die Eindeutigkeit solcher Ikonen in Frage. Die Suggestion des einen und absoluten (Vor-)Bildes, aber auch von unangreifbaren Wahrheiten und Werten fordert zum Widerspruch heraus.

Doch legen die beiden Teflonskulpturen noch etwas anderes nahe. Sie verweisen auf analoge Mechanismen, die der visuellen und der sozialen Wahrnehmung zugrunde liegen. Auch soziale Wahrnehmung neigt zu Vereinfachung und Abgrenzung, tendiert zur Selektion der Informationsangebote. Vorurteile werden verstärkt, Überzeugungen zementiert, die Menschheit in Freund oder Feind unterteilt.

Aber das Ergebnis der Betrachtung kann auch ganz anders aussehen: Was ist das eigentlich, ein Deutscher? Welche Eigenschaften zeichnen ihn tatsächlich aus? Wer sich an einer Beschreibung versucht und den Blick auf die Bedeutung des Wortes fokussiert, kommt ins Stocken. Die Eindeutigkeit des Titelbegriffs ist doch nur eine scheinbare, verlangt nach Präzisierung, will historisch, politisch, soziologisch eingeordnet und gedeutet werden. Ein »Deutscher«, das läßt uns heute an Abstammung, Herkunft, Nation denken, aber auch – und vielleicht gerade – an die von dieser Nation Ausgegrenzten. Genauso geht es uns vor den Teflonskulpturen: Steht man den direkt ausgeleuchteten Skulpturen unmittelbar gegenüber, verliert sich das gemeinte Bild vollkommen. Zurück bleibt eine räumliche, ungegenständliche Form: der *Deutsche* löst sich auf – in ein Nichts.

M.U.

***Billett Parnaß*, 1999/2000**

Cordula Güdemann

Höhlenmenschen, 1991

Friedensengel, 1999

Cordula Güdemann ist als Malerin – irgendwie unzeitgemäß – eine wirkliche Könnerin. Jedoch hat sie sich von der Eigendynamik künstlerischer Meisterschaft nicht in die Einbahnstraße einer formalistischen Steigerungs- und Überbietungsästhetik locken lassen. Noch expressivere Figuren kopfüber aufgehängt oder noch trickreicher mit Öl erzeugte Farbgewitter wie aus dem Computer sind nach vielfacher Wiederholung eher Statussymbole des Meisters als Bilderfindungen. Solche Duftmarken der aktuellen Künstlerväter würde man bei ihr vergeblich suchen. Statt dessen betreibt die Künstlerin seit den frühen achtziger Jahren eine Wiederaufladung ihrer Bilder mit alltagsrealen Beobachtungen, mit Politik, mit Gründen aus der Lebenswelt, solche Bilder zu malen. Statussymbole erscheinen durchaus – als Bildinhalte. Autos und Anzüge, schmucke Militäruniformen, das *Brandenburger Tor* (1991) als Eindruck heischende Kulisse bei der Staatsvisite, Handfeuerwaffen, dunkle Brillen. Wie diese kleinen und großen Accessoires des Patriarchats und seiner nachgeordneten Helfer ihren Halt, ihr Gewicht verlieren, wie sie durch die Bilder von Cordula Güdemann schweben, wie alles gleich wichtig und nichts gleichgültig wird, hat Komik – nicht die Komik des lauten Lachens, eher die der stillen, genauen Beobachtung. In dieser Bildwelt verliert die Inszenierungsmaschinerie des repräsentativen Staatswesens ihre bestechende Kraft: Helmut Kohl mit Bundeskabinett einschließlich »Kronprinz« im Stuhl – *Höhlenmenschen* (1991). Das Schema des Gruppenfotos auf der Freitreppe für die Presse ist noch erkennbar, aber schon die mächtigen Häupter erscheinen pfannkuchenartig flach und nehmen, rein formal, Wechselbeziehungen mit den szenisch nicht erklärbaren blauen, roten und gelben Knubbeln und Flächen in der oberen Bildhälfte auf. Die Malerei setzt aus ihrem eigenen Prozeß heraus die Wertigkeiten, nicht die Anzugträger.

Und doch gibt es ein auffallend beharrliches Interesse der Malerin an Herren in der Kampfbekleidung des Büros, dem Anzug, am Amtsträger in Pose. *Affenfelsen*, ein Motiv aus den Jahren 1992 und 1993, setzt Szenen aus der Tierwelt in die Trümmerlandschaft vorstädtischer Bausünden, so daß die hierarchische Affenhorde auch als Versammlung der Stadtväter gesehen werden könnte, die jene Bausünden beschloß. Cordula Güdemanns Malerei enthält durchaus klare Hinweise auf basale Gruppeninstinkte der Väterwelt und staatstragende Männerbündelei, ohne allerdings an moralischer Empörung künstlerisch zu ersticken. Die Malerin vermeidet die kabaretthafte Vorvereinbarung mit den Betrachtern, nur um zu zeigen, was diese sowieso verstehen. In diesen Bildern ist nichts sowieso, alles wird zerlegt und neu zusammengesetzt. In dem Bild *Flieger* (1992) sitzen die Büromenschen nicht mal eben im »Flieger« von Stuttgart nach München, sondern sie lassen gefaltete Papierchen durch die Luft gleiten. Das Prinzip Collage bleibt bei Cordula Güdemann nicht in der Zweidimensionalität der Bildfläche befangen, es hat alle Dimensionen der Wahrnehmung, der visuellen ebenso wie der sozialen und politischen, erfaßt. Was uns unsere mediatisierte Umwelt als Information (etwa als Kriegsberichterstattung) mitteilt, ist manchmal in seiner rohen Ambivalenz kaum zivilisatorisch fortgeschrittener als die Signale der freien Wildbahn. Apokalyptisch flackert im *Friedensengel* (1999) die Bedeutung zwischen dem, was der Titel sagt, und dem, was das Bild zeigt: die Halbfigur eines Kriegers, aus dessen Hose ein atompilzartiges Ungefähr aufsteigt. Jeder muß mit eigenen Augen sehen.

M.W.

Elisabeth Hautmann

Elisabeth Hautmanns Arbeit *Ahnengalerie* zeigt Fotografien männlicher Familienangehöriger aus drei Generationen. Größtenteils tragen ihre Verwandten eine Uniform: neben der Uniform von Reichs- und Bundeswehr ist auch die typische Bekleidung eines Forstbeamten und eines Burschenschaftlers zu sehen. Elisabeth Hautmann hat diese Verwandten weder selbst fotografiert noch bereits existierende Fotos neu gerahmt, sondern dieses Bilderensemble ist die fiktionale Selbstdarstellung einer Familie in ihren eigenen vier Wänden. In Friedenszeiten handelt es sich allem Anschein nach um einen wertkonservativen, bodenständigen Jägerhaushalt in der Pfalz, wie eine weitere Arbeit namens *Jagdzimmer* zeigt. Beide Arbeiten bilden die Hauptkomponenten der Installation *The Passion and The Interest* (1996).

Die Kunst besteht hier darin, eine bestimmte visuelle »Portion« – das sind die besagten Fotos plus etwas Originalinterieur wie Sitzbank und Zimmergrün – in einen nicht vorgesehenen Präsentationskontext zu verpflanzen. Man kann das auch Kontext-Zapping nennen. Entscheidend ist hier der instrumentelle Einsatz dieser Methode. Also keine formale Geste in den Medien, wie man ihn etwa der Recherche-Kunst zuschreiben könnte. Diese hatte, gerafft erklärt, u.a. journalistische oder wissenschaftliche Dokumentationssysteme verwendet, um aus dem ästhetisierten Kanon der Künste auszubrechen, eine Strategie, die sich allerdings einer Ästhetisierung auf Dauer ebensowenig entziehen konnte.

Elisabeth Hautmann setzt vergleichbare Mittel ohne formale Selbstbetonung auf direktem Wege im Sinne von dokumentarisch, soziologisch bis völkerkundemäßig ein. Was würden wohl OSZE-Beobachter angesichts solch kriegsfreundlichen familiären Bilderschmucks sagen?

Nach eigener Aussage geht es Elisabeth Hautmann weniger darum, zu veranschaulichen, welche militaristischen Eitelkeiten der bundesdeutsche Mittelstand seit über einem Jahrhundert pflegt. Auch wenn als interessanter Nebenaspekt deutlich wird, wie wenig sich die Demokratisierung im Uniformdesign niedergeschlagen hat. Was wiederum wenig verwundert, wenn man weiß, daß bis in die siebziger Jahre hinein Bundeswehr-Offiziere nur aus den sogenannten erwünschten Kreisen rekrutiert wurden. Hinzu kommt ein zeitgeschichtliches Update im Subtext der Arbeit: der erste Auslandseinsatz der Bundeswehr im Kosovo.

Im Vordergrund steht für die Künstlerin allerdings, ihr persönliches Briefing, ihre Prägung durch solcherlei Familienikonen, sich selbst zu verdeutlichen. Als Elisabeth Hautmanns Augen zum ersten Mal gucken konnten, hingen diese Bilder bereits als idealtypische Visualisierung dessen, wie sich ihre Familie den Gästen des Hauses in Kurzform selbst vorstellen wollte. Von Kindesbeinen an bis zum reflektierten Selbstverständnis haben diese Art Konterfeis also viel Zeit gehabt, den verwunderten Kinderaugen immer wieder einzubläuen: Wir Abbilder hier sind die Insignien eines gelungenen Familienlebens.

Wenn also einzig und allein das, was als *Ahnengalerie* dort hing, von ihrer Familie wichtig und zeigenswert ist, würde sie selbst es niemals werden können: aus dem schlichten Umstand eines ihrer Persönlichkeitsmerkmale namens »weiblich«. Desweiteren spielt die patriarchale Abbildungstechnik eine Rolle in der Tochter-Vater-Beziehung. Der vermeintlich bessere Papa findet nicht im Kinderzimmer statt, sonst hinge ein Foto mit ihm in einer Spielsituation dort. Es gibt ein strikt übergeordnetes Instanzenleben, das den männlichen Blick in preußische Demutsgesten und ergebene Vaterlandsstarre zwingt. Oder zugespitzt formuliert: Das Vaterland starrt durch die Augen des Vaters in den heimischen Flur. Sich als Familie zu verbessern, als Familie dazuzugewinnen rückt so in bedenkliche Nähe zu vaterländischem Landgewinn. Familiengeschichte in Mitteleuropa ist mindestens zu fünfzig Prozent immer noch Kriegsgeschichte. Fragen Sie mal meine Mutter. Daß sich die Künstlerin mit vergleichbaren sozialen Milieus in guter Zweidrittel-Gesellschaft befindet, macht aus der Arbeit automatisch mehr als eine private Dekonstruktionsgeste.

Einen anderen Umgang mit ähnlich visuellen Erziehungsmustern verdeutlicht eine Arbeit Elisabeth Hautmanns, die einen komplett mit Mullbinden einbandagierten kleineren

Ohne Titel, 1999

Jagdzimmer, Detail aus *The Passion and The Interest*, 1996

Nächste Seite: *Ahnengalerie*, Detail aus *The Passion and The Interest*, 1996

Greifvogel zeigt. Das ausgestopfte Flugtier hatte seinen festen Platz, vermutlich nur aus Platzgründen, schon immer in ihrem Kinderzimmer. Mittels des simplen wie effektiven Handgriffs »Einbandagierung« schützt die Künstlerin, wenn auch nur im Nachhinein, ihren Blick vor diesem nachhaltigen, nie gewünschten Anblick des erstarrten Greifvogels, der ebenso ungewollt in die bedauerliche Situation geraten ist. Wenn man bedenkt, daß Kleinkinder tierische Wesen meist in verniedlichter Formgestaltung wie der eines Teddybärs zu schätzen wissen, zeugt die Anbringung eines Greifvogels in spähender Pose im Kinderzimmer schon von einer eigentümlich bedenkenlosen Pädagogik. *G.R.*

Georg Herold

Auf zwei hohen, schwarz gestrichenen Sockeln sind zwei Drahtknäuel plaziert. In jedem der Drahtgebilde steckt ein Stück Holz mit der Aufschrift »Kleinhirn«. Der Titel des Werks *Gott kennt keinen Unterschied* und die Beschriftung der Holzstücke suggerieren unmittelbare Erläuterung, doch der Titel sagt nicht, was die Skulptur zeigt. »Gott kennt keinen Unterschied – ist O.K.«, sagt Georg Herold.

Welcher Unterschied könnte im Titel gemeint sein? Durch die Aufschrift »Kleinhirn« werden die Drahtgebilde der geistigen Schaltzentrale des Menschen zugeordnet. Zugleich steht der vermeintliche Größenunterschied in Widerspruch zur titelgebenden Sentenz: Gott kennt keinen Unterschied!

Zu Gottvater, dem Allmächtigen des »Vaterunsers«, auf den der Ausstellungstitel »Dein Wille geschehe« rekurriert, gesellt sich der unterschiedslos urteilende, strafende oder liebende Gott. Mit dem religiösen Urbild des Vaters wird die höchste Autorität aufgerufen – allerdings nicht, um einer unverrückbaren Allmacht zu huldigen oder um die Richtigkeit der eigenen Sache zu untermauern, sondern um Gott als Urteilenden, als einen zwei Drahtknäuel Beurteilenden in weltliche Sprach- und Bildprobleme zu verwickeln. Das Apodiktische des wie in Stein gemeißelten Satzes paßt nicht so recht, denn der Unterschied zwischen den beiden Drahtgebilden, zwischen ihrer Dichte und Größe, ist offensichtlich. Sichtbare Form und sprachliche Behauptung laufen gegeneinander. Daraus könnte der Betrachter schließen: »Gott *erkennt* keinen Unterschied.« Das mag daran liegen, daß für Gott reizphysiologische Experimente nicht so interessant sind wie für die Gestaltpsychologie oder Erkenntnisphilosophie. »Im normalen Alltag sind das zwei Knäuel, die sind im großen und ganzen gleich« (Herold). So gesehen

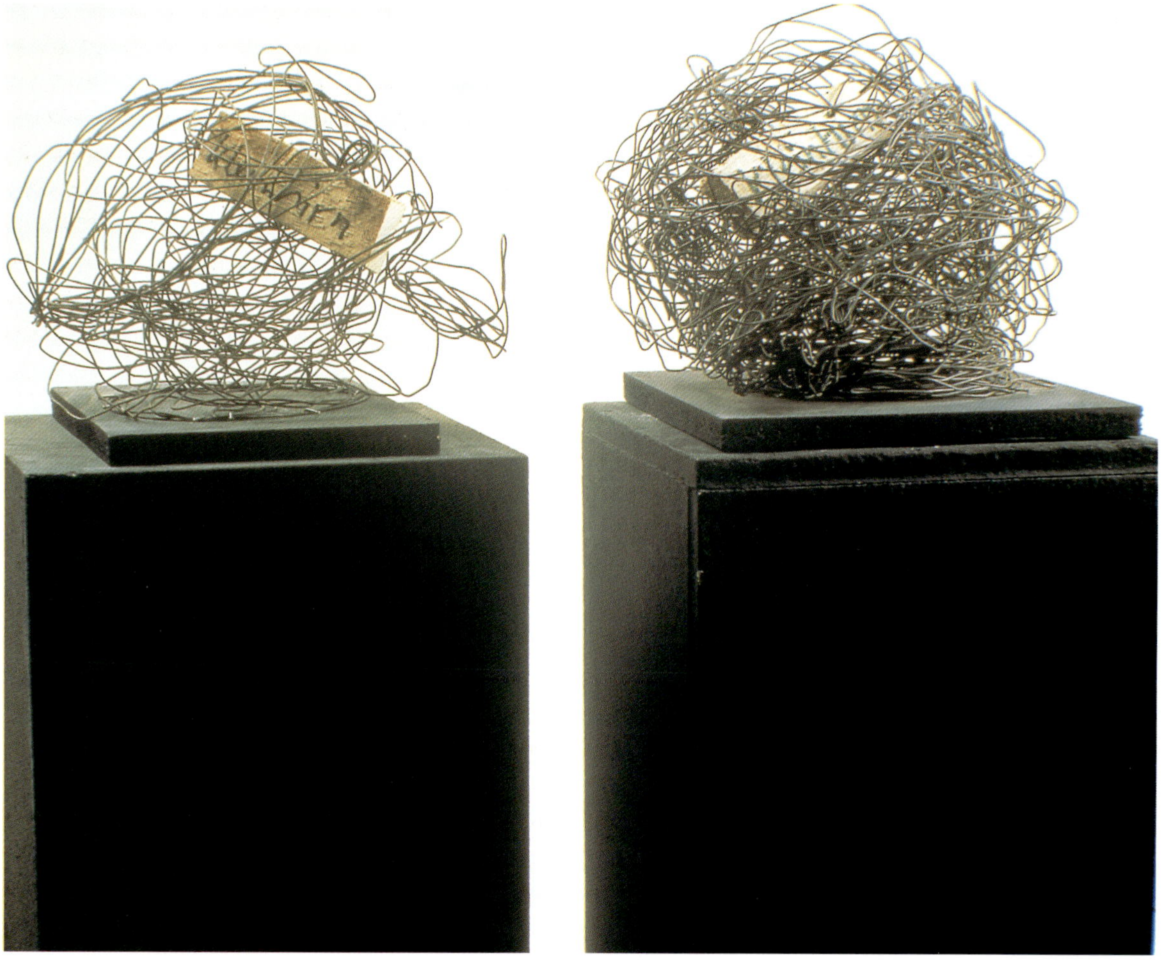

Gott kennt keinen Unterschied, 1984

The Motherfucker (Zeuge M. Kippenberger), 1992

läge Gott nicht ganz falsch. Überhaupt sieht der Künstler den Satz »Gott kennt keinen Unterschied« und alle daraus folgenden theologischen, naturwissenschaftlichen, erkenntnistheoretischen und drahtigen Verwicklungen sehr kultur- und kontextabhängig. »In Afrika bräuchte ich diese Arbeit nicht zu machen. Man würde dort den Draht geradebiegen und für etwas Praktisches gebrauchen.«

Aus seiner Kindheit und Jugend in der DDR ist Georg Herold ein genauer Spürsinn für die grotesken Verrenkungen totalitärer Anschauungen erhalten geblieben. Autoritär unter- und eingemauerte Wahrheiten, unumstößliche Gebote und Pathos sind dem Künstler suspekt, fordern sein Nachhaken heraus, wozu Draht natürlich gut geeignet ist. Herolds Objekte, seine Dachlattenskulpturen und Ziegelsteinkonstruktionen, meiden jeden Anklang an Endgültiges, Erhabenes, Überdauerndes. Doch gerade im Verzicht auf Eindruck schindendes Material zeigt sich die bildliche Kraft der Arbeiten. Die schlichten Drahtknäuel werden zu einer materialisierten Metapher für die unentwirrbaren Windungen des Gehirns, der Sprache, der Suche nach Gott, des Vergnügens an dem nicht vorhersagbaren Verlauf einer Assoziation. Die Windungen überlagern und verschränken sich, kreisen wie Loops in einer Achterbahn und bilden so das eigentliche Material der Skulptur.

In den späten achtziger Jahren führt Herold eine luxuriöse und ungewöhnliche Malsubstanz in sein Werk ein: Schwarzer Beluga-Kaviar dient ihm als Farbpigment und Struktur seiner Bilder. In einem seiner Kaviar-Bilder, in *The Motherfucker/Zeuge M. Kippenberger* ist der Kaviar unregelmäßig auf dem Bildträger verteilt und verdichtet sich an einigen Stellen zu einer großen, eine kleinere runde Form umgebenden, anthropomorphen Silhouette. Vertikal über das Querformat windet sich, einer Nabelschnur ähnlich, eine Silikonspur (ein typisches Bildmittel Kippenbergers) und läßt, ganz wie die an Chromosomen erinnernden, numerierten Kaviareier, an einen sich entwickelnden Fötus denken. Die schwarzen Fischeier verweisen in geradezu tautologischer Überdeutlichkeit auf die Vaterschaft des im Titel genannten Künstlerkollegen Martin Kippenberger. Bei der Gelegenheit rehabilitiert Georg Herold gleich noch den (als Inzestunterstellung beleidigenden) Ausdruck »Motherfucker«. Wörtlich genommen und herzlich auf den Künstlerfreund angewandt, ist natürlich jeder Vater ein ordentlicher »Motherfucker«. *M.U.*

Ulla Jokisalo

Rechts und nächste Seite: *Untitled*, 1990/1999

Untitled (Details), 1992/1999

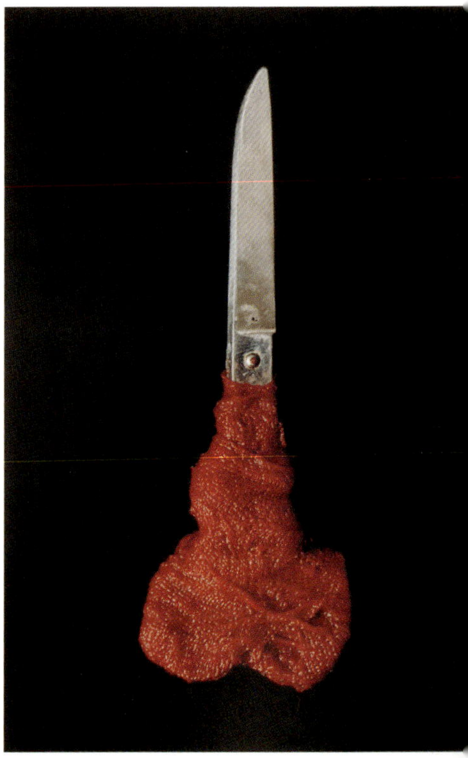

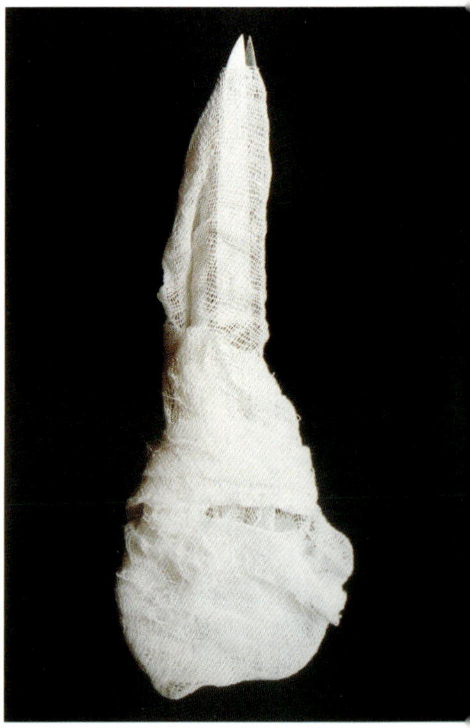

Die finnische Künstlerin Ulla Jokisalo ist seit Beginn der neunziger Jahre mit konzeptuellen Fotoarbeiten bekannt geworden, die in eindringlicher Weise um Kindheitserinnerungen, die eigene Sozialisation, traumatische Erfahrungen und die Rolle der familiären Erziehungsinstanzen kreisen. Die Figur der Mutter hat bleibende Eindrücke hinterlassen, und das professionelle Instrumentarium der praktizierenden Schneiderin (Scheren, Nadeln, Fäden, Schnittmusterbögen, Maßbänder usw.) nimmt eine Schlüsselfunktion im psychologisch vieldeutigen künstlerischen Werk von Ulla Jokisalo ein. Sie schreibt selbst, daß die Beschäftigung mit diesen »Werkzeugen« weiblicher Handarbeit den eigentlichen Anstoß für ihre Entwicklung zur Künstlerin gegeben hat. »Das Bild des Vaters« erscheint in dieser von weiblicher Symbolsprache durchzogenen Kunst nicht unmittelbar, nicht als fotografische Abbildung des eigenen Vaters der Künstlerin. Aber gerade in der visuellen Abwesenheit ist der Vater indirekt umso nachhaltiger präsent, denn in der Art und Weise der künstlerischen Technik und analytischen Reflexion der weiblich geprägten Kindheitsmuster offenbart sich eher eine »männliche« Zugriffsweise, indem die Künstlerin Prozesse der Zerstörung als Voraussetzung für Neuschöpfung zeigt: Zerschneiden, Zerstechen, Durchtrennen, Vernähen, Markieren, Abstecken usw.

An der Ausstellung beteiligt sich Ulla Jokisalo u.a. mit einem dreizehnteiligen Zyklus von collagierten Fotoarbeiten (*Ohne Titel*, 1990 und 1992), in dem das Doppelportrait von Vater und Tochter, verbunden in einer innigen, schützenden Geste, am Anfang und Ende steht, verborgen hinter einer bedrohlich zur X-Form aufgeklappten, gußeisernen Schneiderschere. Auf dem letzten Bilderpaar überlagert die gleiche Schere links das kolorierte Foto eines zusammengekauerten Kindes, dessen dem Betrachter zugewandter Kopf zwischen den scharfen schwarzen Diagonalformen wie eingeklemmt wirkt, als werde er im nächsten Moment aus dem Foto herausgeschnitten. Eine symbolische Enthauptung? Auf dem rechten Bild wird die Schneiderschere noch einmal wiederholt, doch scheint sie als fotografisches Element nun harmloser, mit dem Vater-Tochter-Bildnis scheinbar verschmolzen. Der Mittelteil der Serie variiert allein das Scherenobjekt in verschiedenen Schnittstellungen (oder Schrittstellungen), mit Mullbinden umhüllt und in rot getaucht – ein Sinnbild von Verwundung, Leiden und Opfer, ein blutender Fetisch, wenn nicht gar vollzogener Kastration. Die Schneiderschere – in Ulla Jokisalos persönlicher Ikonographie ist sie eher als ein Muttersymbol besetzt. Also ist auch die Mutter anwesend; das Kind gerät zwischen die gespreizten Schnittflächen wie in eine Guillotine – Gegenbild zum schützenden Schoß, der es bei der Geburt hervorgebracht hat. Die Ambivalenz der Geschlechter wird durch die Schere in offener Form (weiblich) oder geschlossener Form (männlich) angedeutet. Wie man es auch betrachtet, man wird diesem Zyklus von Ulla Jokisalo immer wieder neue Rollen- und Bedeutungswechsel abgewinnen. Entscheidend ist, was der Betrachter darin sehen will. Letztlich geht es nicht mehr um das Vater- oder Mutterbild, sondern um die Frage: Welcher Teil verletzt, welcher Teil wird verletzt? – »Meiner Meinung nach«, schreibt Ulla Jokisalo über ihren Ausstellungsbeitrag zum »Bild des Vaters«, – »sind diese Arbeiten verknüpft mit meiner traumatischen Beziehung zu meiner Kindheit.«

Ein Weg zu ihrer Überwindung kann in der Kunst oder in der Objektivierung des Themas durch Rückbesinnung auf Mythos und Religion gesehen werden. So knüpft auch die Komposition des ausgestellten Zyklus an die christliche Ikonographie an: Die Diagonalform der Schere erinnert an das Andreaskreuz, das Instrument der Tortur wird selbst zum Opfer im variantenreichen Martyrium des Christus als vom Vater verlassenen Gottessohn. Auf dem anonymen Albumfoto, das Ulla Jokisalo verwendet, wird aber nicht der Sohn, sondern die Tochter vom Vater gehalten, eine Pose, die entfernt an die Ikonographie der Pietà (Muttergottes mit totem Sohn) oder – ihr Gegenbild – des Gnadenstuhls (Gottvater mit totem Sohn) erinnert. Auch hier wird ein Rollentausch vorgenommen. Eine spätere Serie, in der Fotos von Mutter und Kind auf reinweißem Leinen mit roten Kreuzstichen zusammengehalten werden, nennt sie *Ikonostasis* (1996). Es scheint, als buchstabiere Ulla Jokisolo wie im psychoanalytischen Prozeß noch einmal mühevoll die Erlebnisse und Verletzungen ihrer Kindheit durch. Nadeln verursachen Einstiche und sind Schmerzpunkte im Gedächtnis. Ergebnisse einer psychischen Penetration. »Nur was nicht aufhört weh zu tun, bleibt in Erinnerung« (Nietzsche).

B.S.

Komar & Melamid

Lenin in Washington mask, 1996/97

Die russischen Künstler Vitaly Komar und Alexander Melamid gelten als Begründer der »Soz-Art«, eine während der siebziger Jahre sich allmählich in der Sowjetunion etablierende Gegenbewegung zum staatlich erwünschten Sozialistischen Realismus, dessen Gestaltungskonvention und propagandistische Ästhetik sie ironisch zitierte, um subversive Inhalte als neue Botschaften zu transportieren. Seit 1972 veranstalteten Komar & Melamid Ausstellungen mit Gemeinschaftsbildern unter dem Label »Soz-Art«. Ihre wichtigsten Vertreter waren neben dem Künstlerduo vor allem Erik Bulatow und Alexander Kossolapow. Während sich »Soz-Art« im Sinne einer Anti-Programmkunst der »offiziellen« Sprach- und Bildcodes bediente und auch als sowjetische Antwort auf die amerikanische Pop Art verstand, fand in vielen künstlerischen Beiträgen eine »Vermischung« der sozialistischen und der kapitalistischen Botschaften statt, sobald die Künstler, die damals – Ende der siebziger Jahre – scharenweise die Sowjetunion verließen, einmal im »Goldenen Westen« angekommen waren. Denn die Begegnung mit der unvorstellbaren, langersehnten, grenzenlosen Freiheit brachte in vielen Fällen eine Entmystifizierung der Ideale mit sich, die sich wie die Kehrseite einer Medaille oft genug als Wiederkehr des Gleichen unter anderem politisch-gesellschaftlichem Vorzeichen entpuppte, mit anderen Worten: Da, wo in der alten sowjetischen Gesellschaft die brüchig gewordenen politischen Parolen und Rituale die Alltagswelt dominierten, trumpfte in der kapitalistischen Lebenswelt die Werbung mit immer neuen Kaufanreizen auf, die den westlichen Alltag schließlich heute so beherrschen, daß wohl auch von einer Indoktrination gesprochen werden kann.

Vitaly Komar und Alexander Melamid verließen Moskau noch vor der kulturellen Öffnung der neuen Politik von Perestroika und Glasnost Michail Gorbatschows, zur Zeit der poststalinistischen Stagnation unter Breshnew. 1974 war eines ihrer Gemälde *Doppelporträt als Lenin und Stalin* bei einem offiziellen Einsatz der Miliz in Belijaevo bei Moskau zerstört worden. 1976 konnte ihnen bereits der New Yorker Galerist Ronald Feldman eine Ausstellung mit inoffiziell aus der UdSSR exportierten Gemälde ermöglichen. Sie emigrierten 1977 über Tel Aviv nach New York und fanden seit 1978 in den USA nach kurzer Zeit Anschluß an den Kunstmarkt. Ihrer historisierenden, klassisch-akademischen, mit stilistischen Zitaten der sowjetischen Realismuskonzeption operierenden Malerei sind sie bis heute treu geblieben. Ihre Methode ist der schillernde Eklektizismus der Postmoderne. Doch ist ihrem Werk auch eine konzeptuelle Linie immanent, wenn sie etwa – wie zeitgleich mit der vollzogenen Emigration – in New York eine Gesellschaft zum Kauf und Verkauf von Seelen betreiben und dafür Zertifikate ausstellten, eine ur-russische Angelegenheit.

George Washington as a Victor with Stalin and Hitler heads, 1996/97

George Washington, Vladimir Lenin, Isadora Duncan and Marcel Duchamp, 1996–97

Auf der Suche nach der Einlösung der Versprechen ihrer Kindheit durch Vaterautoritäten sind Komar & Melamid heute bei dem Thema »Fathers of Nations« angekommen: Bilder von Lenin und Washington, den Gründungsvätern der Heimatländer der Künstler, Rußland als ursprüngliche und Amerika als angenommene Heimat. Die Auseinandersetzung mit der patriotischen Führerfigur des George Washington (die Künstler bezeichnen ihn ironisch als »Stiefvater«), der amerikanische National- und Personenkult, die Anlage einer großen Sammlung von Kitsch-Objekten entwickelte für Komar & Melamid immer mehr Parallelen zum Lenin-Kult und zur Lenin-Verehrung in der ehemaligen Sowjetunion. Diese Einsicht in die Auswechselbarkeit der politischen Führer- und Vaterfiguren war Anlaß zur Produktion einer neuen Serie von Gemälden des »Patriotischen Absurdismus«, den Komar & Melamid als »neo-imperiale Kunst der Zukunft« begreifen. Die Bilder führen Geschichte vor als traumähnliche Realität, vergleichbar der Halloween-Parade auf dem Washington Square, wo die Helden verschiedenster Zeitalter und Nationen ihre Bühne fanden.

Die Gemälde zeigen in unterschiedlichen Varianten George Washington, Lenin, Hitler und Stalin. George Washington hält die abgeschlagenen Köpfe der beiden Diktatoren mit souveräner Geste dem Betrachter entgegen, ausgestattet mit allen Insignien der Macht, inszeniert mit allen von der Kunstgeschichte überlieferten Pathosformeln in der Tradition des europäischen Herrscherbildnisses. Auf einem anderen Gemälde erscheint Lenin hinter einer roten Draperie mit George-Washington-Maske, während sich ein Adler über das nackte Hinterteil einer Frau hermacht. Was hinter dem Vorhang vor sich geht, auf welcher Bühne gespielt wird, bleibt dem Betrachter verborgen. Ist Amerika der Sieger geblieben? Hat der American Dream die ehemals so wirkungsmächtige Sozialutopie des Kommunismus und Sozialismus überrundet? Das ironische Wechselspiel, das die Künstler mit ihren echten und angenommenen nationalen Vätern unter Einbeziehung der Akteure Hitler und Stalin betreiben, läßt Zweifel an einer eindeutigen Botschaft über das »Ende der Geschichte« zu. Vorgeführt wird eine Maskerade des Personenkults in historischen Kostümen, die wie im Brechtschen Theater die Auswechselbarkeit der Schauspieler propagiert, damit diese nicht zu Identifikationsfiguren werden, die mit der unhinterfragten Autorität väterlicher Ideale ganzen Nationen die Erfüllung aller Träume versprechen. Komar & Melamid haben in der Einsicht, daß sie ihre Immigrantenträume im »Land der unbegrenzten Möglichkeiten« nicht einlösen konnten, einen Prozeß der Desillusionierung vollzogen, denn sie hatten ihre Auswanderung in die USA als »Rückkehr in die Kindheit« gedeutet.

B.S.

Lenin with G. Washington face, 1994

Leonards Laganovskis

Mein erster Fernseher, 1988

Die Objektbild-Serie *Mein erster Fernseher* (1988) geht zurück auf eine Erinnerung des Künstlers an das obskure Objekt einer jener pionierhaften Flimmerkisten im sozialistischen Volksempfänger-Design der sowjetischen Stagnations-Ära. Stalin, Molotow und andere überlebte Vertreter der revolutionären Vätergeneration erscheinen auf der winzigen Mattscheibe eines heute steinzeitlich anmutenden Schwarz-Weiß-Fernsehers. Der Reliefcharakter der Malerei auf der Bildoberfläche evoziert eindringliche Erinnerungen an klobige Fernsehkästen mit fahlgewordener Stoffbespannung und elfenbeinfarbenen Schaltknöpfen, an die beklemmende Wohnzimmeratmosphäre von Kleinfamilien der fünfziger und frühen sechziger Jahre. Die Porträts der »Führer« im Lichte des sozialistischen Personenkults waren allgegenwärtiges »Programm« und besetzten Alltagsleben und -bewußtsein der Bevölkerung nachhaltig.

Der vom Künstler eingebaute Anachronismus besteht jedoch darin, daß Stalin, den die Sowjetbürger mit aufrichtiger Hingabe »Väterchen« nannten, 1953 verstarb, was von dem erst zwei Jahre später geborenen Künstler real gar nicht erinnert werden kann. In einer 1991 entstandenen Serie von vier Gemälden (*Fernsehen aus Petrograd*) treibt Laganovskis den ironischen Anachronismus noch auf die Spitze, indem er »Großvater« Lenin zu Zeiten vor Erfindung des Fernsehens in verschiedenen Posen und Lebensalterstufen auf dem Bildschirm bannt. Hier läuft offenbar ein Film rückwärts. Gemeint ist nicht die Geschichte des Mediums. Es geht einmal mehr um die Beleuchtung von Zeitgeschichte, die nicht unbedingt authentisch selbst erinnert sein muß, sondern das kollektive Gedächtnis eines Minderheiten-Volkes meint, das bis zu Beginn der neunziger Jahre reicht, als die Letten die Ablösung von der Sowjetunion mit einer friedlichen Revolution durchsetzten. Die Geschichte – Annektion Lettlands durch die Sowjetmacht, der verräterische Hitler-Stalin-Pakt, der Kampf um die Erhaltung der nationalen und kulturellen Identität des Zwei-Millionen-Volks an der Randzone des Sowjetreichs – Laganovskis läßt sie noch einmal Revue passieren. »Väterchen Stalin«, Demagoge, Diktator, Massenmörder Stalin wird noch einmal lebendig; sein charismatisch lächelndes Portrait im staatlichen Fernsehen ruft düstere innere Bilder hervor, von Deportationen und Massenhinrichtungen, von sozialistischem Antisemitismus, der Auslöschung Namenloser,

Fernsehen aus Petrograd, 1990

der Intellektuellen wie auch der bürgerlichen Elite der ehemaligen Lettischen Republik und aller, die in politische Ungnade fielen. Eine Geschichte, die auch vor der Familie des Künstlers, seinem eigenen Vater, nicht halt gemacht hat. Da dessen Geschichte nicht dargestellt werden kann, werden der kollektive »Über-Vater« und seine Genossen zum Thema. Laganovskis betreibt eine sehr eigene Ablösung von dieser alles beherrschenden Vätergeneration, stellvertretend für den Emanzipationsprozeß seines Volkes, und sie gelingt ihm in der januskopfigen Vorführung der Portraits, die noch einmal wie Ikonen ihre Aura verbreiten können, bevor der Künstler sie im »Störbild« (Molotow-Portrait) zum Verschwinden bringt.

Eine dritte Werkgruppe der »Wendezeit« sind die Denkmalmonumente seit 1991, die Laganovskis während der End- und Auflösungsphase der Sowjetunion zu seinem Thema macht. Es entstehen kleine Denkmalsockel variabler Formen aus Holz mit illusionistischer Marmormalerei oder Ausführungen in Naturstein, die Messingschilder mit Aufschriften wie *Der Avantgardist*, *Führer mit Kind*, *Der Gründer* u.a. tragen. Nur anhand der darunter vermerkten Jahreszahlen (1925, 1934, 1961 usw.) lassen sich Kontexte erahnen, denn die Denkmalsockel sind leer. Die Standbilder wurden von der Geschichte hinweggefegt, denn mit jeder neuen Ära setzte ein Bildersturm ein, der die vormals gültigen Führerfiguren auf die Müllhalde der Geschichte beförderte. Aber nicht nur sie wurden geopfert, sondern eben auch die Gründerväter, Avantgardisten und Wahrsager, die »Propheten im eigenen Land«, die etwa das Ende der – von Stalin denunzierten – Avantgardekunst oder die zum Schweigen gebrachten Stimmen der Regimegegner verkörpern.

Leonards Laganovskis hat in seiner Biographie und künstlerischen Entwicklung viele der historischen Prozesse der Sowjetzeit gespiegelt und kommentiert. Durch Auftragstätigkeiten im öffentlichen Raum (Fassaden, Bühnen, Festgestaltung) und als Bühnenbildner an der Rigaer Oper war Laganovskis mit den Gestaltungskonventionen des Sozialistischen Realismus vertraut, die er ab Ende der achtziger Jahre im Geist der »Soz-Art« und des neuen Konzeptualismus zu subversiven, ironisch-kritischen Aussagen wandelte. Gegenüber den starken Gruppierungen in Moskau und St. Petersburg (Bulatov, Komar & Melamid, Kabakov u.v.a.) repräsentiert Laganovskis in Lettland den Stil einer konzeptuell gewendeten »Soz-Art« nahezu allein. Die als unterdrückerisch erlebten Vater- und Führerfiguren der Sowjetzeit samt ihrer Machtinsignien werden überwunden, aber zugleich in ihrer Ambivalenz vorgeführt, die einen Teil ihrer Faszination und politischen Wirkungsmacht erklärt: die tiefgreifende Verwurzelung der »Vater«-Projektion im kultur- und religionsgeschichtlichen Kontext der patriarchalischen Gesellschaften Osteuropas.

Dies mag vor allem für Rußland gelten. Die Rehabilitierung der Machtstrukturen der orthodoxen Kirche, die Wiederkehr des Zaren- sowie des nationalen Heldenkults – um nur einige der rückwärtsgewandten Erscheinungen zu nennen – offenbart die Schwierigkeiten der osteuropäischen Völker, in der selbst erkämpften Autonomie einer »vaterlosen Gesellschaft« als mündige, selbständige Individuen zu leben. *B.S.*

***Der Genius*, 1992**

***Fernsehen aus Petrograd*, 1990**

LABANOWSKI 1990.

Via Lewandowsky

Scheißstreich (Taking leave of his senses), 1995

Mit dem Vater hat sich eine Tragödie ereignet. Er muß sterben oder stirbt. Einem Haushaltsgerät hat er sich anbefohlen wie einem Transportvehikel. Bekleidet ist er in den Kühlschrank gestiegen und hat sich in ihn wie in eine Kapsel gesetzt. Er wußte, daß die abwaschbaren, weißen Innenwände seine Sargwand werden würden. An der eigenen Expiration würde er sich im Dunkeln, benommen an den kühlen Kunststoff geschmiegt, zu Tode atmen. Gasherd, Strick und Jagdgewehr – kein Mordinstrument hat der Vater sich gesucht. Er hat nichts zurechtgezurrt und auch nicht durchgeladen. In Vorausschau hektischer Rettungsgeschäfte entfernte er nur den Griff von seiner Zellentür. Dies ist die Signatur seiner endgültigen Entschlossenheit. Rastet die Tür ins Schloß, läßt sich das normwidrig überalterte Gerät hebellos nicht mehr öffnen. Kein Zweifel, Vater suchte den Tod. Sein Rückzug ist eine Geste. Fast wirkt sie hoffnungsfroh. Denn wie wir sehen, hängt die Krawatte aus dem Kühlschrank wie eine Art Leine, an welcher der Tote fast noch zu greifen wäre. Das ist nicht nur der letzte Wink eines Sterbenden, der die Hilflosigkeit seiner Angehörigen einplanen wollte. Vater hat sein Gehäuse auch als Warteraum verstanden. Wer in formeller Kleidung in einem Container sitzt, hält sich bereit. Und als habe er eine rasche Beförderung erhofft, sitzt Vater noch in seinem Gefängnis, leichenstarr, doch hygienisch eingeschlossen; etwas aufgebläht, aber unsichtbar.

Wir hingegen stehen in der Asservatenkammer und unterhalten uns über seinen Tod. Vater hat sich weggeschlossen, und wir spekulieren über sein Verschwinden. Denn der Tote ist eine Kunstfigur, und als Protagonist eines Dramas trägt er einen Rollennamen. Vater heißt »Fati«. Das gibt eine Art Stabreim auf »Fakir« und ist ein Werktitel wie ein Abzählreim. *Als Fati Fakir wurde* klingt nach einem Kindervers, orthographisch nicht schulreif und als Witz nicht ganz mündig. »Fati« ist keine tragische Heldenpartie. Der Rufname des kleinbürgerlichen Familienchefs zeigt an, daß eine Groteske gegeben wird: eine Satire am Rande der Peinlichkeit, ein Vatermord als Kinderphantasie. Via Lewandowsky ist der Archivar dieser Originalitäten zum Tode. Er sammelt letzte Auftritte ein, um sie zum Kunstschönen aufzubereiten. Er führt vor, daß der Suizid ästhetisch sei, solange wir nicht zur Familie gehören. Es wird uns nicht ohne Sarkasmus zur Ansicht gebracht, daß die letzten Handlungen, der einsame Rückzug, der verzweifelte Wunsch, den Kopf bis zur

Es muß im Keller passiert sein, 1996

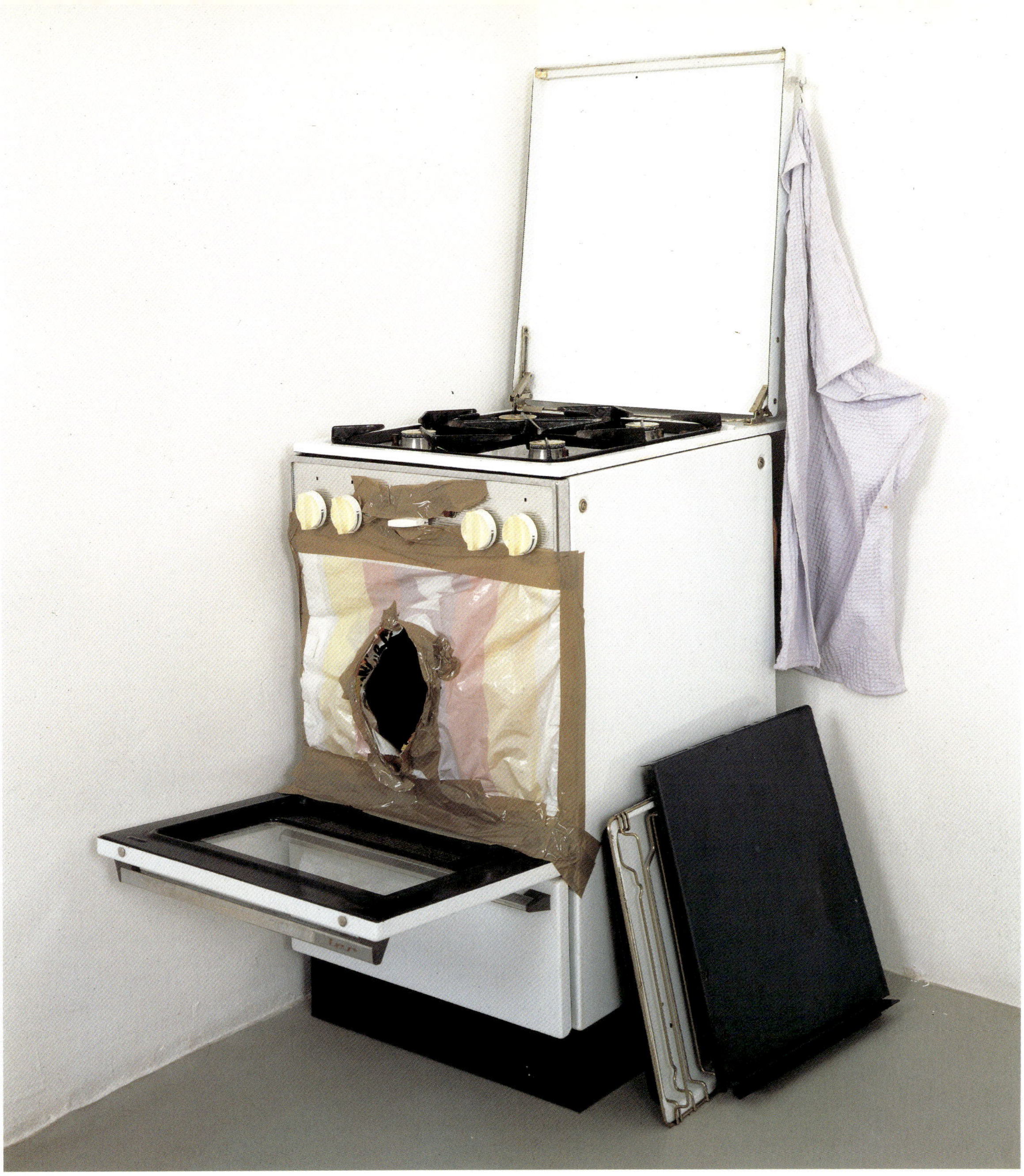

Das Beste für Vati, 1994

Vergiftung in einem Gasherd zu bergen, ebenso gut als Quellen des Vergnügens taugen wie jedwede Harmlosigkeit. Die Kunst macht sich mit dem Boulevardbericht kommensurabel. Der skurrile Suizid ist eine mediale Zirkustat. Ob der Tote es wollte oder nicht, seine Selbstvernichtung macht ihn prominent. Er ist noch einmal Regisseur gewesen, als könne er sich in den Medien post mortem noch spiegeln. Damit wird das Töten zum Bild. Und wo sich der Tod nach den Maßstäben theatralischer Ausstattung beurteilen läßt, wird er zu einem Fall für die Kunst. Vater sitzt in Pose da. Der Tote ist nicht aus dem Leben ausgetreten, sondern aus dem Alltag ohne Form.

Um diese Formwerdung geht es in den *Jenseitsfähren*, wie der Künstler seine Serie suizidaler Requisiten nennt, und damit um die Grenze entweder der Betrachtung oder der Kunst. *Komm stirb mit mir*, wirbt eine der Arbeiten, doch kein Betrachter käme im Ausstellungsraum diesem finalen Aufruf nach. Erträglich sind die Anspielungen auf Kindermorde oder Selbstverstümmelung, Sektenwahnsinn und letztes Ersticken dem, der schaut und nichts als schaut. Da steht die Kunst dann wie eine Geschmacksprobe da. Sie zelebriert sich als Verschönerung einer erbärmlichen Wirklichkeit. Sie ergötzt sich am Schrecken und droht mit der ethischen Leere einer ewigen Dekoration. Das laborhafte Interesse dieses todesfamiliären Kabinetts ist also eine ironische Erinnerung an die Möglichkeit der Moral. Lewandowsky macht das spezifische Leichtgewicht fühlbar, mit dem die Ästhetik sich über das Nichtästhetisierbare erhebt. Sie macht die Pointe zur Entscheidungssache. Wer den Tod als Tod betrachten will, verliert das Dekorum aus den Augen. Mit dem Verlassen des Terrains der Groteske endet der Wirkungsbereich der Kunst. Wer indes die Lust am mortalen Privatdesign mit entspanntem Mutwillen wie einen B-Movie genießt, erlebt den ästhetischen Blick als uferlose Ironie. Ein präzises absurdes Theater. Indem es sich nach einem Ort jenseits des Ästhetischen erkundigt, holt es Vater heim in die Kunst.

G.G.

Roger Lips

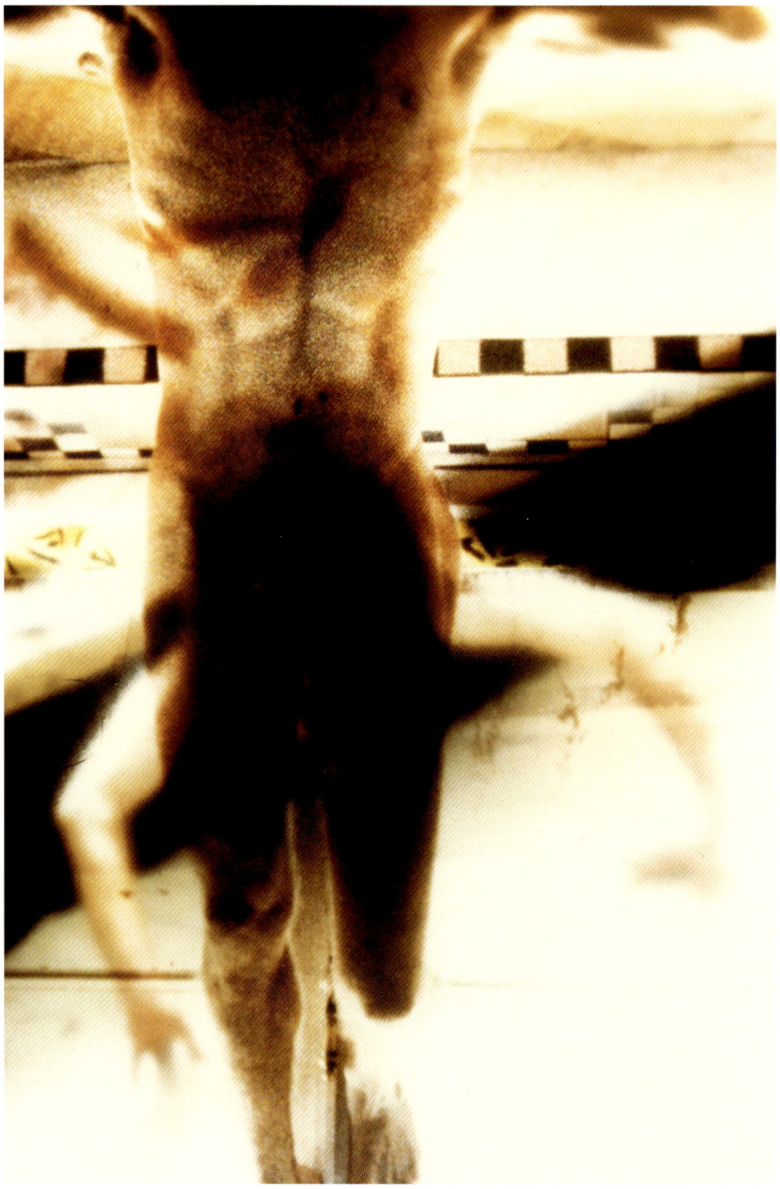

Ohne Titel, 1986/90

Kurz bevor es endgültig und böse zur Sache ging, hatte er sich noch selbstgewiß auf seinen Vater berufen: »Ihr sagt's, ich bin's« (sein Sohn). Auch als ihm diese Auskunft äußerst übel genommen und er verprügelt wurde, redete er noch mit seinem Vater, allerdings in Gedanken, denn der Vater war abwesend: »Vater, vergib ihnen; denn sie wissen nicht, was sie tun!« Sich so über die unverschämten und brutalen Anfeindungen ihm gegenüber zu erheben, half auch nicht. Als ihm schließlich die rohe Gewalt der realen Situation jeden Ausweg in die menschenfreundliche Vergeistigung abschnitt, machte er auf dem Tiefpunkt seiner Folterung seinem Vater den Vorwurf: »Warum hast du mich verlassen?« (Markus 15,35; Matthäus 27,47). – Jesu Kreuzigung, in den vier Evangelien unterschiedlich drastisch erzählt, ist eine aufgewühlte Szene eines bezahlten Männerkusses, eines im Stich gelassenen Sonderlings, feiger Politiker und einer hysterischen Menge. Über den Körper des Gefolterten wird verfügt wie über ein Ding: »Einer öffnete seine Seite mit einem Speer, und alsbald ging Blut und Wasser heraus« (Johannes 19,35). Dabei ist von der Macht des Vaters, in dessen Namen sich das Opfer seinen Peinigern stellt, wenig zu merken. Die Kreuzigung ist, ohne den Vorgriff auf die triumphale Wendung der Auferstehung, vor allem ein existenzieller Vaterkonflikt: Ein Vater, der nicht schützt und nicht hilft, aber dennoch den Anspruch aufrecht erhält, Macht über den Sohn zu haben. – Erstaunlich ist, wie diese Schilderung eines rohen Menschenopfers (und nicht eines Pflanzen- oder Tieropfers zur Götterbesänftigung) zu einem Begründungsmythos abendländisch zivilisierter Nächstenliebe werden konnte. Ebenso erstaunlich in der langen Tradition bildlicher Kreuzigungsdarstellung ist die latente Erotisierung des Christus-Leibes. Dessen ungeachtet ist heute auch für weniger bibelfeste Zweifler an der Welt Jesus eine Identifikationsfigur, ein kollektiv gewußtes Grundbild für den, der auf der Welt eigentlich nichts zu suchen hat, weil er dauernd die diplomatischen oder jovialen Kompromisse stört, durch die das Vaterrecht mitsamt seiner heterosexuellen Rollenzuweisung sein System von Unterwerfung und Protektion organisiert. – Roger Lips ist 1994 nicht an seinem Glauben gestorben, sondern an Aids. Auch behauptete er nie, Gottes Sohn zu sein, aber gepaßt hat er in diese Welt ebenfalls nicht. Davon handeln die überarbeiteten Fotografien Roger Lips', ein umfangreiches, in vielen Einzelarbeiten beeindruckendes, insgesamt unvollendetes Werk. In Roger Lips' Kunst wird seine Nicht-Übereinstimmung mit der Welt produktiv: die Diskrepanz zwischen dem intensiven Wunsch nach völliger homosexueller Harmonie und der alltäglichen Wirklichkeit, daß sich jegliche Sexualität in soziale Ordnungen zu fügen hat. Ausführendes Instrument und zugleich unüberwindliche Barriere der homosexuellen Sehnsucht war in Roger Lips' Arbeit die Fotokamera. So nah das Objektiv das Gesicht des Anderen heranzuholen vermochte, so prinzipiell verbannte es dessen lebendige Gegenwart ins flache Foto. Nachträgliche Überblendungen vollziehen Phantasien von Nähe und Übereinstimmung – um dadurch das Bild noch weiter von jeder Realität zu entfernen. In seinem Triptychon hat der Künstler Leid seltsam schlüssig mit dem Schweben erotischer Verzückung verschränkt. Daß Roger Lips im Angesicht seines Todes mit dieser Arbeit an die Tradition der Kreuzigungsdarstellung anknüpft, d.h. an den heterosexuell-vaterrechtlichen Szenenkanon der Bibel, verschärft die Ambivalenzen nur. *M.W.*

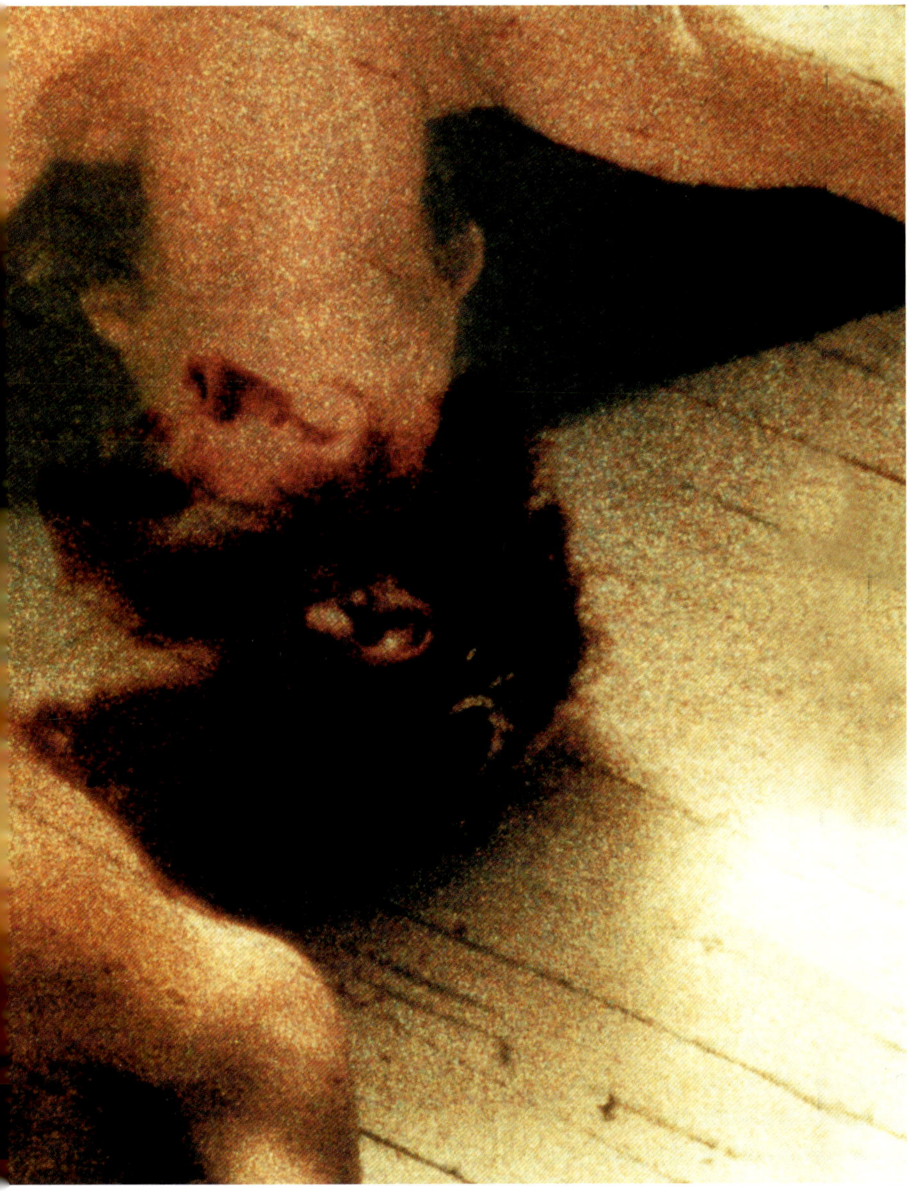

Paul Luckner

Die formal strenge Arbeit des Düsseldorfer Künstlers Paul Luckner, geboren 1960 und Absolvent der Kunstakademie Düsseldorf, ist vielleicht der persönlichste Beitrag der Ausstellung. Seine Arbeit mit dem enigmatischen Titel *10.8. 12.10.5.2.5. 4.10.8.* von 1998 beschäftigt sich mit einer unaufgearbeiteten Vater-Sohn-Beziehung.

Im Jahr 1998 erhielt der Künstler von seiner Mutter einen Pappkarton mit Habseligkeiten seines vor 20 Jahren verstorbenen Vaters. Unter den Papieren befanden sich Briefe, die der Vater mit seiner Freundin, die im selben Mehrfamilienhaus wohnte, ausgetauscht hatte und die letztlich zur Trennung des Vaters von der Familie geführt hatten. Der zu jener Zeit Zehnjährige hatte diese Briefe im Flickzeugtäschchen eines Fahrrades im Fahrradkeller des Hauses gefunden und seiner Mutter gebracht. Mißtrauisch geworden, hatte diese die Briefe dekodiert und sich mit einer Liebesbeziehung konfrontiert gesehen, die sie unerwartet traf. Die weitreichenden Konsequenzen dieses Fundes konnte der Junge zum Zeitpunkt der Übergabe an die Mutter nicht absehen. Sie führten zu einer Erschütterung seiner bis dahin gültigen Wert- und Moralvorstellungen und stürzten ihn in seinem Verhältnis zum Vater in eine tiefgreifende Krise.

Nach all den Jahren war die unvorbereitete Begegnung mit seinem Vater in Form dieser Liebesbriefe für Paul Luckner die Initialzündung zu *10.8. 12.10.5.2.5. 4.10.8.* und der Beginn einer künstlerischen Aufarbeitung seines Vaterbildes. An der Wand hängen neun zu einem Quadrat angeordnete kleinformatige Arbeiten. Handschriftlich notiert der Künstler den Zahlencode der Briefe und ordnet ihn optisch in Form einer konkreten Poesie an. Die neun Arbeiten sind identisch. Lediglich die Arbeit im Zentrum des Quadrates ist auf deutlich helleres Papier geschrieben. In der Wahrnehmung des Betrachters verdichten sich die neun Rahmen zu einem Bild. Vor diesem steht ein in sich zusammengekugeltes seltsames Objekt auf einem Sockel, *10.8. 12.10.5.2.5. 4.10.8.* dehnt sich in den Raum aus und wird zur Installation.

Die Kugel ist in ihrer Schalung beschuppt und läßt an einen schützenden Tierpanzer denken. Man sieht, daß sie sich öffnen und auch wieder schließen kann. Kopf und Schwanz stecken sich ineinander. Das Modell ist ein sogenanntes Kugelgürteltier, das sich wie eine Kellerassel bei drohender Gefahr zusammenrollt. Für die künstlerische Umsetzung seiner Ideen und Anliegen wählt Paul Luckner fast ausschließlich Tiere, deren anthropomorphen Charakter er sich zur Konkretisierung seiner Gedanken zunutze macht. Hier weist der phallische Charakter des Gürteltieres auf dem Sockel diese Skulptur als Vaterfigur aus. Das Bild an der Wand, die Liebesbotschaft, wird in diesem Zusammenhang zur Frau. Auf dieser Basis erhält das helle Zentrum seinen Sinn: Es evoziert eine Tiefenwirkung und verleiht dem zweidimensionalen Bild Plastizität. Weitere formale Aspekte unterstreichen das Komplementäre der Installation: die absoluten Formen des Kreises und des Quadrats, die sich in mehrfacher Hinsicht aufeinander beziehen. In symbolischer Form gestaltet der Künstler einen Geschlechtsakt.

Das Farbklima der Arbeit, ein mittleres Grau, verweist auf den Schmerz und die Trauer, die das Erlebte in der Erinnerung begleitet. Dabei beinhaltet die Trauer den Schritt zu einer inneren Bearbeitung. Ohne Vorwurf, eher zurückhaltend und mit großer Empfindsamkeit begegnet der Künstler seinem erinnerten Vater in Form einer skulpturalen Annäherung. Im zusammengerollten Gürteltier finden Vater und Sohn zusammen. Es kann genauso für die Heimlichkeit des Liebesverhältnisses des Vaters wie für den Selbstschutz des irritierten Sohnes stehen.

Obschon die Arbeit in ihrer Intimität außergewöhnlich ist, paßt sie sich in der formalen Ausgestaltung und der Umsetzungsstrategie in das Œuvre des Künstlers ein. Paul Luckner beherrscht das Spiel der inszenierten Doppelbödigkeit. Hinter vermeintlich harmlosen dekorativen Formen verbergen sich philosophische Diskurse zur Existenz des Menschen. Die Beschäftigung mit Paul Luckners Arbeiten zeigt, daß diese ebenso dekodiert werden müssen wie die gefundenen Liebesbriefe. Und das ist erst der Anfang.

U.T.

***10.8. 12.10.5.2.5. 4.10.8.*, 1998**

Christiane Möbus

Wie alle Themen und Figuren, die Christiane Möbus behandelt, zeigt die Künstlerin den Vater nie direkt. In ihrem Werk sind weder der erinnerte eigene Vater, der Filmpart Vater, der herrische Vater, die politisch-repräsentative Vaterfigur, der entsexualisierte, gleichwohl bärtige Märchenzwerg, der biblische Zivilisationsstifter Noah noch der sportliche oder soldatische Männerbündler portraithaft dargestellt. Umso intensiver rufen die leeren Schubladen eines Werkzeugschrankes, der requisitenhaft doppelt vorrätige Militärmantel, zwei dunkle Mäntel altertümlich großbürgerlichen Zuschnitts, funktionslos verschraubte Autoteile (*MAN-Möbus*, 1994), Reiterstiefel und antiquierte Turnpferde (*bei den sieben Zwergen*, 1982/83), eine große Arche (*Auf dem Rücken der Tiere*, 1990/94) oder zwei Ruderboote (*OXFORD – CAMBRIDGE*, 1994/97) biographische, inszenatorische, religiöse, politische und historische Assoziationen an die Vaterwelt hervor. Den Dingen ist der Vater anzusehen, er ist stets der Abwesende, der gleichwohl auf oder in den Dingen seine Prägungen hinterlassen hat.

Für die Bedeutungsentfaltung der Installationen von Christiane Möbus ergänzen sich zwei Wahrnehmungsmechanismen: Einerseits ist das intrapsychische Schema »Vater« nach jeder Kindheit und Jugend so deutlich (was keineswegs heißt: eindeutig) vorhanden, daß es für das Individuum oft größeres Gewicht und reicheres Phantasiepotential hat als sein realer Vater. Andererseits hat Christiane Möbus eine wirkungsintensive Art – ihre Kunst – entwickelt, alltägliche Dinge wie Mäntel, Stiefel, Schubladen, Autoteile oder Krawatten so aufzustellen oder miteinander zu verbinden, daß sie suggestiv über ihre eigene, feste Dinghaftigkeit hinausweisen und jenes Phantasiepotential in Schwingung versetzen – fast wie ein Schlag auf eine große Glocke. Schlagartig jedenfalls wird das vieldeutig-unformulierte Phantasiepotential »Vater« zum Resonanzkörper sich nun klarer vor dem inneren Auge formierender Szenen, komplexer Situationen und ganzer Lebenszusammenhänge, etwa wenn die Künstlerin acht alte Turnpferde und acht Paar Reitstiefel aufstellt: Körperliche Ertüchtigung, Militärisches als wilhelminische Paradeübung oder in einer Bundeswehrturnhalle der sechziger Jahre, verquere NS-Proben für einen theatralischen Standartenauftritt. Auf den zweiten Blick fällt auf, daß es wohlkalkulierte Unstimmigkeiten sind, die das assoziationsreiche Unbehagen des Betrachters ausgelöst haben. Auch Männer benutzen beim Geräteturnen eher ballerinenhafte Fußbekleidung, Reitstiefel gehören zu echten Pferden.

Daß die Stiefel von lebensechtem Gebrauch abgenutzt sind, macht sie zu Fragmenten eines größeren Zusammenhangs, einer vergangenen Geschichte. Skulputural verweist die Hohlform Stiefel auf die Waden und Füße, die einmal in ihnen steckten, auf den abwesenden Leib dessen, der sie einmal trug. Gerade was (die Vergangenheit) oder wer (beispielsweise der Vater damals, bevor er die Mutter überhaupt kennenlernte) nicht zu sehen ist, ruft die intensivsten Assoziationen hervor.

Christiane Möbus vermag das Schweigen des Materials, die stumme Anwesenheit der Dinge, ohne größere Eingriffe oder Veränderungen an den vorgefundenen Gegenständen so einzusetzen, daß Beziehungen entstehen – Beziehungen des Betrachters zu Personen, die er nicht kennt, die gleichwohl in seiner Phantasie konkrete Gestalt annehmen. Die zwei Mäntel in *Väter* (1976/98) wirken auf ähnliche Weise als Fragmente, als leere und tote Hüllen eines vergangenen Lebens in dieser Kleidung. Zum einen stellen die Mäntel wie Erinnerungsstücke eine Verbindung zu mutmaßlichen, in einem »Damals« aber paradoxerweise lebensecht wirkenden Personen her. Zum anderen sind nur noch die strengen, herrischen Mäntel übriggeblieben. Nun tritt zu der inszenatorisch-evokativen Kraft in Christiane Möbus' Kunst die analytische Infragestellung, das genaue Hinsehen hinzu. Mit strahlenförmig zulaufenden Perlenketten flickt die Künstlerin den strengen Mänteln am Zeug. Ist solche auf Außenwirkung bedachte Kleidung nicht immer auch Verkleidung? Wie stark formt die wortlose Gestaltung von Bekleidung und Körperstilisierung menschliche Beziehungsmuster vor? Wie beabsichtigt ist in der rollenspezifischen Stilisierung von Kleidung (strenge, schlichte Mode für den Vater) das Abweisende, Schweigsame? Wird das Schweigen der Väter nicht überbewertet? *M.W.*

Väter, 1976/98

Nächste Seite: *bei den sieben Zwergen*, 1982/83

Albert Oehlen

Der Mann, der mir das Zeichnen beigebracht hat, 1987

Wenn die Zeichnung *Der Mann, der mir das Zeichnen beigebracht hat* wirklich den Zeichenlehrer von Albert Oehlen darstellt, fragt sich der Betrachter: Was hat dieser Mann seinem Schüler beigebracht? Sind die Falten im Gesicht des Zeichenlehrers wirklich so tief und unregelmäßig, wie die drahtigen Striche es darstellen? Warum werden Striche, die entweder Haare oder Falten oder Schatten darstellen, nicht differenziert? Zeichnet der Schüler absichtlich so grob? Hat ihn das *Der Mann* nicht besser gelehrt? Dann wäre der Lehrer, dem die Zeichnung gewidmet ist, ein Versager und die Zeichnung dafür das Beweisstück, ein Vorwurf an den Kunstvater.

Der kaltschnäuzige Schwung des Schulterumrisses und die fest sitzende Skizzierung des Kragens machen auf den zweiten Blick klar, daß die schlechte Zeichnung gut gefälscht ist, daß also das Unvermögen des Schülers inszeniert ist, um einen pauschaleren Vorwurf zu erheben. Hier ritzt einer dem Lehrer als unausweichlichem Standardpersonal jeder Jugend, als noch in der fernen Erinnerung Ärger auslösendem Besserwisser, ins Gesicht – und zwar, was er von Kunstlehrern, davon, Kunst zu lehren, von dem ganzen verwalteten Ballast der Kunstgeschichte und des Kunstkönnens hält: nichts.

So könnte das Zusammenspiel von Zeichnung und Titel der Zeichnung gedeutet werden, aber sicher ist das nicht. Eine andere Zeichnung Oehlens, *Lesender Mann* (1986), nach einem Foto von Marcel Proust zeigt keinen Lesenden. Statt dessen blickt ein Mann halb überrascht, halb blödsinnig aus der Zeichnung heraus. Muß ein Titel eigentlich immer sagen, was auf einem Bild zu sehen ist? So beiläufig sich die Frage aus dem Widerspruch zwischen der Zeichnung und ihrem Titel ergibt, so umstandslos schlägt sie ins Prinzipielle um. Warum soll ein Titel in Worten wiederholen, was jeder selber auf dem Bild sehen kann? Welche Konventionen, welche Traditionen gelten hierfür, und mit welchem Recht? Ist die Verweigerung, die Ironisierung, der einzig legitime Weg des heutigen Künstlers? In welcher Tradition steht selbst (und gerade) die entschiedenste Absage an die Tradition?

Solche scheinbar simplen Fragen heutiger Kunst führen schnell und spiralenförmig in den tiefen Krater der Kunstgeschichte, an durchaus ambivalente Orte künstlerischer Selbstvergewisserung wie das »Malerhauptquartier« (so der Titel eines Oehlen-Textes von 1993). Daß Oehlens mitunter aggressive Auseinandersetzung mit der (für ihn realgeschichtlich durch Kunstväter geprägten) Kunstgeschichte (»Jetzt kriege ich Ärger mit der Quotenregelung«) ihn den Kunstvätern nicht entzweit, sondern näher gebracht hat, ähnelt der paradoxen, nicht auflösbaren Wirkungsschlaufe der Zeichnung *Der Mann, der mir das Zeichnen beigebracht hat.* So spricht Oehlen ohne Zynismus von »Ehre und Stolz« als wichtigen Orientierungen künstlerischer Arbeit. In der Traditionslinie von Lehmbruck und Beuys hält er es für sinnvoll, überpersonale Kontinuitäten fortzuschreiben: »... die Fackel weiterreichen, weil unser Ding nicht reicht.« Fast im Ton eines Lehrers umreißt er künstlerisches Ethos: »Wenn du Muffen hast vor einer Klassenarbeit, dann mußt du dir eine Aufgabe stellen, das ist dann die Qualität, von sich selber einen Schritt wegtun zu können. Deshalb sage ich, wir haben nichts zu verlieren, außer unsere Ketten! Ist doch vollkommen scheißegal, du übermalst das Bild wieder, da ziehst du was raus für dich, was soll uns denn kratzen. (...) Wenn man dir sagt, mach doch mal eine Retrospektive, und du sagst, das ist offensichtlich Quatsch, heißt das doch nichts anderes, als daß du dir noch ein Weilchen gönnst, Sachen, die du produzierst, in Frage zu stellen. Der wahre und einzig klassische Anspruch ist, daß du das durchhältst bis zum letzten Pup, den du tust.« *M.W.*

Alternativer Sportunterricht, 1982

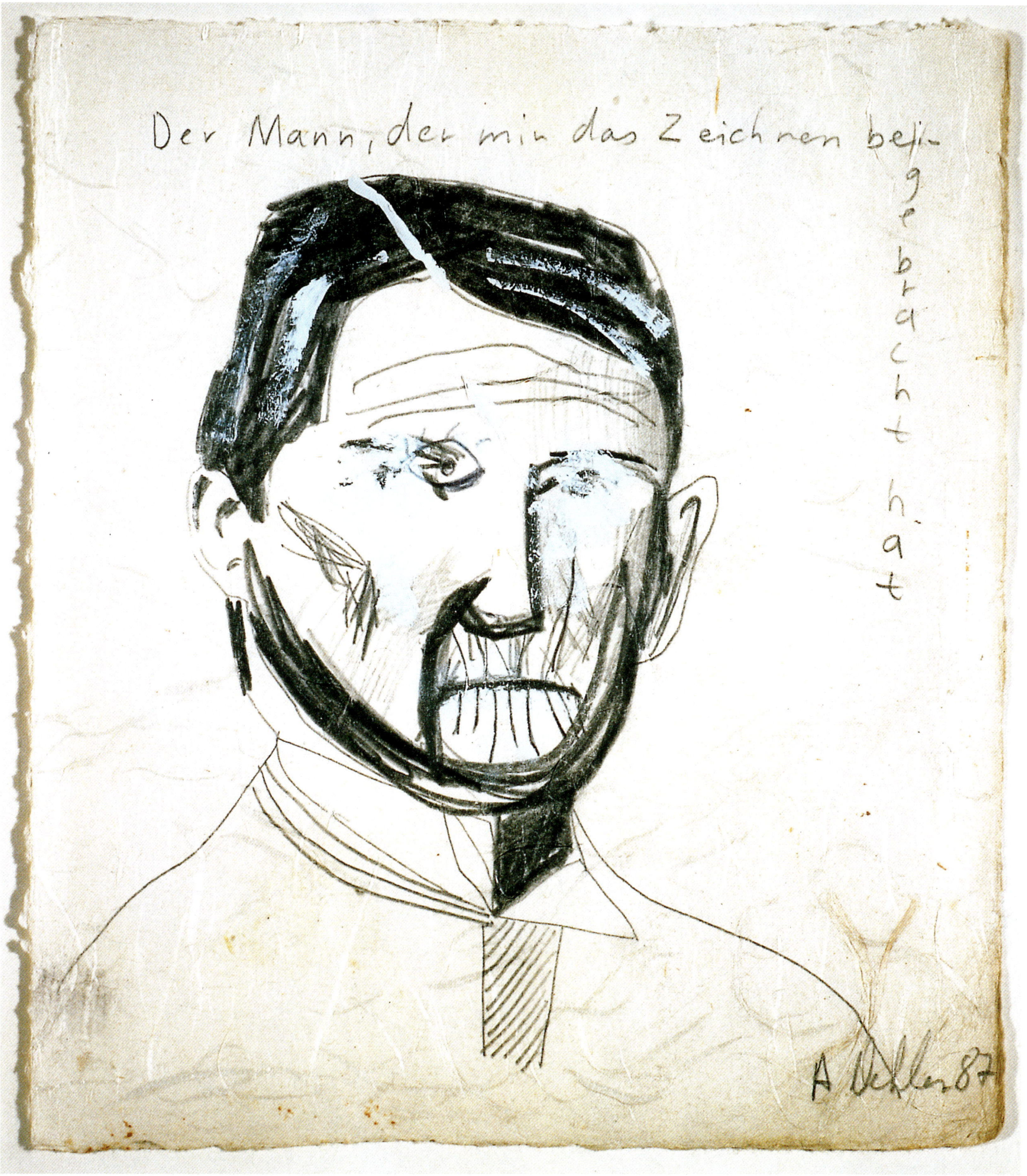
Der Mann, der mir das Zeichnen bei-
gebracht hat
A Oehlen 87

Pavel Pepperstein

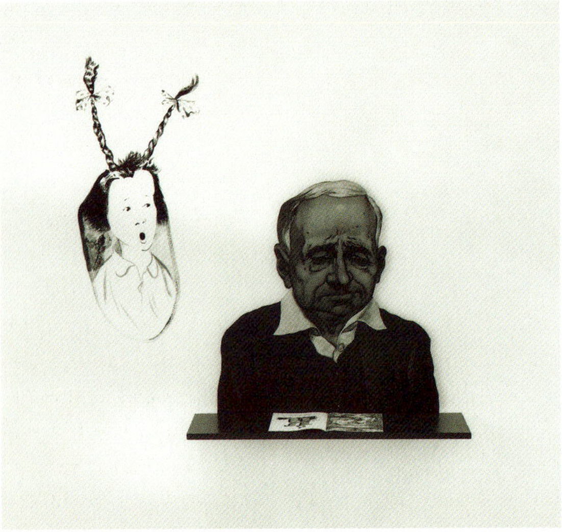

Vater und Sohn, 1999

»Ich komme wieder, Kinder ...« sagt Lenin in einem 1990 veröffentlichten Poem Pavel Peppersteins, in dem er Lenin an der zweiten Jahrtausendwende für einige Minuten als verwirrt murmelnden Alten aus dem Mausoleum auferstehen läßt.

Pepperstein, 1966 in Moskau geboren, erlebte in seiner Jugend die Hypertrophie und den Verfall des Lenin-Kultes, in dem das Lenin-Mausoleum als ideologisches »Heiligtum« des Vaters der Revolution das Zentrum politischer Rituale darstellte.

Nach der Entstalinisierung in den fünfziger Jahren war die historische Bedeutung Lenins – anknüpfend an den Lenin-Kult der zwanziger und dreißiger Jahre – zum Mythos gesteigert worden, um das Land ideologisch zusammenzuhalten. Der Kult fand 1970 mit der Jahresfeier zum hundertsten Geburtstag Lenins unter der Losung »Lenin ist immer bei uns« seinen Höhepunkt. Alle Bereiche des öffentlichen Lebens wurden mit Lenin-Porträts und -Devotionalien derart überladen, daß der Kult an Glaubwürdigkeit verlor und im Laufe der siebziger Jahre immer mehr zur leeren Formel wurde.

Am ausgeprägtesten blieb der Lenin-Kult für Kinder: In Gedichten und Liedern wurde immer wieder betont, daß die Kinder Lenin lieben, weil er die Kinder liebte. Es entstand das Bild eines gutmütig sanften Großvaters und Beschützers der Kinder, der seinen »Enkeln« schon beim Aufwachen aus dem Bilderrahmen entgegenlächelt.

Mit den Mythen, Ritualen und Stereotypen der sowjetischen Massenkultur hat sich der Moskauer Konzeptualismus auseinandergesetzt, zu dessen jüngerer Generation auch Pepperstein und die Mitglieder der von ihm mitbegründeten Gruppe »Inspektion Medizinische Hermeneutik« gehören. Durch das ihre Installationen bestimmende Prinzip kollektiver Autorschaft verschleiern die Medhermeneuten die künstlerische Vaterschaft des Einzelnen. Zudem unterwerfen sie sich in ihren auch als »Schizo-Analysen« bezeichneten Texten keiner bestimmten Vaterfigur, sondern betreiben ein scharfsinniges, metatheoretisches Spiel, das – von Assoziationen geleitet – permanent Methode und Terminologie wechselt.

In seinen hier vorgestellten Lenin-Zeichnungen von 1998 geht Pepperstein der Frage nach, welche Versatzstücke für die Repräsentation des Vaters der Sowjetunion und des mit ihm verbundenen Mythos unverzichtbar sind.

Warmes Gras, 1998

Die Zeichnung *Zwei Lenins* spielt ironisch auf die Doppelportraits der Führer-Väter vom Typ *Marx und Engels, Lenin und Stalin* usw. an. Zugleich steht sie im Gegensatz zu den lieblich-verklärten Darstellungen eines freundlich lächelnden Lenins, wie sie Pepperstein in seiner Kindheit umgaben. Der Künstler zeigt Lenin links im Bild eher als düstere Gestalt, deren Erscheinungsbild von den Merkmalen geprägt ist, die schon Majakowski in seinem Gedicht »Gespräch mit dem Genossen Lenin« (1929) festhielt: »Borsten des Barts gesträubt wie zumeist,/Falten der Stirn: des Menschentums Hort,/riesige Stirn, drin riesiger Geist.« Der »zweite« Lenin rechts daneben wirkt wie die verschwommene Abstraktion des ersten: Bart, markante Brauen und hohe Stirn sind erkennbar, bleiben jedoch ohne Individualität.

Im *Porträt I* wird diese Reduktion auf die Spitze getrieben: Der zentrale Teil des Gesichts mit Augen- und Nasenpartie erscheint wie ausgewaschen, übrig bleiben nur der »Leninsche Riesenschädel« (Majakowski) und der Knebelbart. Mit der Abwesenheit des Gesichts fehlt aber der für die Allgegenwart Lenins wichtige kommunikative Aspekt: blicken und angeblickt werden. Das entleerte, sich dem Betrachter gleichsam verweigernde Gesicht erinnert ebenso an die gesichtslosen Bauernköpfe in Malewitschs Spätwerk wie an die »weißen Flecken« in sowjetischen Geschichtsbüchern. Mit dem »Gesichtsverlust«, der den Verlust der Identität impliziert, löst sich der Mythos von innen her auf.

Im *Porträt II* hingegen sind die Züge Lenins unter Beibehaltung der von Majakowski hervorgehobenen Merkmale asiatisch verfremdet: Lenin scheint hier mit einem Buddha zu verschmelzen. Anders als bei den Brustbildern Lenins auf den anderen Zeichnungen schwebt der Kopf ohne Körper wie mystisch vergeistigt im Raum; eine Darstellung, die auch in Hinblick auf die materialistische Haltung Lenins nicht der Komik entbehrt.

Wenn der Buddhismus in Rußland immer mehr Popularität gewinnt, erscheint Lenin zur nächsten Jahrtausendwende vielleicht als solch körperloser Geist. 1999 konzipierte Pepperstein gemeinsam mit seinem Vater Viktor Pivovarov im Kunsthaus Zug eine dialogische Ausstellung unter dem Titel »Vater und Sohn«, bei der Peppersteins direkt auf die Wand aufgebrachte Tuschezeichnungen mit den Werken seines Vaters interagierten. Neben der biographischen Dimension entstand in der Ausstellung eine andere, humoristische Ebene des Vater-Themas: Zu einem Wandobjekt aus Pivovarovs Serie *Die Bücher der Alten* erfand Pepperstein ein lustiges Wesen, ein Kind der Phantasie seines Autor-Vaters, das den lesenden Alten von der Seite her erschrickt.

D.B.

***Zwei Lenins*, 1998**
***Portrait II*, 1998**
***Portrait I*, 1998**

Viktor Pivovarov

Aus dem Zyklus *Die Winterreise: Der Kuß der Füchsin, 1988*

Kasimir Malewitsch, der Begründer des Suprematismus, schrieb 1916: »Ich habe den Vätern nicht gehorcht und bin ihnen nicht ähnlich. Und ich bin eine Stufe!« Damit bekannte er sich nicht nur zu seiner Rolle als abtrünniger Sohn, sondern beanspruchte zugleich für sich die Vaterschaft einer neuen Kunstrichtung und mehr noch: einer neuen Epoche, einer »Stufe« der Kunstgeschichte. Von einem solchen Selbstverständnis, das den Künstler als demiurgischen Schöpfer begreift, distanzierte sich in den siebziger Jahren die erste Generation der Moskauer Konzeptualisten, zu denen auch der seit 1982 in Prag lebende Viktor Pivovarov gehört. Die Künstler verzichteten bewußt auf Abstraktion und reduzierten den künstlerischen Gestus, indem sie den Stil niederer Gattungen, beispielsweise plakativ gestalteter Wandtafeln oder Kinderbuchillustrationen, imitierten. Mit der Verschleierung ihrer Autorschaft bzw. der Distanzierung von der Vaterschaft ist auch der Verzicht auf einen ideologischen oder ästhetischen Wahrheitsanspruch, wie ihn die Väter der Moderne noch vertraten, verknüpft.

Die für die Ausstellung ausgewählten Kohle-Zeichnungen Pivovarovs gehören zu dem Zyklus *Die Winterreise*, der 1988 – also während der Krise der Perestrojka und kurz vor dem Zusammenbruch des sowjetischen Imperiums – entstand. Der von Schuberts Liederzyklus übernommene Titel ist bei Pivovarov Metapher für den trostlosen Weg Rußlands. Die verzweifelt-schwermütige Stimmung in Schuberts Zyklus bildet das Leitmotiv der düsteren Graphiken, die auf zwei unterschiedlichen Ebenen konzipiert sind: Eine Gruppe Zeichnungen enthält Motive aus Folklore und Mythologie, die andere zeigt teils historische, teils fiktive Szenen, in denen die Väter der Sowjetmacht, Lenin und Stalin, im Mittelpunkt stehen.

Die Zeichnung *Der letzte Herbst*, auf der die stämmige Krupskaja den kindhaft kleinen Lenin auf den Armen trägt, bezieht sich auf die letzten Lebensmonate Lenins in Gorkij, als er nach einem dritten Schlaganfall 1923 halb gelähmt und unfähig zu sprechen zum hilflosen Pflegefall wurde. Dies erinnert an spätmittelalterliche Pietà-Darstellungen mit kindhaft kleinem Christus in ähnlicher Haltung auf dem Schoß Mariens. Insofern nimmt Pivovarov die schon von Malewitsch vorgenommene Parallelisierung von Lenin

Morgen im Mausoleum, 1988

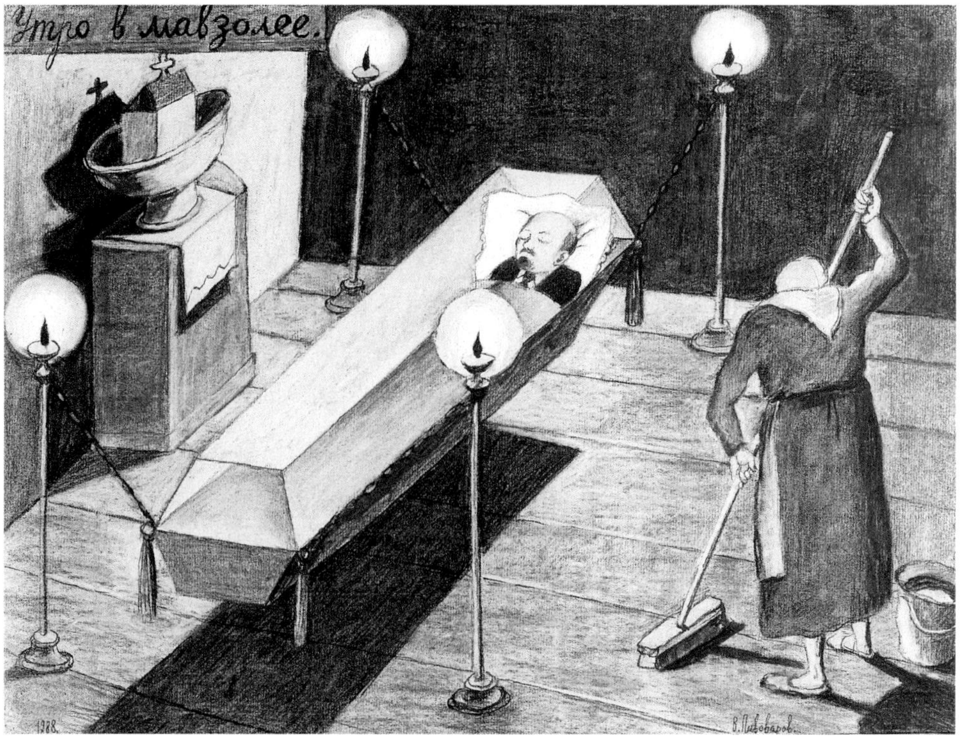

Der letzte Herbst, 1988

und Christus gleichsam am hinteren Ende auf; da, wo beide am irdischsten, nämlich sterblich sind. Auch auf der Zeichnung *Morgen im Mausoleum* scheint der Sarg monumentaler als der darin mit hochgezogenen Schultern wie eingeschüchtert liegende kleine Lenin. Es ist niemand da, der den Toten verehrt, nur ein altes Mütterchen in Pantoffeln verrichtet ihren Dienst als Putzfrau. Beide Zeichnungen zeigen Lenin weder als verehrenswerten Vater der Revolution, noch als väterlichen Freund, sondern als bemitleidenswerten, einsamen Menschen und stehen damit im Gegensatz zu dem bis in die achtziger Jahre verbreiteten Lenin-Mythos. Anders als postmoderne spielerische Analysen des Mythos (Komar & Melamid, Pepperstein) deutet Pivovarov die existentiell-tragische Dimension in Lenins Schicksal als Teil der russischen »Winterreise«.

Noch während seiner Krankheit hatte Lenin – bereits politisch isoliert – die Partei in seinem »Testament« vor einem möglichen Machtmißbrauch des »Sohnes« Stalin gewarnt, der seit 1922 Generalsekretär der Partei war. Stalin seinerseits förderte nach Lenins Tod den idealisierenden Kult um dessen Person, um seine eigene Macht als erbender Sohn zu legitimieren. In einer Rede vor der Roten Armee 1935 sagte er: »Wir Bolschewiken sind Menschen von besonderem Schlag. Wir wurden von dem großen Lenin geschmiedet, unserem Führer, unserem Lehrer, unserem Vater.«

Im Laufe der dreißiger Jahre übernahm Stalin selbst immer mehr die Rolle Lenins, wobei der symbolische Titel »Vater Stalin« Merkmale umfaßte, die von volksnah-familiärer Güte bis zu distanzierter, oft gottähnlich überhöhter Autorität reichten. Dieses Stalin-Bild blieb trotz der Entstalinisierung Ende der fünfziger Jahre und der offiziellen Tabuisierung Stalins bis zu Perestrojka und Glasnost im Bewußtsein großer Teile der Bevölkerung lebendig.

Die Ambivalenz zwischen dem Mythos Stalin und der stalinistischen Terrorherrschaft kommentiert Pivovarov ironisch in der Zeichnung *Der Kuß der Füchsin*. Auf der zunächst wie eine harmlose Märchenillustration wirkenden Zeichnung steht »Vater Stalin« nicht etwa auf einem Sockel, sondern wird im Mondschein von einer mit den Hinterbeinen auf einem – auch als Sockel interpretierbaren – Baumstumpf stehenden Füchsin geküßt. In unterschiedlichen Mythologien gilt die Füchsin als Teufelsbraut, eine Verführerin, deren diabolische Vereinigungen vor allem bei Vollmond stattfinden. Ohne moralisch zu sein, verweist die Zeichnung durch den mythologischen Subtext auf die unväterliche Schreckensherrschaft Stalins als Teil der selbstzerstörerischen »Winterreise« Rußlands. Pivovarovs ironische Brechung des Mythos Stalin läßt zugleich ein Selbstverständnis erkennen, das keinen wahrheitsstiftenden Schöpfungsakt mehr beansprucht, sondern den Zweideutigkeiten einer mit Mythen und Ritualen verbundenen Kultur nachspürt. *D.B.*

Gerhard Richter

Familie, 1966

»Leben vermittelt sich uns als Konvention, Gesellschaftsspiel und -gesetz. Photos sind kurzlebige Abbilder dieser Vermittlung wie Bilder, die ich nach den Photos male. Indem sie gemalt sind, berichten sie nicht mehr über eine bestimmte Situation, die Darstellung wird absurd. Als Bild hat es eine andere Bedeutung, andere Information«, sagt Richter in seinem Gespräch mit Hans-Ulrich Obrist 1994.

Gerhard Richter, 1932 in Dresden geboren, hat seine Ausbildung als Maler während des Kalten Kriegs absolviert. Nach Bühnenmalerei und Arbeit in einem volkseigenen Betrieb für politische Transparente, studierte er in Dresden, orientiert am sozialistischen Realismus. Westliche Malerei (die Richter 1958 auf der documenta 2 sieht), die der Kunst die Freiheit schöpferischer Autonomie zuschreibt, wirft für Richter die Frage nach den Möglichkeiten von Kunst in einer zunehmend massenmedial bestimmten Gesellschaft auf. Ihn reizt es, die Lebenswirklichkeit in der sogenannten freien Welt mit ihren privaten und öffentlichen Ikonen sichtbar zu machen. Fotos, die er seit 1962 für Gemälde und Druckgraphiken verwendet, werden auf mediale Qualitäten hin befragt. Allgemein verfügbar, unkünstlerisch, zugleich authentisch, wird das Allerweltsfoto Richters Ansatzpunkt. »Das Photo ersetzt den Teil der Bilder, ... der als Abbildung der Realität über die Realität informierte. Diese Funktion erfüllt das Photo zuverlässiger und glaubhafter als jedes Bild. ... Jeder hat seine ›Andachtsbilder‹ selbst hergestellt – das sind die Abbilder der Verwandten und Freunde, andenkend konserviert.«

Familie, 1966, aus dem Familienalbum seiner Frau Ema, zeigt den Vater im Kreise seiner Kinder. Idyllisches deutet sich an, Urlaubsstimmung, ein Spaziergang. Doch sind die Raster des Siebdrucks leicht gegeneinander verschoben. Unschärfen entstehen, die das Vertrauen auf die Authentizität der Fotografie unterlaufen. Der Blick des älteren Mädchens mit Zöpfen ist auf den Vater gerichtet, während der sein Gegenüber lachend fixiert. Persönliche Beziehungen scheinen auf in tradierten Rollenschemata. Der Vater bildet im Fluchtpunkt das Zentrum. Alles scheint in Ordnung.

Flugzeug I, 1966

Unkünstlerische Fotografie und Bildstrukturen, die allgemeine Lebensentwürfe repräsentieren, interessieren Richter. Denn: »Ich mag alles, was keinen Stil hat: Wörterbücher, Photos, die Natur, mich und meine Bilder.«

Mit *Flugzeug II*, 1966, wird nicht die technische Leistung eines Kampfjets gefeiert, sondern das Phänomen, das seine politische Rechtfertigung dem männlich getragenen Selbstbehauptungstrieb, dem zivilisatorisch bedingten Kampf ums Dasein verdankt. Beide Blätter sind im Umkreis des »Kapitalistischen Realismus« entstanden, den Richter zusammen mit Sigmar Polke und Konrad Lueg entwickelte und der mit provokanter Banalität gesellschaftskritische Reflexion erreichen wollte. Im Klima von Pop Art und Fluxus war diese Wortschöpfung eine (west-)deutsche Antwort auf den US-amerikanischen Konsumismus einerseits und die osteuropäische Kunstdoktrin andererseits.

Flugzeug II, 1966

In den neunziger Jahren offenbart Richter in Gemälden den Blick des Vaters. Sein Sohn wird 1996 geboren und in anrührenden Bildern sichtbar gemacht. Sie erscheinen als ein Wagnis, angesichts einer unendlichen Kunstflut, die oft »cool«, aggressiv oder sarkastisch vorgeht und sich des Themas Menschwerdung und Mutterschaft mehr entledigt, als es einer emotionalen Annäherung auszusetzen. Bei Richter werden intimste Erfahrungen in den Farbschleiern sichtbar, aber auch christliche Traditionen, etwa im Bildschema der Madonna. Seine nicht nur insgeheim gepflegte romantische Sehnsucht, die in duftigen Blumenbildern, verträumten Wegen, flirrend durchlichteten Landschaften sichtbar wird, ist im Unwägbaren der Malerei, in verborgener, väterlicher Sehlust menschlich anrührend faßbar. »Ich will so sein, wie alle sind. Das denken, was alle denken, das tun was ohnehin getan wird. Ich sehe keinen Sinn darin, etwas anderes zu tun. ... Ich denke, daß man sowieso immer das tut, was ohnehin getan wird ... und daß man immer etwas Neues tut.«

D.T.

Thomas Schütte

1989 bastelte Thomas Schütte einen Entwurf für ein *Monument für einen verschollenen Seemann*. Das Andenken an den auf See verschollenen französischen Sportsegler und Lokalheroen Alain Colas sollte durch ein Denkmal gewährleistet werden, das ins Küstenwasser vor Clamecy positioniert werden sollte. Bei Ebbe wäre die stolze Büste zu sehen gewesen, bei jeder Flut wäre der tapfere Seemann stets von neuem untergegangen. – Am 25.3.1996 stirbt Thomas Schütte. Diese Auskunft gibt eine andere Arbeit des Künstlers, ein Aquarell einer roten Gedenkplatte, das Schütte 1981 malte.

Beide Arbeiten stellen alle Konventionen auf den Kopf, die zum Denkmal, zur Gedenkplatte, zum Andenken an die Vorväter gehören. Das Monument für den verschollenen Seemann abstrahiert die Erinnerung an den Ertrunkenen nicht zu einem erhobenen Standbild, sondern versenkt eine genauso bewegte wie tragikomische Reinszenierung des Todeskampfes in die Gezeiten. Schüttes Grabstein verkehrt das konventionelle Zeitverhältnis. Hier erweist nicht die Gegenwart ihre Ehrfurcht vor der Vergangenheit, sondern die selbstbezügliche Prognose fordert die Zukunft heraus, um sie (spätestens seit dem 25.3.1996, den Schütte überlebte) zu erledigen, zu entzaubern. Auch mit der Ehrerbietung hapert es. Der reinszenierte Untergang des Alain Colas zeigt keine Heldentat, sondern die endgültige Niederlage. Die rote Gedenkplatte unterläuft das Gedenken an den anderen gleich ganz: Schütte gedenkt seiner selbst. Das Thema Grabstein hat bei Schütte echte Nachdenklichkeit ausgelöst, nämlich Sorge um die eigene Existenz, nicht pathetische Ablenkung der Gegenwart in Richtung Vergangenheit, nicht Verneigung vor den Ahnen, um sich deren Erbe zu bemächtigen.

Thomas Schüttes Modelle und Entwürfe zu konventionellen Kunstaufgaben wie Brunnen oder Denkmäler sind immer Vorschläge, denen schon im Keim die Verneinung jeder Konvention mit eingepflanzt ist; sie sind insofern immer neue Vorschläge. Der *Mann im Matsch* steckt bis zu den Knien im Dreck. Wie denkmalwürdig ist es, daß er einen Hund dabei hat? Die Kombination der kleinen Figuren mit der großen Farbskizze eines Gesichtes (laut Schütte er selbst) läßt die Figuren zum Modell werden, das heißt imaginär zu einer platzbeherrschenden Großskulptur. Warum soll die momenthafte Szene (ein Landarbeiter, ein verirrter Spaziergänger?) ein Modell für ein riesiges Monument mit beträchtlichem Sockel sein? Ans Denkmal legt Schütte die Axt an und spaltet es in Größenphantasie und zusammengebasteltes Modell, in Standbild für die Ewigkeit und beiläufigen Zufall. Keines von beiden wird verneint, so daß keines von beiden recht bekommt.

Schütte bedient sich alteingewöhnter Kunstkonventionen, scheinbar stabiler Gußformen der Bildfindung, um sie von innen heraus zu knacken. Seine Fotoarbeit *Alte Freunde* erinnert auf den ersten Blick an eine Ahnengalerie, eine weitere Konvention, der Väter zu gedenken. Doch gezielt wird der Widerspruch aufgebaut. Einerseits vermitteln die Visagen aggressive Autorität, Abwehr, die keine Nachfrage dulden, also durchaus patriarchale Macht, wenn auch vielleicht die von Verbrechern. Andererseits weist ihre behelfsmäßige Kleidung sie eher als Insassen eines Krankenhauses oder Gefängnisses aus. Wer sind diese *Alten Freunde*? Schüttes Freunde, wenn sie einmal alt sind? Oder sind sie seit langem miteinander netzwerkartig, gar mafiös befreundet? Oder sitzen *Wilhelm, Erhard, Heinz, Gustav, Erwin* und die anderen freundschaftlich im Altenheim? So herrisch, abgeklärt, wissend oder abgründig sich die Gesichtszüge auch kräuseln, so entschieden schließen die bunten Fehlfarben der Knetmasse jede tiefere Psychologie aus. Schüttes Mischung aus Fummelei und Meisterschaft bringt ungerührt ans Licht, daß Gesichter auch nur inszenierte Masse sind. Der Bann der Vergangenheit über die Gegenwart, der Väter über die Söhne – eine Fratze. *M.W.*

***Mann im Matsch*, 1983**

Frank, Gustav, Wilhelm, Erhard, Heinz, Paul, Alfred, Udo, Dieter, Anton, Erwin und *Glen*, aus der Serie *Alte Freunde*, 1993

Vaterschaft – ein europäisches Abbruchunternehmen, gegr. anno 0

Ein Gespräch mit Dieter Lenzen von Johannes Bilstein

Frage: »Ein europäisches Abbruchunternehmen, gegründet anno 0« – in dieser Themenformulierung stecken zwei Thesen: erstens, daß es sich bei »Vaterschaft« um ein Abbruchunternehmen handelt und zweitens, daß dieses Unternehmen im Jahre 0 beginnt. Vielleicht können Sie zu Beginn diese Thesen, die sich ja letztlich in eine Kulturgeschichte der Vaterschaft einordnen, noch einmal etwas genauer erläutern.

Dieter Lenzen: Zunächst einmal muß man – auch im öffentlichen Diskurs – unterscheiden zwischen der Kulturgeschichte der Vaterschaft und der Väterlichkeit. Ich habe in dem Zusammenhang hier zunächst einmal Vaterschaft im Sinne. Vaterschaft ist dabei nicht als biologischer Sachverhalt gemeint, sondern als die Wahrnehmung einer bestimmten Funktion in Bezug auf die nachwachsende Generation. Diese nachwachsende Generation steht zu den jeweiligen Vätern über einen Zeitraum von ungefähr fünftausend Jahren – soweit wir das überhaupt zurückverfolgen können – in einem sich ständig ändernden Verhältnis. Aber man muß wohl sagen, daß der Einschnitt, den die christliche Sozialbewegung mit sich gebracht hat, von besonderer Bedeutung ist. Insofern habe ich den Terminus »Jahr 0« nicht zufällig gewählt.

Es ist allerdings nicht ganz exakt: Wenn man nämlich genau hinschaut, erscheint es als sehr wahrscheinlich, daß bereits in der griechischen Antike Veränderungsprozesse stattgefunden haben, die man als eine Verlagerung von Vaterfunktionen auf Nicht-Väter verstehen kann. Ich will da als Beispiel nur den Umgang der älteren Männer mit nachwachsenden jungen Männern anführen, wo es offenkundig so gewesen ist, daß es eine Mischung aus einem Ausbildungs- und einem sexuellen Verhältnis gab. Das war mit einer sehr großen Nähe verbunden, von der wir vielleicht annehmen können, daß sie einen gewissen Ersatz für eine Funktion geboten hat, die ursprünglich einmal eine väterliche Funktion war: die der deixis, also des Zeigens von Welt.[1]

Neben dieser Funktion, die Welt zu zeigen, stehen zwei weitere zentrale Aufgaben der Väter: das Schützen und das Nähren. Das Nähren ist auf den ersten Blick vielleicht eine Mutterfunktion, deswegen muß man erläutern, daß damit die alimentatorische Verpflichtung gemeint ist, die Verpflichtung also, für den Unterhalt der nachwachsenden Generation aufzukommen. Die Schutzfunktion wiederum ist – glaube ich – evident: das Leben, Leib und Wohlergehen der nachwachsenden Generation zu sichern.

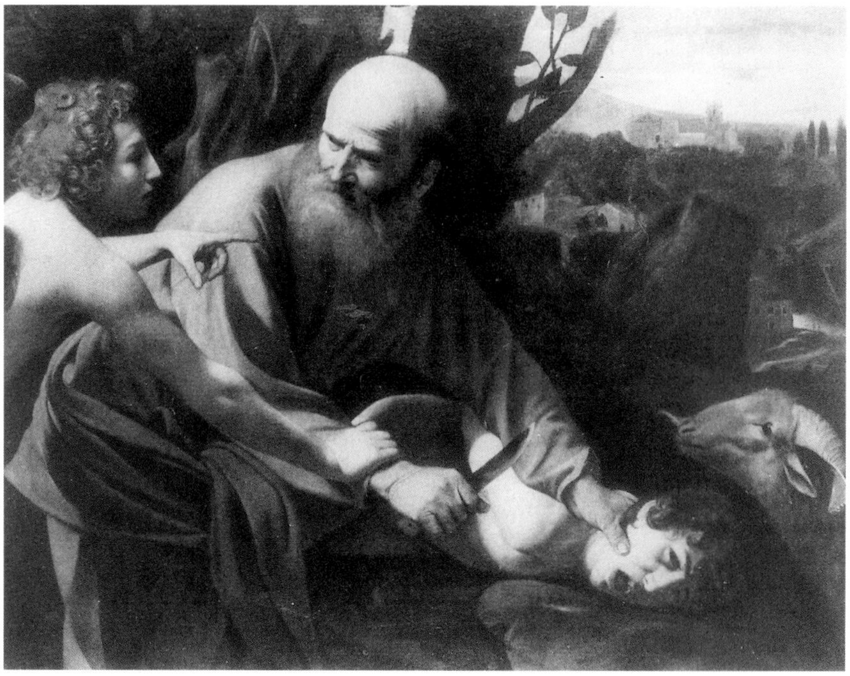

Michelangelo Merisi da Caravaggio, *Die Opferung Isaaks*, um 1600

Wir haben also bereits vor der christlichen Wendung eine Entwicklung, die es möglicherweise dem Frühchristentum auch relativ leicht macht, auf dem Weg fortzuschreiten, der eine Verschiebung von Vaterfunktionen, oder vielleicht auch: Ent-Väterlichung bedeutet hat.

Frage: Warum wirkt sich gerade das christliche Ideen- und Mentalitäts-Muster so stark auf die Vater-Funktion aus?

Dieter Lenzen: Der erste Grund ist evident: Die alttestamentarische Vater-Konstruktion – wie sie beispielsweise in der Abraham-Isaak-Geschichte strukturell niedergelegt ist – ist eine hierarchische Konstruktion. Dagegen tritt der Sozialrevolutionär aus Nazareth an, und er kann das eigentlich nicht, ohne Vater-Funktionen zu beschädigen: Die übermächtige Gott-Vater-Figur des Alten Testamentes muß verändert werden, damit sich die ganze Konstruktion modifiziert.

In diesen Kontext tritt dann die Frau ein: Wir wissen, daß es eine ganze Reihe von frühchristlichen Sekten – also Häretikern – gegeben hat, die schon sehr früh eher einer Marienverehrung nahegestanden haben. Die haben die Gott-Vater-Figur dann noch mehr in den Hintergrund gestellt als das der spätere christliche Mainstream getan hat. Das konnte sich zwar nicht durchsetzen, wurde aber auf bestimmte Weise im Mittelalter nachgeholt durch die verschiedenen Formen des Marianismus, der dann zumindest für den katholischen Strang der christlichen Entwicklung ab der Wende zum Mittelalter dominierend geblieben ist.

Frage: Nun kann man ja gerade an der Abraham-Isaak-Geschichte schön sehen, wie schwer es ist, zwischen Ausgangsgeschichte und Rezeption zu trennen. Abraham und Isaak, das ist üblicherweise eine der fürchterlichsten Vater-Sohn-Geschichten, immerhin geht es um die Opferung des Sohnes. Diese Geschichte ist aber ursprünglich wahrscheinlich in einem ganz besonderen Zusammenhang erzählt worden, da stand wahrscheinlich Anderes – Einweihung einer Opferstätte etc. – als die Vater-Sohn-Beziehung im Mittelpunkt des Interesses.

Böhmischer Meister, *Die Glatzer Madonna*, um 1350

Dieter Lenzen: Hier wird ein grundsätzliches methodisches Problem sichtbar, das bei allen Rekonstruktionen von Mentalitäten auftaucht, nicht nur da, wo es um den anthropologischen Elementar-Fakt Väterlichkeit geht. Wir sind gewissermaßen genötigt, einen Spagat, wenn nicht eine Oszillation hinzunehmen zwischen mythischer Überlieferung einerseits, der Rezeption dieser Überlieferung andererseits und – drittens – den sozialen Fakten, die es ja auch noch gegeben hat, die uns allerdings sehr viel schwerer rekonstruierbar sind. Was wir tun können, ist insbesondere für die Antike eigentlich immer nur dieses: Wir können versuchen, Rückschlüsse aus mythologisch gegebenen Sachverhalten auf reale Gegebenheiten zu ziehen. Für die Abraham-Isaak-Geschichte heißt das: Diese Geschichte wäre gar nicht verständlich, wenn es in der Kultur, in der sie erzählt wird, nicht ein grundsätzlich hierarchisches Verhältnis von Vaterschaft und Sohnschaft gegeben hätte. So weit kann man auf jeden Fall gehen. Jeder weitere Schluß ist dann zu riskant. Aber es muß irgendwie zulässig gewesen sein, daß der Vater über Leib und Leben verfügt, sonst kann man die Geschichte gar nicht verstehen. Weiter würde ich allerdings in der Interpretation nicht gehen.

Frage: Sie beziehen sich – neben der mythologischen Tradition – auch auf weitere und andere Quellen, zum Beispiel auf die Sprach- und Wortgeschichte.

Dieter Lenzen: Man kann ja nicht nur Mythengeschichte betreiben – genauso, wie man nicht nur Sprachgeschichte betreiben kann. Dann bekommt man kein Gesamt-Bild eines Prozesses zustande, das so etwas wie eine kollektive Mentalitätsgeschichte nachzeichnet. Bei den sprachgeschichtlichen Quellen muß man wahrscheinlich noch besonders zurückhaltend sein. Ich beziehe mich bei meinen Überlegungen auf eine Analyse von Jost Trier, die zeigt, daß in den indogermanischen Sprachen ein Wortfeld existiert haben muß, in dem besonders die Funktionen von Nähren und Schützen benannt wurden.[2] Trier will das in der Geschichte des Präfixes »pa ...« gefunden haben. Hier kann man natürlich sagen: Wie zuverlässig ist Wortfeld-Forschung? Eine Zeitlang, in den 1960er und 1970er Jahren, hat man diese aus der methodischen Diskussion eher herausgenommen. Später hat sich allerdings herausgestellt, daß die Rekonstruktion von semantischen Feldern – und nichts anderes ist das ja eigentlich – doch sehr ergiebig sein kann. Es ist nämlich – übrigens auch kognitionspsychologisch – extrem unwahrscheinlich, daß eine Kultur über Wortelemente verfügt, die bestimmte Assoziationen verbinden, und daß diese Wortelemente ausgerechnet dann, wenn sie eine neue Bedeutung bekommen, diese Assoziationen nicht mehr haben sollen. Es ist zumindest für einige Jahrhunderte

1 Ausführlich: Dieter Lenzen: Vaterschaft. Vom Patriarchat zur Alimentation. Reinbek 1991, S. 76–90.

2 Jost Trier: Vater. Versuch einer Etymologie. In: Zeitschrift der Savigny-Stiftung für Rechtsgeschichte, 78, 1947, S. 230–260.

nicht anzunehmen, daß in einem Übergang solcher Begrifflichkeiten diese Assoziationen nicht vorliegen.

Das kann man übrigens auch an der Sprache Kants oder Goethes oder Schillers beobachten: Diese Sprache ist noch sehr metaphernreich. Heute haben sich diese Metaphern von ihren ursprünglichen Bildern gelöst, man kann das zurückverfolgen und sieht dann, daß dahinter einmal ein ganz bestimmtes Bild und Verständnis von Welt gestanden hat.

Frage: Wenn sich also aus der Wortgeschichte so etwas wie Grundfunktionen von Väterlichkeit – Nähren, Schützen, Zeigen – rekonstruieren lassen: Welche Prozesse waren es im Einzelnen, die diese Grundfunktionen dann verändert und letztlich zum Verschwinden gebracht haben?

Dieter Lenzen: Es handelt sich eigentlich nicht um Verschwinden, sondern es ist eine Verschiebung. Es ist ja klar, daß jede nachwachsende Generation geschützt, genährt und daß ihr die Welt gezeigt werden muß. Die Frage ist nur: Wer macht das? Und ich denke, daß es im wesentlichen zwei Adressen sind, bei denen die Funktionen von Schützen und Zeigen schließlich angekommen sind: die Mütter und der Staat. Wenn man zuerst auf den Staat schaut, so heißt der natürlich für eine lange Zeit nicht zufällig »Vater Staat«. Zunächst die Gemeinschaft, später die Gesellschaft fühlen sich aufgrund veränderter sozialer Gegebenheiten offenbar verpflichtet, Funktionen des Vaters zu stützen. Das wird in der sich verändernden Rechtsgeschichte spätestens mit dem preußischen Landrecht deutlich: Dies ist im Grunde ein Vaterrecht, stützt väterliche Funktionen demonstrativ, aber bereits das Stützen durch staatliche Gewalt macht deutlich, daß offenbar die eigene Kraft der Väter nicht mehr reicht, diese Funktionen wie selbstverständlich wahrzunehmen. Insofern enthält gerade das preußische Landrecht schon durch die Tatsache, daß es notiert werden muß, bereits einen Abgesang auf etwas, das offenbar nicht mehr selbstverständlich ist. Und dann gibt es ein paar Sprünge über die Reichsgesetzgebung 1871 und über die Veränderungen im zwanzigsten Jahrhundert, an denen man rechtsgeschichtlich sehr schön sehen kann, wie Stück für Stück die väterlichen Funktionen an den Staat abgegeben werden. Der Vater kann diese dann schließlich gar nicht mehr wahrnehmen: Er hat – vor dem Hintergrund des immer mehr sich durchsetzenden Gewaltmonopols des Staates – die Fähigkeit zum Schützen verloren; und hinzu kommt, daß der Staat ein zunehmendes Interesse entwickelt, auch inhaltlich zu definieren, was der nachwachsenden Generation übermittelt, also gezeigt werden soll: Auch das Zeigen werden die Väter dann mit der Zeit los.

Dazu wiederum bedient sich der Staat – und das ist dann die andere Seite – als erstes der Frauen, genauer: der mütterlichen Frauen. Der Lehrerberuf ist der erste unter den akademischen Berufen, den Frauen übernehmen dürfen, Mutterschaft wird gewissermaßen außerhalb der Familie professionalisiert. Natürlich gibt es auch männliche Lehrer, aber insgesamt ist die allmähliche Feminisierung des Lehrerberufes doch ein deutlich erkennbarer Prozeß.

Jean Siméon Chardin, *Die kleine Schulmeisterin*, um 1740

Insofern gerät also die nachwachsende Generation gewissermaßen in eine Schere. Auf der einen Seite stehen da die professionellen Mütter in der Schule oder in den anderen Erziehungs- und Ausbildungseinrichtungen. Gleichzeitig stehen die nicht professionellen Mütter in der Familie, die inzwischen mit dem Erziehungsgeschäft doch weitgehend alleingelassen sind. Und auf der anderen Seite steht der Staat, der insbesondere die Schutzfunktionen wahrnimmt: Die glaubt er den Müttern natürlich nicht übergeben zu können – aus der Sicht vergangener Zeiten wegen mangelnder Gewalt und Kraft und so weiter. Und über den Ausbildungsprozeß ist dann auch das Zeigen auf diese beiden Instanzen verschoben worden, so daß für den Vater eigentlich nur noch die Nähr-Funktion übrigbleibt.

Die allerdings ist in der Tat beim Vater hängengeblieben. Insbesondere wenn man sich die Scheidungs-Gesetzgebung der 1970er Jahre anschaut, erkennt man, daß die alimentatorische Funktion als einzige den Vätern geblieben ist. Ich bin allerdings ziemlich sicher, daß das ein Übergangsphänomen ist, von dem wir in zwanzig Jahren sagen werden, daß wir es kaum noch verstehen. Durch die veränderten Reproduktionsbedingungen in der postindustriellen Gesellschaft werden die Erwerbs-Chancen der Frauen irgendwann denen der Männer so gleich sein, daß es keinen

Bundesweite Werbung der Sparkassen, 1985

vernünftigen Grund mehr geben wird, nur den Männern die Alimentation der Kinder zuzuschreiben.

Frage: Könnte man diesen Prozeß der Verlagerung von väterlichen Funktionen auf die Frauen und auf den Staat denn nicht auch als Entlastungsprozeß beschreiben? Immerhin sind die Väter da doch einiges an Mühen und Verantwortung losgeworden.

Dieter Lenzen: Der erste historische Augenblick, zu dem eine solche Entlastung hätte eintreten können, findet sich am beginnenden 20. Jahrhundert. Warum? Daß eine Entlastung und Freisetzung der Väter nicht geschehen ist, läßt sich – glaube ich – nur erklären, wenn man sich die ihnen attribuierten Schuldzuweisungen genauer anschaut. Sie bekommen ja für die zum Teil katastrophal verlaufenden historischen Prozesse die Schuld zugesprochen. Insbesondere in Deutschland wird nach den beiden Weltkriegen interessanterweise den Männern – soweit sie überlebt haben – die Schuld an diesen Katastrophen zugewiesen.

Wenn man es zugespitzt formulieren will: Nach dem Zweiten Weltkrieg, der durch die vorangegangene Gesellschaftsformation des Faschismus noch mehr mit Schuld behaftet war als der Erste Weltkrieg – nach diesem zweiten großen Krieg also gibt es eigentlich nur noch zwei Sorten von Männern: Solche, die tot sind: Die sind gut, weil sie für das Vaterland gestorben sind. Und es gibt solche, die noch leben: Die sind schlecht, weil sie entweder feige waren und nicht für das Vaterland gestorben sind oder sie waren, soweit sie feige waren, schuldig daran, daß es überhaupt dazu gekommen ist – also daran, daß die Guten, die gestorben sind, gestorben sind.

Frage: Die Geschichte der Kritik am Vater reicht ja vor die Weltkriege zurück, führt in das ausgehende 19. Jahrhundert hinein. Prominentes und immer wieder zitiertes Beispiel ist da Kafkas Brief an den Vater: Ein inzwischen relativ alt gewordener Sohn setzt sich mit seinem Vater auseinander und liefert ihm eine Art Lebens-Abrechnung, und das in einem literarisch-kunstförmigen Text. Wie ordnet sich diese literarische Traditionslinie in die Denunziationsgeschichte der Väterlichkeit ein?

Dieter Lenzen: Denunziatorisch ist nicht dieser literarische Text, sondern vor allem die Rezeption und Zitation dieses Textes. Wenn man in der Folgezeit zeigen wollte, wie schrecklich es doch mit dem Verhältnis von Vätern und Söhnen ist, dann konnte man immer wieder diesen Text als Beispiel zitieren – ungeachtet der Frage, was Kafka damit möglicherweise beabsichtigt hat. Und das ist eigentlich das Interessante: Wenn man sich diese Rezeptionsgeschichte anschaut, dann ist sie fast ausnahmslos die Geschichte einer schulterklopfenden Aufmerksamkeit gegenüber dem bedauernswerten Opfer, dem fiktiven Autor-Ich. Überwiegender Rezeptions-Gestus ist: »Jawohl, so ist es uns auch ergangen, endlich hat mal einer gesagt, wie es wirklich ist.«

Frage: Noch einmal zur Zeit nach dem Zweiten Weltkrieg: Da gibt es ja – neben den toten und den schuldigen – noch eine dritte Sorte Männer: das sind die Sieger, die Alliierten. Gerade hier in Berlin bieten sich Bilder und Symbolfiguren von Männlichkeit an, die offenbar tief in der Imaginations-Geschichte verwurzelt sind: Da gibt es die amerikanischen Rosinen-Bomber, die sich immerhin mächtig und nährend einer ganzen Stadt annehmen. Da gibt es im Osten das Treptower Ehrenmal: Ein großer, riesiger, gigantischer Soldat, der ein gerettetes Kind auf dem Arm trägt. Die Frage, die sich daraus ergibt ist: Sind nicht an die Stelle der mit den toten und schuldigen Männern untergegangenen und zerbrochenen Vaterbildern neue und alternative Bildlichkeiten entstanden – im Osten wie im Westen?

Gußeiserne Ofenplatte, Ende 16. Jahrhundert

Dieter Lenzen: Ich glaube nicht. Ich habe den Eindruck, daß die Imagines, die dort produziert werden, keine väterlichen sind. Man muß sich da zum Beispiel die Foto-Geschichte von alliierten Männern anschauen und die Inszenierungen genauer untersuchen, die da vorgenommen werden. Ich habe jedenfalls den Eindruck, daß es sich da eher um so einen Typus Erzengel handelt. Das sind Erzengel, nicht Väter. Das sind – auch schon durch die Uniformierung – seltsam geschlechtslose Wesen, die Gerechtigkeit repräsentieren, und zwar eine merkwürdig formlose Gerechtigkeit.

Denn der Besatzungssoldat ist ja – zumindest was die Amerikaner, Briten und Franzosen angeht – ein besonders lässiger Typ und im militärischen Sinne eigentlich unordentlich. Der kaut Kaugummi, trinkt Coca Cola, schmeißt mit Flaschen um sich, ist zwischendurch auch mal betrunken – und ist trotzdem der Sieger und gerade in dieser Formlosigkeit ein Vorbild. Das kann kein Vater sein. Das kann nicht mal ein Bruder sein, sondern die kommen aus einer anderen Welt.

Frage: Sind es nicht doch ältere Brüder, die dann an die Stelle von Vater-Bildern treten?

Dieter Lenzen: Sie bieten, was die Schutzfunktion angeht, vielleicht einen vorübergehenden Ersatz für den Staat an, einen externen Schutz. Bei Brüderlichkeit spielt natürlich die Assoziation der »fraternité« aus der französischen Revolution eine entscheidende Rolle, aber das ist eine Brüderlichkeit, die sich ganz eng im Rahmen des Gleichheits-Diskurses bewegt. Und da gehören diese Besatzer und Sieger nach dem Zweiten Weltkrieg natürlich hinein. Die sind nicht gleich. Sie gehören überhaupt nicht in die Gesellschaft hinein, sie sind Besatzer, sitzen oben drauf und sorgen dafür, daß diese Gesellschaft irgendwie wieder in Gang kommt. Aber sie verbrüdern sich nicht. Im übrigen war das ja auch schlicht verboten: Fraternisierung wurde bestraft, teilweise war da Todesstrafe angedroht, jedenfalls in den ersten Monaten der Besatzung.

Frage: Das wäre dann also ein zusätzlicher Beleg für die Mitscherlich-These von der Vaterlosigkeit der Gesellschaft: Die alten Väter verschwanden und es traten keine neuen an ihre Stelle.

Dieter Lenzen: Ja. Man muß nur schauen, ob es da Ersatz-Bildungen in bestimmten Berufs-Funktionen gegeben hat. Ich würde die eher im Diskurs über Krankheit und Gesundheit suchen. Da bekommen einzelne Figuren dann fast so einen numinosen Charakter: Das ist z.B. die Ärzte-Welt. Sie bekommt eine beträchtliche Autorität zugeschrieben.[3]

Frage: Und was ist mit Adenauer?

Dieter Lenzen: Adenauer war ein gealterter Pinocchio, der in diese Figurationen gerade schlecht hineinpaßt. Er ist ja nie eine Vater-Figur gewesen, allenfalls eine Großvater-Figur. Gerade das war ja seine Qualität, die ihn aus dem Schuld-Zusammenhang heraushielt – bei Heuss war das genauso. Das hatte auch seine Logik: Die Leute, die dann negativerweise ins Gespräch kamen – Globke und andere Leute, die in der Nazi-Zeit richtig involviert gewesen waren – die waren immer etwas jünger.

Frage: Noch einmal zurück zur Begriffs-Geschichte von Vaterschaft: Welchen Gewinn kann man aus einer Gegenüberstellung der Wörter »pater« und »dominus« ziehen?

Dieter Lenzen: Die »pater«-Funktion war in der Tat durch die Dreiheit von Nähren, Schützen, Zeigen gekennzeichnet. Dieser Vater nun wird immer wieder – darum geht es mir – mit dem »dominus« gleichgesetzt und als solcher kritisiert. Ich will ganz deutlich machen: Wenn ich über den

3 Ausführlich: Dieter Lenzen: Krankheit als Erfindung. Frankfurt a.M. 1991, S. 24–32.

Vater rede, dann rede ich über den »pater«, nicht über den »dominus«. Die Denunziation, die dann historisch immer weiter deutlich wird, betrifft gar nicht den »pater«, sondern sie betrifft den »dominus«. Ich rede aber nicht über den »dominus«, sondern über den »pater«.

Der »dominus«, das ist tatsächlich jemand, der eine Herrschafts-Funktion wahrnimmt, die er ja auch als Politiker hätte wahrnehmen können oder als Offizier oder als sonst jemand. Dafür muß er nicht Vater sein. Und damit komme ich – das ist mir wichtig – auf den eingangs gemachten Unterschied zwischen Vaterschaft und Väterlichkeit zurück. Aus dem Diskurs über Vaterschaft ist nämlich die Väterlichkeits-Frage ausgeblendet worden. Wenn wir über den »pater« reden – dann können wir über Väterlichkeit reden. Beim »dominus« geht es um etwas ganz anderes. Und ich glaube, wenn die Aufmerksamkeit mehr auf den »pater« zurückverlagert wird, dann richtet sie sich implizit auch wieder mehr auf ein Gefühl, auf eine Emphase, auf eine Befindlichkeit, eine Attitüde und auf etwas, wonach eine nachwachsende Generation sich womöglich sehnt: Eine Väterlichkeit zu erleben, in der – wenigstens für eine kleine Spanne des Lebens – die Sorge um Bedrohung, um Nahrung und um das Verstehen von Welt aufgehoben ist. Der »pater« benimmt mich dieser Sorge; der »dominus« sorgt dafür, daß ich mir morgens die Füße wasche, keine schmutzigen Wörter verwende und ordentlich meine Gedichte auswendig lerne.

Frage: Sie sprechen an anderer Stelle von »suszipitiver« Vaterschaft und meinen damit die Definition von Vaterschaft durch einen bewußten und rechtsrelevanten Akt der Aufnahme oder Annahme, vor allem in der römischen Geschichte: Der Vater steht der Mutter und dem von ihr geborenen Kind gegenüber und hat die Wahl – er entscheidet, ob er das Kind annimmt oder nicht, ob er also ein »pater« wird.[4] Wenn nun in der Gegenwart nur noch zwei Funktionen beim Vater geblieben sind: die Zeugungs- und die alimentatorische Funktion; wenn zudem durch die sich verfeinernde Reproduktions-Technologie auch die Zeugungs-Funktion zunehmend technoid gelöst wird, und auch noch – Sie haben es eben angesprochen – die alimentatorische Funktion an Legitimation verliert: Könnten dann die Modelle suszipitiver Vaterschaft nicht eine neue Bedeutung bekommen?

Dieter Lenzen: Also die Technologisierung der Zeugungsfunktion setzt ja bereits früher ein. Schon in dem Moment, wo der Kindes-Wunsch mit so einfachen Mitteln wie Messung von Basal-Temperatur und so weiter gesteuert erfüllt werden kann, wird der potentielle Vater zu einer Sperma-Bank oder einem Sperma-Lieferanten. Der hat dann seine Lieferungen zu einem vereinbarten und optimierten Zeitpunkt abzugeben – wenn es dem Kunden günstig zu sein scheint. Spätestens ab diesem Augenblick ist die Zeugungs-Funktion aus der humanen Entscheidung des Vaters herausgenommen. Und da ist natürlich die Frage, ob es nicht eines zusätzlichen Aktes bedarf, um ihn allererst wieder zum Vater zu machen.

Nun liegt da natürlich ein Problem zugrunde, das die alte Gesellschaft – die Antike, aber weiter dann bis zum Absolutismus hin – immer gehabt hat: Daß der Vater immer unsicher ist – pater semper est incertus – und daß es offenbar eines Aktes bedarf, um ihn zum Vater zu machen. Wenn man schaut, wie diese Akte sich unterschieden haben, so erkennt man im Grunde eine Art Dreischritt: Zu einem Zeitpunkt, als der Vater unsicher war, weil er gar nicht wußte, daß er Vater sein konnte, als also die Zeugungs-Tatsache gar nicht bekannt war – da gab es gar kein Problem. Dann kam eine Phase, in der geschlechtliche Beziehungen zwischen dem dominus und großen Teilen des Hauses selbstverständlich waren, aber der Erbanspruch geregelt werden mußte. Da war natürlich eine rechtsverbindliche Erklärung nötig, und diese Erklärung hat man in den Ritus der Kinds-Aufnahme verpackt: Nachdem er das Kind aufgenommen hat, ist der Vater der Vater. Wenn man nun aber weiter schaut: Dann kommt bereits im Spätmittelalter ein neuer Gedanke auf: Pater est, quem nuptia demonstrat: Vater ist, wen die Frau als solchen ausweist. Das heißt schlicht, daß die Frau entscheidet, wer der Vater ist, nicht der Vater. Es gibt – am Rande gesagt – auch noch andere Varianten, ganz an den Anfang könnte man noch die ägyptisch-mythologische Version stellen, daß der Vater durch seinen Sohn zum Vater gemacht wird, daß also das Kind entscheidet, wer der Vater ist.[5]

Jedenfalls: Wenn man sich diesen ganzen Prozeß anschaut und sich fragt: Wann entscheidet eigentlich der Vater, wer der Vater ist? Dann findet sich eigentlich nur eine relativ kurze Zeit – nämlich die römische Antike, und dort auch eher die früh-römische Zeit – wo das so war. Sonst ist der Vater offenkundig immer in die Situation geraten, daß andere darüber entscheiden, ob er Vater ist, ob er diese Funktion erklärtermaßen wahrnehmen darf. Da braucht es einen nicht zu wundern, wenn in dieser Geschichte Väterlichkeit als eine Quelle für Geborgenheits-Gefühle des Kindes so selten ist. Denn immer steht der Vater unter Legitimationsdruck und muß darum kämpfen, als solcher akzeptiert zu werden, immer werden die Entscheidungen von anderen gefällt. Da ist dann der Weg in die Ablehnung dieser Vaterschaft sehr naheliegend.

4 Ausführlich: Dieter Lenzen: Zur Kulturgeschichte der Vaterschaft. In: Paragrana, Bd. 6 (1997), Heft 2, S. 104–130; sowie Lenzen (s. Anm. 2), S. 91–106.

5 Ausführlich: Lenzen (s. Anm. 2), S. 40–55.

Die Angst vor dem Vater

Micha Brumlik

Sigmund Freud, Carl Gustav Jung, der Mann Moses und der Judenhaß

Sigmund Freud hat das später heiß umstrittene Konstrukt des Ödipuskomplexes erfunden, also jener tiefsitzenden, mit Angst und Lust verbundenen Neigung des Knaben, seine Mutter zur Frau zu nehmen, seinen Vater zu töten und aus Angst vor dessen Rache seine Verbotsnormen zu verinnerlichen. Allerdings hat die Frage nach dem väterlichen Erbe den Mann Sigmund Freud darüber hinaus in sehr viel eindringlicherer, seine ganze Existenz, sein Judentum betreffender Weise beschäftigt. Mehr noch: Die Entwicklung der Tiefenpsychologie bis in ihre durchaus das Politische und Zeithistorische streifende Wissenschaftsgeschichte ist ohne die Frage nach der Angst vor dem Vater überhaupt nicht zu verstehen.

I

Dem Theoretiker der ödipalen Krise und des Vatermords trat dies Thema gegen Ende seines Lebens noch einmal existenziell entgegen. In der Zeit des aufsteigenden Nationalsozialismus suchte der atheistische Jude Sigmund Freud noch einmal die Auseinandersetzung mit der Religion der eigenen Herkunftsgruppe, dem Judentum, und zwar in seiner Schrift »Der Mann Moses und die monotheistische Religion«[1]. Die im engeren Sinne fachlichen, ägyptologischen Meinungen des Buches wurden lange Zeit von niemandem ernst genommen, bis sie in den letzten Jahren durch den Heidelberger Ägyptologen Jan Assmann in seinem Buch »Moses, der Ägypter« rehabilitiert wurden.[2] Im »Mann Moses« wiederholt Freud die schon in »Totem und Tabu« vertretene These von der Errichtung der Über-Ich-Norm aus der Erfahrung des ödipalen Vatermordes, bemüht sich jedoch zudem um eine Theorie des Monotheismus im Allgemeinen sowie des Christentums im Besonderen.

Freud spekuliert, daß der historische Moses als Vertreter des ägyptischen Sonnenmonotheismus und als übermäßig fordernde Vaterfigur von den widerstrebenden Israeliten umgebracht und schließlich einer anderen Gründergestalt im Dienste des Hirtengottes angepaßt worden sei. Diese frühe, im kollektiven Bewußtsein der Hebräer tief verankerte Mordtat habe schließlich durch ein über Generationen übertragenes Schuldbewußtsein mit erheblichen Latenzzeiten zur Ausbildung der triebverzichtenden, von den Propheten gepredigten Ethik geführt. Diese Spekulation soll den Blick auf das Judentum als auf die idealtypische Religion, die Religion par excellence lenken: Auf eine Religion, die in einem Ideal ethischer Vollkommenheit gipfelt und die Kraft zum Triebverzicht aus ihrer Verschmelzung mit dem kollektiven Narzißmus des Auserwähltheitsglaubens zieht.

Das Christentum – mit seiner Lehre nicht vom getöteten Vater, sondern vom getöteten Sohn – erscheint Freud demgegenüber als Rückschritt. Die Meinung, daß das Opfer nicht Gott selbst, sondern Gottes Sohn gewesen sei, stelle in der Religion des Paulus eine Vermittlung – so Freud – zwischen Wahn und historischer Wahrheit dar. Freilich: Auch das Christentum, nicht nur die Wissenschaft, enthält einen Fortschritt, den das Judentum, die Religion seiner Väter und der Väter überhaupt, nicht mitmachen konnte: »Warum«, so schließt Freuds Schrift »Der Mann Moses«, »es den Juden nicht möglich gewesen ist, den Fortschritt mitzumachen, den das Bekenntnis zum Gottesmord bei aller Entstellung enthielt, wäre Gegenstand einer besonderen Untersuchung.«[3]

Damit enthält »Der Mann Moses« für eine allgemeine Theorie der Kultur, der Moral und Religion eine Reihe von Neuerungen, die über das, was etwa im »Unbehagen in der Kultur« entfaltet wurde, weit hinausgeht. Trotz der beibehaltenen Grundlage der seit langem vertrauten Lehre vom Vatermord muß Freud nämlich jetzt die Frage beantworten, wie und warum ausgerechnet die biblische Religion zum Motor der abendländischen Moralentwicklung werden konnte und warum die Juden bis in seine Zeit – allen Anfechtungen zum Trotz – an diesem Glauben festhielten. Zudem muß er die Frage beantworten, ob jenseits dieser religiös fundierten Moral die Chance zu einer rein auf Einsicht beruhenden Ethik besteht – eine Hoffnung, die zumal in der Zeit des Nationalsozialismus mit dem Zusammenbruch der fortschrittsgläubigen Aufklärung immer haltloser zu werden schien.

Vor diesem Hintergrund bietet Freud zwei unterschiedliche Argumentationen an. Systematisch behauptet er, daß das im alten Israel vollzogene und schließlich auch durchgesetzte Bilderverbot die Gottesvorstellung auf eine höhere Stufe der Geistigkeit gehoben und damit den Weg zu weiteren Entwicklungen und Änderungen im Bereich der Moral geführt

1 Sigmund Freud: Der Mann Moses und die monotheistische Religion (1939). In: Studienausgabe, Bd. IX. Frankfurt a.M. 1974, S. 455–581.

2 Jan Assmann: Moses der Ägypter. München 1998.

3 Sigmund Freud (s. Anm. 1), S. 581.

habe. In historischer Perspektive ist dann erstens die Frage nach den Auswirkungen dieser Geistigkeit auf die jeweils Gläubigen zu beantworten und zweitens Auskunft über jene seelischen Mechanismen zu erteilen, die das Festhalten an derartigen Gottesvorstellungen bewirken.

In »Totem und Tabu« hatte Freud behauptet, daß das Inzesttabu, also das Verbot sich der Frauen des Vaters zu bemächtigen, und das Exogamiegebot die ersten Anfänge einer sittlichen und sozialen Ordnung überhaupt darstellten. Wirksam wurden dabei die verinnerlichten Ansprüche des ermordeten Hordenvaters sowie der egalitäre Anspruch der Brüderhorde, einen verbindlichen Modus des Zusammenlebens zu finden.[4] Die viele Jahre später im »Mann Moses« entfaltete Spekulation zielt nun darauf, diese Konstellation für die Verinnerlichung einer vergeistigten Religion plausibel zu machen. Mit der Erklärung ihres historischen Ursprungs ist freilich die Frage nach dem mehrere Jahrtausende währenden Überdauern dieser Religion noch nicht erklärt. Dazu zieht Freud zwei Erklärungen hinzu: eine traumatisierungstheoretische sowie eine kollektivistische.

In traumatisierungstheoretischer Hinsicht behauptet Freud die wesentliche Gemeinsamkeit von individuellem und gruppenbezogenem Trauma. Der Mord der Israeliten an Moses, ihrer väterlichen Führungsgestalt, soll als kollektives Trauma nach dem individualpsychologischen Muster »Frühes Trauma – Abwehr – Latenz – Ausbruch der neurotischen Erkrankung – teilweise Wiederkehr des Verdrängten« den hunderte von Jahren nach Moses Tod im Zuge der prophetischen Predigt entstandenen ethischen Monotheismus erklären. Damit ist aber das weitergehende Festhalten der Juden an diesem Glauben auch in nachprophetischer Zeit immer noch nicht geklärt.

Um diese Erklärung endlich zu liefern, bedient sich Freud schließlich eines Arguments, das quer zu all seinen vorherigen psychologischen und auf sprachliche Kommunikation abhebenden Erklärungen bezüglich der Verinnerlichung von sozialen Normen steht. Hier – im »Mann Moses« –, in seiner letzten bedeutenden theoretischen Schrift, ist Freud endlich auf die Linie seines frühen Kronprinzen und später abtrünnigen, durchaus antisemitischen und mit den Nationalsozialisten paktierenden Schülers Carl Gustav Jung eingeschwenkt. Freud führt die Idee eines kollektiven Unbewußten ein, über dessen Vererbungsmechanismen er sich keine Rechenschaft ablegt.

Das war – erstaunlich genug – lange nach seinem Zerwürfnis mit Jung. Die Ursachen des Zerwürfnisses zwischen Freud und Jung waren komplex. Carl Gustav Jung jedenfalls litt an einem massiven Vaterkomplex und arbeitete ihn religionspsychologisch auch noch lange nach dem Krieg in seiner 1955 erschienenen Schrift »Antwort auf Hiob« ab.

II

Die folgende Skizze soll demonstrieren, in welchem Ausmaß die Auseinandersetzung über und mit Freud als Vaterfigur seinen Schüler, C. G. Jung, zu zeitweiligem Engagement für den Nationalsozialismus und zu seinen antisemitischen Ausfällen gegen die freudianische Psychoanalyse geführt haben. Auch hier spielt die Angst vor dem Vater oder vor einer väterlichen Gestalt die zentrale Rolle.

> *Gegen die Dummheit kann man bekanntlich nichts tun, aber in diesem Falle können die arischen Leute darauf hinweisen, daß mit Freud und Adler spezifisch jüdische Gesichtspunkte öffentlich gepredigt werden, und zwar wie man ebenfalls nachweisen kann, Gesichtspunkte, welche einen wesentlich zersetzenden Charakter haben. Wenn die Verkündigung dieses jüdischen Evangeliums der Regierung angenehm ist, so ist es halt eben so. Andernfalls ist ja auch die Möglichkeit vorhanden, daß dies der Regierung nicht angenehm wäre …*[5]

Diese Passage findet sich in einem Brief, den C. G. Jung im Februar des Jahres 1934 seinem deutschen Schüler W. M. Kranefeldt schrieb und in dem es um die Einflußchancen konkurrierender tiefenpsychologischer Schulen bei einer vom NS-Staat getragenen psychotherapeutischen Institution ging. Diese – wenngleich nicht öffentlich geäußerte – Aufforderung zur Denunziation der Psychoanalyse und der sie sogar noch unter dem Nationalsozialismus vertretenden Kollegen, war kein einmaliger Ausrutscher, sondern die Konsequenz einer prinzipiellen Stellungnahme Jungs in jenen Jahren. Mitgerissen von der nationalsozialistischen Machtübernahme, schien Jung damals die Gelegenheit gewittert zu haben, seinen lebensgeschichtlichen Bruch mit Freud und seinen Protest gegen die Sexualtheorie auch politisch durchzusetzen.

Im »Zentralblatt für Psychotherapie und ihre Grenzgebiete« publiziert Jung zu Beginn des Jahres 1934 einen Aufsatz, in dem er den nationalsozialistischen Aufbruch hoffnungsvoll rechtfertigt und ihn zugleich gegen eine eventuell »zersetzende« psychoanalytische Kritik in Schutz nimmt:

> *Der Jude, als Angehöriger einer etwa dreitausendjährigen Kulturrasse, ist wie der gebildete Chinese in einem weiteren Umkreise psychologisch bewußt als wir … Die jüdische Rasse als Ganzes besitzt darum nach meiner Erfahrung ein Unbewußtes, das sich mit dem Arischen nur bedingt vergleichen läßt. Abgesehen von gewissen schöpferischen Individuen ist der Durchschnittsjude schon viel zu bewußt und und differenziert, um noch mit den Spannungen einer ungeborenen Zukunft schwanger zu gehen. Das arische Unbewußte hat ein höheres Potential als das jüdische; das ist der Vorteil*

4 Sigmund Freud: Totem und Tabu (1912–1913). In: Freud (s. Anm. 1), S. 287–444.

5 Zit. n. Regine Lockot: Erinnern und durcharbeiten. Frankfurt a.M. 1985, S. 99.

und Nachteil einer dem Barbarischen noch nicht völlig entfremdeten Jugendlichkeit. Meines Erachtens ist es ein schwerer Fehler der bisherigen medizinischen Psychologie gewesen, daß sie jüdische Kategorien, die nicht einmal für alle Juden verbindlich sind, unbesehen auf den christlichen Germanen und Slawen verwandte. Damit hat sie nämlich das kostbarste Geheimnis des germanischen Menschen, seinen schöpferisch ahnungsvollen Seelengrund als kindlich banalen Sumpf erklärt, während meine warnende Stimme durch Jahrzehnte des Antisemitismus verdächtigt wurde. Die Verdächtigung ist von Freud ausgegangen. Er kannte die germanische Seele nicht, so wenig wie alle seine germanischen Anbeter sie kannten. Hat sie die gewaltige Erscheinung des Nationalsozialismus, auf den eine ganze Welt mit erstaunten Augen blickt, eines Besseren belehrt? Wo war die unerhörte Spannung und Wucht, als es noch keinen Nationalsozialismus gab? Sie lag verborgen in der germanischen Seele, in jenem tiefen Grunde, der alles andere ist als der Kehrichtkübel unerfüllbarer Kinderwünsche und unerledigter Familienressentiments.[6]

Diese wohl heftigste und zweifelsohne ressentimentgeladene Äußerung Jungs gegen Freud und die Psychoanalyse steht am Ende eines Jahrzehnte währenden Entfremdungsprozesses, der von tiefen systematischen Mißverständnissen über das gemeinsame Interesse – die Tiefenpsychologie – ebenso geprägt war wie von der äußerst heiklen Beziehung eines älteren mit einem jüngeren Gelehrten.

In beiden Fällen ging es wesentlich um die von Jung in ihrem weitreichenden Geltungsanspruch zurückgewiesene Theorie der Sexualität. Es war die Debatte um das Wesen und die Bedeutung der Sexualität, die Freud und Jung entzweite, Jung jedenfalls zeitweise in das offen antisemitische Lager trieb und der analytischen Psychologie zu ihrer Kontur verhalf.

Jung selbst hat nie bestritten, daß das Problem der Sexualität zumal seine eigene Kindheit und Jugend überschattet und bedrängt hat. Sein eigener erster Traum, an den er sich mit Unterbrechungen ein Leben lang erinnern sollte, sein lebensgeschichtlicher Initialtraum, den er sich für das Alter von drei oder vier Jahren zuschrieb – sein Vater war damals Pfarrer in Laufen – handelte von einem überlebensgroßen Geschlechtsorgan. Ist es der väterliche Penis, der Phallus? Hier ist Jungs Jahre später berichteter Traum:

„Das Pfarrhaus steht allein beim Schloß Laufen, und hinter dem Hof des Mesmers liegt eine große Wiese. Im Traum stand ich auf dieser Wiese. Dort entdeckte ich plötzlich ein dunkles, rechteckiges, ausgemauertes Loch in der Erde. Ich hatte es noch nie zuvor gesehen. Neugierig trat ich näher und blickte hinunter (...) erblickte einen zirka zehn Meter langen rechteckigen Raum im dämmerigen Lichte (...). In der Mitte lief ein roter Teppich vom Eingang bis zu einer niedrigen Estrade. Auf dieser stand ein wunderbar reicher goldener Thronsessel (...) Darauf stand nun etwas. Es war ein riesiges Gebilde, das fast bis an die Decke reichte. Zuerst meinte ich, es sei ein hoher Baumstamm. Der Durchmesser betrug etwa fünfzig bis sechzig Zentimeter und die Höhe etwa vier bis fünf Meter. Das Gebilde war von merkwürdiger Beschaffenheit: es bestand aus Haut und lebendigem Fleisch, und obendrauf war eine Art rundkegelförmigen Kopfes ohne Gesicht und ohne Haare; nur ganz oben auf dem Scheitel befand sich ein einziges Auge, das unbewegt nach oben blickte. Im Raum war es relativ hell, obschon er keine Fenster und kein Licht hatte. Es herrschte über dem Kopf eine gewisse Helligkeit. Das Ding bewegte sich nicht, jedoch hatte ich das Gefühl, als ob es jeden Augenblick wurmartig von seinem Throne herunterkommen und auf mich kriechen könnte. Vor Angst war ich wie gelähmt.[7]

Jung selbst deutet sich diesen Traum im Alter nicht als Erinnerungsrest, sondern als ein ohne Erfahrung in seinem Bewußtsein auftauchendes Symbol für einen unterirdischen, dem Tode verbundenen Gott. Weder sei es wahrscheinlich, daß das Kind bereits entsprechende Gewölbe gesehen habe, noch sei ihm die »Quelle für den anatomisch richtigen Ityphallus« bekannt gewesen. Diese späte Deutung eines angeblich sehr frühen Traumes steht in merkwürdigem Kontrast zu anderen autobiographischen Äußerungen Jungs. Der herkömmlichen, nicht einmal strikt freudianischen Deutung nach würde ein überlebensgroßer Penis, der zudem von der Mutter als »Menschenfresser« bezeichnet wird, in irgendeiner Weise auf die bedrohliche Sexualität eines älteren Mannes, in der Regel des Vaters oder einer ähnlichen Gestalt verweisen. Dabei würde die orthodox freudianische Richtung sich dazu entschließen, in einem solchen Traum projektive, ödipale Ängste oder Wünsche zu sehen, nicht aber Reste eines realen Geschehens. In dieser Hinsicht gleichen Jungs Deutungen denen orthodoxer Freudianer.

Mehr und mehr wird bekanntlich in den letzten Jahren diskutiert, ob Freuds spätere Theorie der phantasierten kindlichen Sexualerlebnisse nicht ein Zurückweichen vor den Konsequenzen seiner ursprünglichen Einsicht kaschieren. Könnte es sein, daß die immer auftauchenden Berichte von Patienten, als kleine Kinder von erwachsenen Verwandten oder deren Freunden sexuell mißbraucht worden zu sein, für den Theoretiker Freud aufgrund eigener Ängste einfach nicht auszuhalten waren?

Für Freud war derlei nie zu belegen – umso mehr für seinen Schüler und Kronprinzen Jung. Jung hatte Freud jedenfalls im Jahr 1907 brieflich eine einschlägige Erfahrung gebeichtet:

6 Carl Gustav Jung: Zivilisation im Übergang. In: Gesammelte Werke, Bd. 10. Olten 1991, S. 190–191.

7 Carl Gustav Jung: Erinnerungen, Träume, Gedanken. Zürich, Stuttgart 1962, S. 18–19.

Hochverehrter Herr Professor (...) Ihre beiden letzten Briefe enthalten Beziehungen auf meine Schreibfaulheit. Ich bin Ihnen in dieser Hinsicht allerdings einige Aufklärungen schuldig. Die eine Ursache ist in meiner Arbeitsüberlastung, die mich auch abends kaum zu Atem kommen läßt, zu suchen; die andere aber in affektiven Dingen, wofür Sie den prächtigen Ausdruck »Selbsterhaltungskomplex« gefunden haben. Sie wissen ja, daß mir dieser Komplex schon manchen Streich gespielt hat, nicht zum wenigsten in meiner »Dementia praecox« (...) Eigentlich – was ich Ihnen mit Widerstreben gestehen muß – bewundere ich Sie als Menschen und Forscher schrankenlos, beneide Sie bewußt nicht; daher also kommt der Selbsterhaltungskomplex nicht, sondern er kommt daher, daß meine Verehrung für Sie einen ›religiös‹-schwärmerischen Charakter hat, der mir zwar weiter keine Molesten verursacht, mir aber wegen seines unverkennbar erotischen Untertones ekelhaft und lächerlich ist. Dieses abscheuliche Gefühl stammt daher, daß ich als Knabe einem homosexuellen Attentat eines von mir früher verehrten Menschen unterlegen bin. Dieses Gefühl nun, dessen ich noch nicht ganz ledig bin, hindert mich weitgehend. Es äußert sich auch so, daß mir die Beziehungen zu Kollegen, die stark auf mich übertragen, infolge psychologischer Durchschauung direkt ekelhaft werden. Ich fürchte deshalb Ihr Vertrauen. Auch fürchte ich dieselbe Reaktion bei Ihnen, wenn ich Ihnen von meinen Intimitäten spreche ...[8]

III

Carl Gustav Jung plädierte für eine Theorie des kollektiven Unbewußten, Freud übernahm am Ende seines Wirkens, lange nach dem Zerwürfnis, im »Mann Moses« diese Theorie. Die selbst gestellte Aufgabe, das Rätsel der jüdischen Religion und damit einer Vermittlung von Individual- und Massenpsychologie zu lösen, schien in den dreißiger Jahren keine andere Lösung als eine biologistische zuzulassen: »Eine Tradition, die nur auf Mitteilung gegründet wäre«, so Freud im »Mann Moses«, »könnte nicht den Zwangscharakter erzeugen, der den religiösen Phänomenen zukommt. Sie würde angehört, beurteilt, eventuell abgewiesen werden wie jede andere Nachricht außen, und erreichte nie das Privileg vom Zwang des logischen Denkens.«

Die Juden und nicht nur die Juden partizipieren damit zwanghaft an Erinnerungsspuren an jenen frühen, Schuldbewußtsein und sozialen Konsens bewirkenden Mord – Spuren, die freilich nur schwer nachzuweisen sind. Aber: »Wenn«, so Freud entschieden, »wir den Fortbestand solcher Erinnerungsspuren in der archaischen Erbschaft annehmen, haben wir die Kluft zwischen Individual- und Massenpsychologie überbrückt, können die Völker behandeln wie den einzelnen Neurotiker. Zugegeben, daß wir für die Erinnerungsspuren in der archaischen Erbschaft derzeit keinen stärkeren Beweis haben als jene Resterscheinungen der analytischen Arbeit, die eine Ableitung aus der Phylogenese erfordern, so erscheint uns dieser Beweis doch stark genug, um einen solchen Sachverhalt zu postulieren (...). Es ist eine unvermeidliche Kühnheit. Wir tun damit auch noch etwas anderes. Wir verringern die Kluft, die frühere Zeiten menschlicher Überhebung zwischen Mensch und Tier aufgerissen haben (...) wenn das Instinktleben der Tiere überhaupt eine Erklärung zuläßt, so kann es nur die sein, daß sie die Erfahrungen ihrer Art in die neue eigene Existenz mitbringen, also Erinnerungen an das von ihren Voreltern Erlebte in sich bewahrt haben. Beim Menschentier wäre es im Grunde auch nicht anders. Den Instinkten der Tiere entspricht seine eigene archaische Erbschaft, sei sie auch von anderem Umfang und Inhalt. Nach diesen Erörterungen trage ich keine Bedenken auszusprechen, die Menschen haben es immer gewußt, daß sie einmal einen Urvater besessen und erschlagen haben.«

Die verbleibende Frage, wie eine entsprechende Erinnerung in das archaische Erbe eingelagert und unter welchen Bedingungen es aktiviert wird, erledigt sich dann durch einen Hinweis auf die Bedeutung und immerwährende Wiederholung derartiger Szenen bzw. durch reale Wiederholungen eines derartigen Geschehens wie des Mordes an Moses sowie des, wie Freud sagt, »vermeintlichen Justizmordes an Christus«.

Freud beglaubigt mithin die genetische Verankerung soziokultureller Erfahrungen und Lernprozesse – eine Ansicht, die in ihrem Biologismus weit über Jungs Theorie der Archetypen hinausgeht.

Man mag sich fragen, warum Freud zu solcher Spekulation griff und wird vielleicht antworten, daß ihm nur der harte Boden der Biologie so etwas wie eine Garantie für das Überdauern einer universalistischen Moral in katastrophalen Zeiten zu garantieren schien. Womöglich dachte er auch an so etwas wie einen biologischen Beweis für die Rechtfertigung des Judentums. Als Moraltheoretiker schwankte Freud zwischen der Hoffnung auf eine autonome Moral und der Erwartung, daß nur das ambivalente archaische Erbe des den Vatermord besonders verinnerlichenden Judentums die Katastrophe aufhalten könnte.

Psychoanalytisch aufgeklärt, war Freud gegenüber jeder allzu vollmundig vorgetragenen Forderung nach Gerechtigkeit mißtrauisch – nicht nur sein eigenes Leben hatte unter dem Neid anderer, vornehmlich Carl Gustav Jungs zu leiden. Im »Mann Moses« zeugt nicht nur eine Passage vom Problem der Eifersucht der Nichtjuden gegenüber den sich erwählt dünkenden Juden. Die Verzweiflung über den vermeintlichen Dünkel der Juden und den Antisemitismus

8 Sigmund Freud, C. G. Jung: Briefwechsel. Hrsg. v. William McGuire und Wolfgang Sauerländer. Frankfurt a.M. 1984, S. 44.

der anderen mußte schon sehr groß sein, um deshalb gleich den Gedanken der Gerechtigkeit zugunsten einer autoritär verbürgten Sicherheit preiszugeben.

Allerdings: Der Blick auf das Phänomen der Gerechtigkeit und eine moralische Perspektive sind bei Freud stets durch die Erfahrung von Vater-Sohn- sowie Lehrer- und Schüler-Verhältnissen gebrochen. Womöglich läßt sich für derlei asymmetrische Beziehungen grundsätzlich kein moralischer Standpunkt angeben. Ob das gegen die Idee eines neidfreien Ausgleichs oder gegen die Begründung der Moral im Bilde von Familienverhältnissen spricht, sei hier dahingestellt.

Künstlerviten – Vatermythen

Hans Peter Thurn

Zwischen Fiktion und Wirklichkeit

Zur Erinnerung an Georg W. Hirtz,
den väterlichen Freund

I

Wer sich die Lebensläufe bildender Künstler anschaut, der stößt alsbald auf ein erstaunliches Phänomen: eine verblüffend hohe Zahl an Vätern und bei näherem Hinsehen eher verdächtige Vater-Bezeichnungen. In der Kunstgeschichte zumindest der letztvergangenen Jahrhunderte scheint es weitaus mehr Väter als Söhne (von den allzu oft verleugneten Töchtern ganz zu schweigen) gegeben zu haben. Soweit man sich im Blick zurück (wie das Historiker oft notgedrungen tun) vor allem prominenten Vertretern des Metiers zuwendet, ließe sich diese Feststellung getreu dem Sprichwort abtun, der Erfolg habe eben (gestern wie heute) viele Väter. Aber erklärt diese Sentenz tatsächlich die Vatervielfalt der Kunst? Mir scheint: nicht ganz, oder gar: überhaupt nicht. Denn bei den in Frage stehenden Fällen wählten keineswegs die (dann selbsternannten) »Väter« sich vielversprechende »Söhne« aus, wie das paternalistische Erfolgsparasiten logischerweise täten. Sondern umgekehrt gingen immer wieder Jünglinge und Männer auf die Suche nach gleichgeschlechtlichen Vertretern ihres Metiers, um diese (gefragt oder unbefragt) zu ihren »Vätern« und zugleich sich selbst zu deren »Söhnen« zu erklären. Mütter hingegen waren diesbezüglich weniger erwünscht. Weshalb also diese Sehnsucht nach anderen, neuen, jedenfalls zusätzlichen Vätern der Kunst? Und was bedeutete sie für die ja zumindest irgendwann einmal vorhandenen Erzeuger künstlerisch tätiger Nachkommen? Wie fanden sie sich damit ab, beiseitegeschoben, womöglich schnöde ersetzt zu werden?

J. B. Delafosse, Leopold Mozart mit seinen beiden Kindern in Paris, 1764

Denn zunächst einmal gab es ja sie: die leiblichen Väter. Als biologisch auch Künstlern aufgezwungene sozusagen, kann doch nicht einmal einer der ihren – sämtlichen Allmachtsphantasien zum Trotz – sich (s)einen Erzeuger aussuchen. Das tun – in der Regel – Frauen, um sich in Mütter zu verwandeln, weshalb, wer – wie auch sonst Biographien – Künstlerviten rekonstruiert, rasch mitten hinein gerät in den (uns spätestens seit Freud als mehrschichtig vertrauten) gleichermaßen realen und fiktiven »Familienroman« von Menschen.[1] Das gilt ebenfalls für Zeichner, Maler oder Bildhauer. Deren Väter nun wurden seit alters durch die Brille der Kunst betrachtet und beurteilt. Ihre Qualitäten wurden aus der Sicht sich künstlerisch mausernder oder schon betätigender Söhne bewertet, und zwar nicht nur von den Nachkommen selbst, sondern ebenso von deren Biographen und Interpreten. Der bei solcher perspektivisch gebundenen Bilanzierung gestern wie heute angelegte Maßstab hieß: »Kunstverträglichkeit«; die häufigste von den Söhnen den Vätern gestellte Frage lautete, wörtlich oder sinngemäß: »Wie hältst Du es mit meinem Willen zur Kunst?«

Diese Meßlatte wartete mit mancherlei Graden der Bewährung auf, mit facettenreichem Lob und Tadel. Doch was immer sie taten oder unterließen: Die leiblichen Väter hatten schlechte Karten in diesem Wettbewerb um die Gunst ihrer Künstler-Söhne (wie auch der Nachwelt), und die

1 Siehe Sigmund Freud: Der Familienroman der Neurotiker (1908/1909). In: Studienausgabe, Bd. IV. Frankfurt a.M. 1970, S. 221–226; sowie: Der Dichter und das Phantasieren (1908). In: Studienausgabe, Bd. X. Frankfurt a.M. 1969, S. 169–179.

meisten von ihnen verloren auf die Dauer im Stellungsspiel um einen kunstrelevanten Anteil am Werdegang ihrer Sprößlinge. Gewiß, man trifft durchaus auf wohlwollende und freundliche, als gütig und klug geschilderte Väter, die in den Überlieferungen auch als solche anerkannt wurden (wenngleich, wie es scheint, in sorgsam abgesteckten Grenzen und ohne allzu viel Überschwang). Immerhin fügte sich – um mit einigen Beispielen aus der Geschichte aufzuwarten – des Giovanni Cimabue Erzeuger relativ widerspruchslos, da ihm sein Stammhalter durch eifriges Schuleschwänzen sowie emsiges Herumtreiben in den Ateliers florentinischer Maler demonstrierte, wes Sinnes er war und wohin seine Begabung ihn drängte. Wenig Widerstand äußerte desgleichen Giottos Vater, als ihm eben jener Cimabue seinen Jungen abschwatzte mit dem Hinweis, der könne wohl besser zeichnen als Schafe hüten (was dem alten, um seine Herde besorgten Bondone keineswegs entgangen war). Wie auch Lodovico Buonarotti ohne allzu viel Aufhebens ein Einsehen hatte, sobald ihm klar wurde, daß der heranwachsende Michelangelo wohl eher in der Kunst als, wie vorgehabt, bei Woll- und Seidenwebern sein Auskommen finden würde; also gab er ihn dem Domenico Ghirlandaio in die Lehre. Und durchaus ähnlich sei es ihm selbst ergangen, betonte Giorgio Vasari, der dies alles und dergleichen mehr berichtet (sowie manches erdichtet) hat: Auch er, der sich aus der Abkunft von Sattlern und Töpfern als Zeichner, Maler und Architekt, als Sammler, Literat sowie Akademie-Organisator zum weltläufigen uomo universale emporhob, habe zumindest die ersten Stufen dieser Leiter kaum ohne väterliche Förderung erklimmen können.[2]

Indes: Solches Lob erklang nur selten ungetrübt. Vasari selbst goß schon Wasser in den Wein, indem er beispielsweise darauf hinwies, der junge Michelangelo sei »von seinem Vater und von seinen älteren Verwandten« eben auch »gescholten, bisweilen sogar geschlagen« worden, wenn zu viele Künstlergrillen in seinem Kopfe zirpten.[3] Viele andere Erzeuger, so heißt es, benötigten gleich jenen Cimabues oder Giottos eine Art Fingerzeig von oben, um zur Einsicht zu gelangen; letztlich habe göttliche Erleuchtung in ihnen das Licht jener Erkenntnis entfacht, derzufolge sie ihre Knaben in die Kunst ziehen ließen. Doch enthält gerade dieser Hinweis eher einen Tadel als Anerkennung. Denn er besagt ja, daß die leiblichen Väter selbst dort, wo sie den juvenilen Drang zur Kunst, sei es mit Zuspruch, unterstützen, sei es duldsam ertragen, eigentlich nicht viel und nur selten Richtiges, Wichtiges oder gar das Entscheidende ausrichten (können). Mögen sie auch handwerkliches Rüstzeug beisteuern, wie etwa der berühmteste und zugleich gescholtenste aller musikalischen Väter, Leopold Mozart, mögen sie den Weg ihrer Söhne kundig oder uneinsichtig, liebevoll oder prügelnd begleiten, ihnen fehlt (so wird unterstellt) das Wesentlichste: Die Einsicht in das Ingenium, das ihren Lenden entsproß, das nun vor ihren Augen heran- und über sie hinauswächst, das, je mehr eigene Statur es gewinnt, seinem Erzeuger um so fremder wird wie dieser ihm. Aufgrund dieser Insuffizienz werden selbst ehedem »gute«, hilfreiche Väter irgendwann uneffektiv, untauglich, unnütz. Als Ballast müssen sie von den Söhnen abgeworfen werden und erweisen sich noch einmal, vielleicht ein letztes Mal, als brauchbar, indem sie ohne Murren weichen.

Stich nach einem Porträt in Öl von Thomas Hardy, *Joseph Haydn*, 1792

Mental erleichtern sich werdende Künstler diese Befreiung durch eine gleichzeitige Umwertung und Umorientierung. Leibliche Väter werden dann, selbst wenn sie sich bisher als »gut« erwiesen, noch zu Lebzeiten oder posthum degradiert, indem man sie zu ganz oder teilweise »bösen« deklariert. Die realen Väter erfahren dabei eine semantische Stigmatisierung, welche, wie im Falle Leopold Mozarts, bis zum Jahrhunderte überdauernden Rufmord reichen kann. Mozarts »très cher père« (so die briefliche Anrede des Sohnes) war ja trotz der instrumentalen Dressurakte, die er mit seinen Kindern anstellte, keineswegs jener gefühlskalte Unmensch, als den ihn falsche Biographik beschrieb: eher ein absolutistisch gesonnener Aufklärer im Stil seiner Epoche als ein herzloser Tyrann. Doch auch er wies jenes Manko auf, das die Distanz zwischen ihm und dem »très cher fils« (so seine Korrespondenzansprache) mit den Jahren stetig vergrößerte: Er erkannte nicht, verkannte sogar trotz guten Zuredens von Freunden und Kollegen das kompositorische Genie seines Sohnes. Der kämpfte infolge dieses Zwiespalts jahrelang um ein ausgewogenes Vaterbild, dessen Extreme zwei seiner Bühnengestalten erklingen ließen: der versöhnlich stimmende Sarastro der »Zauberflöte« zum einen und der verdammende Komtur am Ende des »Don Giovanni« ande-

2 Giorgio Vasari: Vite de più eccellenti pittori, scultori ed architetti. 1. Ausgabe Florenz 1550, 2. Fassung Florenz 1568. Zur paternalistischen Argumentation Vasaris siehe Paul Barolsky: Giottos Vater. Vasaris Familiengeschichten. Berlin 1996. Zur Mythisierung von Künstlerviten siehe Ernst Kris, Otto Kurz: Die Legende vom Künstler. Ein geschichtlicher Versuch. Wien 1934, Neuausgabe Frankfurt a.M. 1980. Zu Vasaris eigener Biographie siehe Roland Le Mollé: Giorgio Vasari. Im Dienst der Medici. Stuttgart 1998, insbes. S. 16ff.

3 Vasari (siehe Anm. 2), zit. nach der Übersetzung von Trude Fein, Zürich 1974, S. 483.

4 Und gab der Forschung reichlich Anlaß zu Vermutungen, inwieweit er in der Gestalt des Sarastro dem vierzehn Jahre älteren, verehrten Freimaurer Ignaz von Born (1742–1791) ein akustisch-patronales Memorial gesetzt habe. Mozarts die Freimaurerei betreffende Briefe wurden vom Vater Leopold geflissentlich vernichtet.

Paul Cézanne, *Selbstbildnis*, 1877

rerseits.[4] Aber nicht bloß in der Welt der Töne suchte Mozart junior nach einem besseren, ihm gemäßeren »Vater«. Auch im tatsächlichen Leben trieb ihn derlei Sehnsucht um. Und wenigstens für kurze Momente fand er ihn wohl auch, wenn er in Wien gelegentlich mit Joseph Haydn kammermusikalisch (auf wahrscheinlich andere, freiere Weise als mit seinem Erzeuger) zusammenspielte, mit jenem zur Redensart arrivierten »Papa Haydn«, den er 1785 in der berühmten Widmung seiner sechs Streichquartette als seinen und eben dieser »sechs Kinder« erwünschten »Vater, Führer und Freund« ansprach.[5] Der Sohnesflucht vor dem, der zum fleischlichen Leben verhalf, korrespondiert(e) wie bei Mozart bei nicht wenigen bildenden Künstlern die Suche nach einem ersatzweisen »Vater«, der zur geistig-ästhetischen Erweckung beiträgt. Dieser »symbolische Vater« verdrängt den realen; seine größere Kompetenz in Fragen der Kunst läßt ihn als Vorbild geeignet erscheinen; das ihm zugeschriebene Charisma kontrastiert dem Stigma dessen, der nun abdanken muß. Unter Einsatz all dieser und weiterer semantischer Bausteine vollzieht sich eine Art paternalistischer Dekonstruktion: Vormalige (naturale) Väter werden vom Sockel gestoßen, neue (kulturelle) werden inthronisiert. Zugleich erringen Vater*mythen* einen beachtlichen Platz in Künstlerviten.

II

Dieses Muster strukturiert indes nicht nur die Künstlerbiographik früherer Epochen. Auch im 20. Jahrhundert bleibt es wirksam. Als im Oktober 1900 der neunzehnjährige Pablo Ruiz Picasso zu seinem ersten Aufenthalt in Paris eintraf, beschloß er alsbald, den Vaternamen aus der bis dahin verwendeten Signatur seiner Zeichnungen und Gemälde zu streichen. Fortan benannte er sich und sein Werk nur noch nach der Mutter: Picasso. Solches Ablegen amtlich eingetragener Geburtsnamen war in der Kunst keineswegs neu. Von Lorenzo Ghiberti, der jahrzehntelang den Namen seines Lehrers und Freundes Bartoluccio trug, bis zu den Brüdern Gaston und Raymond (nicht jedoch Marcel) Duchamp, die sich den Nachnamen des verehrten François Villon zulegten, entlehnten Künstler die neue Bezeichnung jedoch (nicht nur, aber) gern bei Angehörigen des eigenen Metiers oder bewunderten Literaten.

Anders der junge Spanier, der bereits in Barcelona seinen Anspruch unter einer Zeichnung vermerkt hatte: »Yo el Rey« (»Ich, der König«).[6] Das war mehr als ein ernster Scherz, es wurde programmatisch für ein Leben und Arbeiten, das niemanden gleichrangig oder gar über sich dulden mochte. Solchem Aufstiegswillen stand auch jener Vater im Weg, der immerhin einiges unternommen hatte, um seinen Sprößling zu fördern. Aber zu seinem Pech war dieser Erzeuger ein höchst mittelmäßiger Maler, der am liebsten Tauben auf die Leinwand bannte; dazu ein gelegentlicher Kopist und Restaurator ohne einträgliche Verkäufe, ein Zeichenlehrer mit geringem pädagogischem Eros und wenig Fortüne; ein antriebsarmer Bummler und Caféhaushocker, ein Viel- und Schönredner, der sich am wohlsten unter seinesgleichen fühlte, dem tertullias oder corridas wichtiger waren als die Kunst. Keine Identifikationsfigur also, erst recht kein Vorbild für einen ruhmbegierigen Adepten. Eher einer, der dazu einlud, ihn beiseite zu schieben, zu vergessen, ad acta zu legen.

Das tat der junge Pablo, indem er sich durch den Wechsel nach Frankreich räumlich sowie kulturell vom Vater entfernte und diese Distanzierung per Namensverzicht unterstrich, ja für jeden (und nicht zuletzt den Erzeuger selbst) öffentlich erkennbar machte. Mehr noch: Um den Vater symbolisch möglichst weitgehend auszulöschen, begann Picasso damit, die eigene Vergangenheit legendenhaft auszuschmücken und umzudeuten. Sein Jugendfreund und Sekretär Jaime Sabartés half ihm als getreuer Eckermann, die gewünschte Mischung aus Dichtung und Wahrheit per Anekdote, Interview oder schriftlich unter die Leute zu bringen.[7] Schon als Dreikäsehoch, wurde da etwa verbreitet, habe Pablito lallend nach dem »piz, piz«, dem Bleistift (spanisch: lapiz), verlangt; sodann habe er stundenlang unermüdlich gezeichnet; nie aber seien dabei Kinderzeichnungen nach Art eines tastenden Anfängers entstanden, vielmehr stets Zeugnisse erwachsener Meisterschaft. Als der Elfjährige in die Zeichenklasse des Vaters gekommen sei, habe er sofort alle anderen, selbst die älteren Schüler überflügelt. Ihm sei es möglich, eine Zeichnung an jeder

5 Siehe in der Gesamtausgabe von Wolfgang Amadeus Mozart: Briefe und Aufzeichnungen, Bd. III. Kassel 1991, S. 404, Nr. 874. Haydn wird in der italienisch geschriebenen Widmung angesprochen als »Padre, Guida ed Amico!« (1. September 1785). Zur Vaterfigur und Vaterproblematik siehe insbes. Erich Valentin: Leopold Mozart. Porträt einer Persönlichkeit. München 1987.

6 Die Frühzeit des Künstlers schildert ausführlich John Richardson (in Zusammenarbeit mit Marylin McCully): Picasso. Leben und Werk 1, 1881–1906. München 1991.

7 Jaime Sabartés: Picasso. Gespräche und Erinnerungen. Zürich 1956, S. 41. All diese Berichte finden sich bereits in früheren Künstlerlegenden, insbesondere in den von Giorgio Vasari niedergeschriebenen.

beliebigen Stelle zu beginnen und fehlerfrei zu vollenden. Fühlte der Vater sich einer Aufgabe nicht gewachsen (und das kam wohl öfters vor), dann habe Jung-Pablo das Bild (sehr zum Stolz des Erzeugers und Lehrers) ohne Umschweife fertiggemalt. Die Konsequenz alldessen kann kaum verwundern: Eines Tages, erzählte Picasso später seinem Adlatus (und der flüsterte es anderen weiter), habe der Vater ihm feierlich (s)einen Pinsel überreicht und erklärt, er wolle fortan nicht mehr malen (wohl, weil der Sohn es besser könne; José Ruiz Blasco malte aber doch weiter, wenngleich ohne großen Elan und mit noch weniger Erfolg).

Indes: Was da so alles narrativ in die Welt gesetzt wurde, diente (egal, wie weit es den Tatsachen entsprach) zu erheblichen Teilen mentalem Vatermord. Die Selbsterhöhung des malenden Genies geht einher mit der Erniedrigung des leiblichen Erzeugers (und in diesem Fall zugleich: des Lehrers). Es wird gewissermaßen (hier wie in vielen anderen Beispielen, die sich anführen ließen) eine »mythische Vaterdemontage« betrieben, um der juvenilen Künstlervita desto strahlenderen Glanz und Gloria zu verleihen. Das Argumentationsschema, mithilfe dessen dies geschieht, ist – wie bereits angedeutet – alt, uralt. Seit Duris von Samos und Plinius Secundus, über Lorenzo Ghiberti, Carel van Mander oder Joachim von Sandrart, bis hin zu den Hagiographen des 20. Jahrhunderts wurde es stetig aus- und umgebaut. Giorgio Vasari, der seinerseits durch den österreichischen Quellenforscher Julius von Schlosser zum »Vater der Kunstgeschichte« erkoren wurde (wie nach ihm Roberto Longhi zum »Vater der modernen Kunstgeschichte«), hat diesen Teppich am breitesten ausgewoben. Zu den von ihm formulierten Topoi, die bis in die Gegenwart wirken, gehört in Verbindung mit dem Wunderkind-Syndrom die mehr oder weniger fingierte (manchmal bloß erfundene, gelegentlich gar erlogene) Ersetzung des leiblichen Erzeugers durch einen symbolischen »Vater«, hinter dem – wir bewegen uns in einem christianisierten, katholischen Weltbild – natürlich als oberste Instanz der kunstinspirierende Gott-Vater steht, wie ihn Leon Battista Alberti, Leonardo da Vinci, Albrecht Dürer und andere Künstler-Theoretiker in ihren Programmschriften beschwören.

In dieser Kombinatorik mythischer Destruktion und Konstruktion, von Separation und Adoption darf nach der Entlassung des leiblichen der symbolische Vater nicht ausbleiben. Und fast immer trat er in Erscheinung: Lysipp dem Euthykrates und anderen Bildhauern, Cimabue dem Giotto, Ghirlandaio dem Michelangelo und so fort, als gelte es, nach dem Muster biblischer (ja auch fiktiver) Stammvater-Chronologie (»Abraham zeugte Isaak, Isaak zeugte Jakob, Jakob zeugte ...« usw.) eine künstlich-künstlerische Genealogie zu bilden. – Und Pablo Picasso? Welchem Patriarchen zollte er, der sich doch der Größte wähnte, Tribut? Gelang es ihm tatsächlich, dem dekonstruktiv vorgezeichneten Zwang zum Surrogat zu entrinnen? – Nein, nicht ganz. Selbst an seinem Horizont tauchte eine Vater-Imago auf: Paul Cézanne. »Kein anderer war mein Lehrmeister«, unterrichtete Picasso eines Tages den Fotografen Brassaï. »Er war für uns alle wie ein Vater! Er hat uns beschützt ...«[8] Und als wolle er nicht nur *ein* Sohn (neben anderen Kubisten) sondern der einzige, gewissermaßen der Universalerbe dieses Meisters sein, fügte er bei anderer Gelegenheit hinzu: »Cézannes Enkel – das bin ich.« (»Le petit-fils de Cézanne – c'est moi.«) Sosehr also die realen Väter aus dem Bewußtsein, in die Anonymität verdrängt werden, erscheinen doch an ihrer Stelle die legendären (noch) unausweichlich.

Pablo Picasso, Picassos Vater in eine Decke gehüllt, 1895

III

Das änderte sich jedoch schon zu Picassos Zeiten und stärker noch in den folgenden Generationen. Wie bisher den leiblichen Erzeuger ereilte nun auch dessen ästhetischen Nachfolger das Schicksal, für überflüssig erklärt, abgeschafft zu werden. Marcel Duchamp etwa oder Joseph Beuys – um die Entwicklung wieder an zwei Protagonisten des 20. Jahrhunderts zu illustrieren – verzichteten beide darauf, ja lehnten es ab, privat und öffentlich »Kunst-Väter« zu installieren, allerdings mit durchaus unterschiedlichen Motiven, Akzenten und persönlichen Einstellungen.

Besonders radikal betrieb die Auslöschung Joseph Beuys. Sein Wille zur Selbsterfindung, zur mystisch-mythischen Selbsterzeugung reduzierte den Vater erinnernd, aber auch für das Publikum zum ridikülen Exponat. Der Erzeu-

8 Brassaï: Gespräche mit Picasso, Reinbek 1985, S. 65. Cézanne seinerseits bezeichnete sich als »élève de Pissarro« und sah in letzterem seinen künstlerischen Vater. Spätestens seit seinem Tod wurde Cézanne durchgehend (auch in der Wissenschaft!) als »Vater der Moderne« apostrophiert. Siehe auch John Richardson (in Zusammenarbeit mit Marilyn McCully): Picasso. Leben und Werk 2, 1907–1917. München 1997, S. 59ff. (»Cézanne und Picasso«).

Marcel Duchamp, *Portrait de M. Duchamp père*, 1910

ger blieb namenlos und ohne Physiognomie. »Ausstellung einer Schnurrbarttasse (Inhalt Kaffee mit Ei)« heißt es in Beuys' stilisiertem »Lebenslauf/Werklauf« an jener Stelle, die üblicherweise konkretere Herkunftshinweise enthält. In ähnlicher Manier taucht die Mutter bloß als Kunsterlebnis des Säuglings Joseph auf: »Ausstellung Molkerei Rindern bei Kleve«. Ansonsten schwieg sich Beuys über seine Eltern am liebsten aus.[9] Wie er auch jene, die ihm geistig-künstlerische Ersatzväter hätten werden können oder (zumindest zeitweise) tatsächlich wurden, bald nicht mehr gelten ließ. Ewald Mataré beispielsweise, Beuys' akademischer Lehrer und ein Künstler mit durchaus patriarchalischen Attitüden und Ansprüchen, fand nicht lange Gnade vor dem Schüler, den er in seinem Tagebuch doch so nachdrücklich lobte. Das sei alles »relativ schicksalhaft«, wies Beuys einen Interviewer in die Schranken, der ihn fragte, warum er den Bildhauer Mataré zum Mentor gewählt habe: »Ich habe mir Mataré nicht ausgesucht.«[10] In seinem letzten Lebensjahr konzedierte Beuys einzig, daß ihm der (1919 verstorbene) Plastiker Wilhelm Lembruck ein »Lehrer« gewesen sei, dessen »Botschaft« und »Flamme« er habe weiterreichen wollen. Eine geistige Vaterschaft am eigenen, Beuysschen Werk indes konnte oder mochte er selbst diesem Vorläufer nicht zugestehen.[11]

Ähnlich unmißverständlich erkannte Marcel Duchamp keine künstlerische Vaterinstanz mehr an. Ihm kam es nie in den Sinn, gleich seinen beiden Brüdern einem Namenspatron (François Villon) zu huldigen. Zwar fertigte auch er ein paar frühe Gemälde im Stile Cézannes. Aber zum Vorbild taugte ihm dieser ebenso wenig wie irgendein anderer toter oder lebender Kollege. Der distanzbewußte Verfechter von intelligenter »Anti-Kunst« oder »Nicht-Kunst« sowie einfachem »Gegen-Leben« ignorierte ästhetische Vateransprüche und geistigen Paternalismus, wenngleich er gelegentlich virtuos mit allerlei Vater- und Sohnesrollen spielte – und womöglich gerade mit dieser Haltung zum Wegbereiter einer Kunstepoche, der unseren, arrivierte, der solche Rollenverteilungen und die mit ihnen einhergehenden Mythisierungen als obsolet und destruierbar erscheinen. Aber – und auch darin unterschied er sich von seinen Zeitgenossen – Duchamp leistete diesen symbolischen Verzicht nicht auf Kosten seines leiblichen Vaters, denn er hatte kein negatives Bild von diesem. Er schätzte seinen Erzeuger und war mit ihm zufrieden.

Eugène Duchamp, der Jurist, Notar und Lokalpolitiker, nahm geduldig hin, daß vier seiner sechs Kinder, die er gern in bürgerliche Karrieren gebracht hätte, sich der Kunst zuwandten. Soweit er es vermochte, unterstützte er sie bis ans Ende seiner Tage mit Rat und Tat, mit Geld und guten Worten. Seine Nachkommen vergalten ihm das, wie Marcel sich ausdrückte, mit »Sohnesliebe« und töchterlicher Zuneigung statt Flucht.[12] Sie brauchten diesen umsichtigen Hausvater nicht zu stürzen, um an seiner Stelle neue Idole (der Kunst) zu errichten. Sie benötigten keinen ästhetisierten »Familienroman«, der ihnen und anderen ersatzweise fiktive Kontinuitäten suggerieren sollte.[13] Marcel Duchamp, der jüngste Sohn, hatte – das unterstrich er selbst bis ins Alter dankbar – vom Vater gelernt, abwägend, freundlich und gesprächsbereit noch in Konfliktsituationen zu bleiben. Das Beispiel dieser Beziehung lehrt, was hier nicht in extenso ausgeführt werden konnte: Daß es eben (in den Künsten genauso wie anderswo) auch von den Vätern abhängt, ob die Söhne sie, wie es von Michelangelo bis zu Joseph Beuys geschah, ablehnen und zur quantité négligeable degradieren oder ob sie sie akzeptieren, sie gleich Duchamp junior skeptisch, aber ohne mythische Stilisierung zum »Schlechtesten« oder »Besten« hin – sogar – lieben.

9 Siehe jenseits der überwiegend hagiographischen Literatur die kritischere Sicht von Frank Gieseke und Albert Markert: Flieger, Filz und Vaterland. Eine erweiterte Beuys-Biographie. Berlin 1996.

10 Siehe Wulf Herzogenrath (Hrsg.): Selbstdarstellung. Künstler über sich. Düsseldorf 1973, S. 22–51 (Joseph Beuys im Gespräch mit Wulf Herzogenrath), hier zit. S. 24. – Die Stilisierung zum »Lebenslauf/Werklauf« begann Beuys 1964 und schrieb sie seitdem stetig fort.

11 Joseph Beuys: Dank an Wilhelm Lembruck. In: Reden zur Verleihung des Wilhelm-Lembruck-Preises der Stadt Duisburg 1986 an Joseph Beuys. Duisburg o.J., o.S.

12 Bezeichnenderweise malte Marcel Duchamp in seiner Frühphase mehrere »Familienbilder«. Das 1910 ausgeführte »Bildnis des Vaters« deutete der Maler später selbst als »eine typische Illustration meines Cézanne-Kultes, vermischt mit Sohnesliebe«. Siehe Marcel Duchamp: Die Schriften, Bd. 1. Zu Lebzeiten veröffentlichte Texte. Übersetzt, kommentiert und hrsg. von Serge Stauffer. Zürich 1981, S. 243. Spätestens mit seiner Abwendung von der traditionellen Malerei kündigte Duchamp auch jeglichen Paternalismus in der Kunst, ja im Denken überhaupt auf. Indem er die stereotypen Illusionen der Kunst sowie des Kunstbetriebs aushöhlte, demontierte er zugleich die üblichen Vorbild- und Vaterinstanzen, wurde er zum symbolischen Vaterverweigerer. Zu diesem Selbstverständnis gehörte auch sein Spiel mit den Geschlechtsrollen: der Austritt aus typisch männlichen Rollen und Rollenerwartungen, die symbolische Personifikation einer weiblichen Rolle (»Rrose Sélavy«).

13 Die ausführlichste und beste Darstellung siehe Calvin Thomkins: Marcel Duchamp. Eine Biographie. München, Wien 1999.

Medienväter

Yvonne Ehrenspeck

Das Bild des Vaters und Vorstellungen von Väterlichkeit unterliegen bekanntlich dem Wandel der Zeit und finden damit einen immer historisch gebundenen und kontingenten Ausdruck. Attribute, Funktionen und auch Darstellungen von Vaterschaft haben sich deshalb in den Jahrhunderten deutlich verändert. Darüber hinaus ist es in unserer funktional differenzierten Gesellschaft der Moderne nicht unerheblich, in welchem Kommunikationssystem über das Bild des Vaters oder der Väterlichkeit verhandelt wird. In den gesellschaftlichen Subsystemen von Kunst, Recht, Wirtschaft oder Wissenschaft wird das Phänomen Vaterschaft insofern je unterschiedlich kommuniziert und resonanzfähig gemacht.

Im folgenden soll deshalb auf eine besondere Art der gesellschaftlichen Kommunikation über das »Bild des Vaters« hingewiesen werden, auf die über Spielfilme massenmedial vermittelte Generierung von Vaterbildern, die ein sehr spezifisches Licht auf die Vorstellungen über Vaterschaft in den letzten 20 Jahren wirft. Sicher, Spielfilme, in denen Väter vorkommen, gibt es viele. Aber Spielfilme, die explizit über Vaterschaft handeln, sind doch eher selten. Dies ändert sich allerdings auffällig in den 80er und 90er Jahren, in denen das Phänomen Vaterschaft insgesamt auf ein gesteigertes Interesse stieß.

Besonders markante Beispiele für die Verhandlung der Phänomene Vaterschaft und Väterlichkeit in den Medien sind zu Publikumserfolgen gewordene Spielfilme wie »Kramer gegen Kramer« (1979, basierend auf dem Drehbuch von Robert Benton), »Paris-Texas« (1983 von Wim Wenders nach dem Drehbuch von Sam Shepard gedreht) und »Boyz 'n the hood« (1991, Drehbuch und Regie von John Singleton und Mike Phillips).

Diese drei Filme weisen einige Gemeinsamkeiten auf, die es überhaupt erst möglich machen, sie im Hinblick auf die Vaterproblematik miteinander zu vergleichen:

1. Die Filme sind in einem Zeitraum von ca. 10 Jahren gedreht, in dem im alltäglichen, wissenschaftlichen wie im künstlerischen Diskurs dem Thema »Väterlichkeit« eine besondere Relevanz zukam.
2. Es handelt sich um Filme, in denen Väterlichkeit im Hinblick auf ein bestimmtes Interaktionsverhältnis, nämlich die Vater-Sohn-Beziehung und Interaktion, thematisiert wird und in denen die sozialen Funktionen des Vaters von eminenter Bedeutung sind.
3. Zu der Vater-Sohn-Interaktion kommt es aufgrund äußerer Konflikte, wie Ehescheidung, das plötzliche Auftauchen des Vaters oder aufgrund des problematischen Sozialverhaltens des Sohnes, welches zu ändern die Mutter nur dem Vater zutraut und was einen von ihr herbeigeführten Wechsel des Sohnes in das Haus des Vaters zur Folge hat.
4. In allen Filmen kommt das Kind von der Mutter bzw. von den Adoptiveltern zum Vater bzw. in allen Fällen wandert das Kind zwischen den Eltern.
5. Schließlich gibt es in allen Filmen einen implizit oder explizit normativ aufgeladenen Diskurs über die Eignung oder Nichteignung des Vaters für die Erziehung des Kindes.

Bereits auf den ersten Blick besonders auffällig ist die in allen drei Filmen positiv gezeichnete Vaterfigur und eine nach anfänglichen Schwierigkeiten sich positiv gestaltende Vater-Kind-Interaktion.

Man könnte nun zu der Hypothese kommen, daß in den 80er und 90er Jahren im Hinblick auf die Vater-Kind-Beziehung alles in bester Ordnung war und Schreckensszenarien, wie sie etwa um 1900 in einer anderen Kunstform, nämlich der Literatur, gezeichnet wurden – man denke nur an Kafkas »Brief an den Vater« – längst der Vergangenheit angehörten. Man könnte dann versuchen, dafür auch Belege aus dem Wissenschaftsdiskurs zu finden. Hier bieten sich natürlich insbesondere empirische Forschungen an. Und im Gegensatz zur öffentlichen Meinung und dem dort herrschenden Topos vom ewig schwelenden Generationenkonflikt würde man dann – auf der Grundlage von Ergebnissen der empirischen Forschung – beispielsweise bei Hans Oswald ein völlig anderes Bild konstruiert finden, das Bild eines guten Verhältnisses der Kinder zu ihren Eltern, also auch zu den Vätern: Ein Bild mit wenig grundlegenden Konflikten, das sich im Zeitraum der letzten 50 Jahre nicht wesentlich gewandelt hat.[1] Demgegenüber steht allerdings eine insbesondere von den Arbeiten des Psychologen Alexander Mitscherlich inspirierte Forschung, die seit den 50er Jahren aufgezeigt hat, daß

1 Hans Oswald: Intergenerative Beziehungen (Konflikte) in der Familie. In: Manfred Markefka und Rosemarie Nave-Herz (Hrsg.): Handbuch der Familien- und Jugendforschung, Bd. 2. Neuwied, Frankfurt a.M. 1989, S. 377.

Robert Benton: *Kramer gegen Kramer*, 1980, Ausschnitt aus dem Titelblatt des Spiegels (10. März 1980)

die »paternitäre Ordnungsform längst nicht mehr als ein unumstößliches Strukturprinzip jeder Gesellschaft«[2] angesehen werden könne, sondern daß vielmehr die Väter im Verschwinden begriffen sind.

Wenn man nun zu der ersten Beobachtung zurückkommt, die man im Hinblick auf die drei paradigmatischen Filme zum Thema Vaterschaft machen kann, dann stellt sich gleich im Anschluß an dieses kurze Zitat von Mitscherlich über das Verschwinden des Vaters im 20. Jahrhundert die Frage, wie das mit dem positiv gezeichneten Bild des Vaters in den genannten Filmen aus den 80er und 90er Jahren zusammengehen kann. Sind die Väter nun verschwunden oder sind sie in den 80er und 90er Jahren wiedergekehrt, oder handelt es sich eher um Widergänger? Um dies beantworten zu können, muß man genauer definieren, was mit Vatersein oder Väterlichkeit[3] und mit der These vom Verschwinden der Väter gemeint ist.

Insbesondere Mitscherlichs berühmt gewordenes Buch »Auf dem Weg zur vaterlosen Gesellschaft«[4] hat jenes Phänomen auf den Begriff gebracht, das als die Abwesenheit des Vaters bzw. des Väterlichen gekennzeichnet werden kann. Die in den 50er und 60er Jahren von Mitscherlich konstatierte Abwesenheit bezieht sich – nach dem Zweiten Weltkrieg und den Millionen im Krieg gefallenen Männern und Vätern – natürlich auf die tatsächliche Abwesenheit der Väter. Aber die Abwesenheitsdiagnose muß weitergehend interpretiert werden. Sie verweist insbesondere auf die in der Kulturgeschichte bereits lange vor dem Zweiten Weltkrieg schrittweise herbeigeführte »Verlagerung von sozialen Funktionen des Vaters auf andere Instanzen«[5], wie etwa auf den Staat, die Mutter oder das Erziehungssystem und auf die damit einhergehende Demontage und Liquidation des Vaters. Ein sinnfälliger Beweis bzw. eine Untermauerung der Vaterabwesenheitshypothese Mitscherlichs aus den frühen 50er Jahren dieses Jahrhunderts bietet im Medienbereich ein Kultfilm und Filmklassiker der 50er und 60er Jahre. Es handelt sich um den 1954 gedrehten Film »Rebel without a cause« (deutscher Filmtitel: »Denn sie wissen nicht was sie tun«) mit dem zur Ikone der Jugendkultur gewordenen James Dean. In diesem Film wird minutiös gezeigt, wie die klassischen Funktionen des Vaters: nutritio, protectio und die deixis[6], also das Nähren, Schützen und Zeigen, auf andere Instanzen übergegangen sind. So übernimmt die Funktion des Schützens der Staat in Form der Polizei bzw. eines eigens angestellten Jugendsozialarbeiters, und das Zeigen von Welt geht auf das Erziehungssystem in der Person des im Film gezeigten Professors über, der einer im Planetarium versammelten Schulklasse die Entstehung des Universums zu erklären versucht. Das Nähren wird zwar vom Vater übernommen, aber die Vaterfigur wird dabei lächerlich gemacht. Der Vater trägt bei dem äußerst ungeschickten Balancieren des mit Essen gefüllten Tabletts eine Küchenschürze und wird dadurch verweiblicht bzw. in die Nähe des Mütterlichen gestellt. Die Destruktion des Vaters und der Verlust seiner sozialen Funktionen wird also überdeutlich gezeigt. James Dean verkörpert dagegen einen Sohn, der bei seinem Vater verzweifelt nach den längst verlorenen sozialen Funktionen des Vaters sucht. So wird in den Filmen, aber auch in der wissenschaftlichen psychologischen Literatur der 50er Jahre ein Verlust des Väterlichen festgestellt, wie auch vereinzelt Ende der 50er Jahre in der Erziehungswissenschaft mit äußerster Besorgnis das »Vaterproblem«[7] diskutiert wird.

Das diskursive Klima der 60er und insbesondere der 70er Jahre wiederum war weniger noch als unmittelbar nach dem Zweiten Weltkrieg geeignet gewesen, eine Restabilisierung der verlorengegangenen Funktionen des leiblichen Vaters herbeizuführen.[8] Nach 1968 und den Ereignissen der Studentenbewegung wurde nunmehr die Demontage des Vaters betrieben. Er wird auf die bloß alimentatorische Funktion reduziert, oder er verschwindet völlig hinter dem Diskurs der Deifizierung des Kindes oder hinter dem Diskurs um die Mutter und Frau. Dieser Diskurs entwickelte sich insbesondere seit dem Beginn der Frauenbewegung der 70er Jahre immer kräftiger und führte dazu, daß die Bedeutung der Mutter für die kindliche Entwicklung geradezu im Bibliotheksmaßstab erforscht und untersucht wurde,[9] führte nicht zuletzt auch zur Stabilisierung des »Mythos der Mutterbindung«[10] – eines Mythos, der die Mutter-Kind-Bindung als die im Gegensatz zur Vater-Kind-Bindung wichtigere und in Teilen qualitätsvollere Bindung darstellt.

Spätestens mit Beginn der 80er Jahre wird jedoch ein neuer Trend und ein neuer Diskurs deutlich. Das Thema Vater-

2 Alexander Mitscherlich: Der unsichtbare Vater. In: Helmut Bonn und Kurt Rosmanith (Hrsg.): Eltern-Kind-Beziehung. Darmstadt 1977, S. 235.

3 Siehe dazu Dieter Lenzen: Vaterschaft. Vom Patriarchat zur Alimentation, Reinbek 1991. Eine Zusammenfassung der empirisch psychologischen Forschungsergebnisse zum Thema Vater hat Wassilios Fthenakis geleistet. Siehe Wassilios Fthenakis: Väter. München 1985.

4 Siehe Alexander Mitscherlich: Auf dem Weg zur vaterlosen Gesellschaft. München 1970.

5 Dies ist das Ergebnis der Analyse von Lenzen zur Geschichte der Vaterschaft. Siehe Dieter Lenzen: Vaterschaft. Vom Patriarchat zur Alimentation. Reinbek 1991.

6 Vgl. hierzu die Wortfeldanalyse und etymologische Herleitung dieser Funktionen aus dem indogermanischen Wortstamm pa von Jost Trier: Vater. – Versuch einer Etymologie. In: Zeitschrift der Savigny-Stiftung für Rechtsgeschichte, Nr. 78, 1947, S. 230–260.

7 Siehe Hans Stock: Väter und Söhne. Gedanken zum Vaterproblem und zur Frage der pädagogischen Autorität. In: Westermanns pädagogische Beiträge, Nr. 8, Heft 5, 1996, S. 451.

8 Lenzen (Anm. 5), S. 239.

9 Lenzen (Anm. 5), S. 239.

10 Der Spiegel, Heft 11, März 1980, S. 38.

schaft erlebt seit Anfang der 80er Jahren einen nie dagewesenen Boom, der nicht zuletzt *auch* einem Film geschuldet ist: dem Film »Kramer gegen Kramer«. Dieser Film war dem Nachrichtenmagazin »Der Spiegel« kurz nach seinem Anlaufen 1980 in Deutschland sogar eine Titelstory wert, und zwar als Reaktion auf das auffällige Interesse der Öffentlichkeit an dem Film und seinem Thema: Der karrieresüchtige PR-Mann Ted Kramer wird von seiner Frau – die sich auf die Flucht vor dem Trott der modernen Kleinfamilie und auf die Suche nach Selbstverwirklichung begibt – mit dem sechsjährigen Billy alleingelassen und kümmert sich dann, unter Verzicht auf seine berufliche Karriere, um den Jungen. Dabei baut sich eine starke, intensive emotionale Bindung zu dem Jungen auf, und Ted Kramer macht, derart auf den richtigen Weg gebracht, eine Veränderung zu einem lernfähigen fürsorglichen Bilderbuchdaddy durch. Es ist also eine positive emotionale Vater-Kind Beziehungsgeschichte par excellence, die hier vorgeführt wird.

Nicht zuletzt vor dem Hintergrund der damaligen Neuregelung des Scheidungsrechts in Deutschland von 1977 und der damit einhergehenden neuen Sorgerechtsregelung wurde durch diesen Film ein Diskurs losgetreten, der als Hauptthemen die Rechtsprechung im Kampf um das Sorgerecht, die Entwicklung von Scheidungskindern, die Notwendigkeit einer Fokussierung psychologischer Forschung auf die Frage nach der Bedeutung der Vater-Kind-Interaktion und die sich ändernde Rolle des Vaters in der Erziehung behandelte.

Interessant ist nun, wie in diesem Film die Vater-Kind-Bindung bzw. deren Entwicklung dargestellt wird. Die Wirkung des Films »Kramer gegen Kramer« lebt entschieden davon, daß die Beziehung zwischen Vater und Sohn nicht eine gleichbleibende ist, sondern daß ein Prozeß dargestellt wird, in dem durch eine spezifische Dramaturgie die Beziehung zwischen Vater und Sohn langsam intensiviert wird, um sich dann als starke Bindung darzustellen. Diese Entwicklung läßt die Bedrohung der neu entstandenen Bindung durch den Kampf der Mutter um das Sorgerecht als besonders grausam erscheinen – einen Kampf, den sie trotz ihrer anderthalbjährigen, bewußt in Kauf genommenen Trennung von ihrem Sohn auch noch gewinnt. Um den Zugewinn an Intensitätssteigerung in der Vater-Sohn-Beziehung zu zeigen, arbeitet der Film insbesondere mit einer Parallelisierungstechnik, in der ein bestimmtes Setting bzw. eine bestimmte Handlung, z.B. eine Frühstücksszene in der Küche, oder der Schulweg von Billy in Begleitung seines Vaters oder eine Unterhaltung von Vater und Sohn im Wohnzimmer in der ersten Hälfte des Films gezeigt werden, um dann in der zweiten Hälfte wiederholt zu werden, allerdings mit einer sich nun völlig anders darstellenden Vater-Sohn-Interaktion. Diese Inszenierung ermöglicht das Aufzeigen einer Entwicklung im Bindungs- und

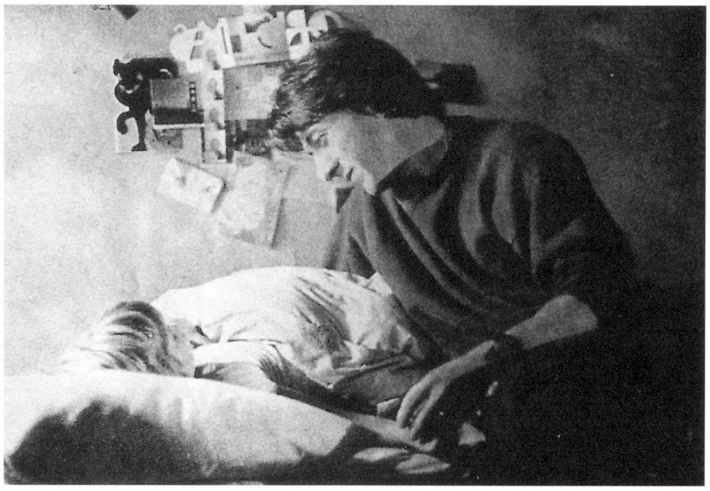

Robert Benton: *Kramer gegen Kramer*, 1980

Interaktionsverhalten von Vater und Sohn. Diese parallel geführten Szenen fungieren aber auch als Rahmung der in ungefähr der Mitte des Films emotional hoch aufgeladenen und dramatischen Szene, in welcher der durch einen Spielplatzunfall verletzte Billy von seinem Vater ins Krankenhaus gebracht wird. In diesen Szenen zeigt sich, wie die Bindungsqualität der Vater-Sohn-Beziehung durch die miteinander ausprägten Routinen, die übernommenen Vorlieben und Identifikationen zustande kommt.

Die Vater-Sohn-Beziehung macht in diesem Film eine Entwicklung durch, an deren Ende die Frage nach der Eignung des Vaters für die Erziehung seines Kindes positiv beantwortet wird. Damit nimmt der in Amerika gedrehte Film etwas vorweg, was in Deutschland erst mit Beginn der 80er Jahre mit empirischer, insbesondere psychologischer Forschung belegt wurde. Ausgehend von diesen empirischen Untersuchungen der Vater-Kind-Interaktion konnten Psychologen und Sozialforscher den »Muttermythos«, das heißt die allgemein verbreitete Annahme einer ausschließlichen Mutter-Kind-Bindung im ersten Lebensjahr des Kindes widerlegen. So weist der Psychologe Wassilios Fthenakis in seiner Studie »Väter«[11] darauf hin, daß Kinder in den ersten beiden Lebensjahren auf die Trennung von der Mutter nicht heftiger reagierten als auf die Trennung vom Vater. Die Rolle des Vaters für die psychosoziale Entwicklung des Kindes müsse insofern neu definiert werden.[12]

Die Vaterfigur in »Kramer gegen Kramer« kann als Versuch einer solchen Neudefinition gewertet werden. So betrachtet, wären in diesem Fall Film und Wissenschaftsdiskurs kompatibel und es gäbe eine Art Wiedergeburt der sozialen Funktionen des Vaters nach deren langer Abwesenheit in unserer Kultur.

Analysiert man den Film jedoch genauer, stellt sich die Sache etwas anders dar. Prüft man beispielsweise, inwieweit

11 siehe Fthenakis (Anm. 3).

12 Siehe Werner Schneider: Die neuen Väter. Chancen und Risiken. Zum Wandel der Vaterrolle in Familie und Gesellschaft. Augsburg 1989.

Wim Wenders: ***Paris, Texas*****, 1984**

eigentlich die klassischen Funktionen des Vaters, das Nähren, Schützen und Zeigen, in diesem Film repräsentiert sind, dann wird deutlich, daß der Vater mit dem Nähren und Schützen anfangs große Probleme hat. So stellt er sich beim Frühstückmachen in den ersten Szenen des Films denkbar ungeschickt an, und auch den Unfall seines Sohnes kann er trotz seiner Beaufsichtigung nicht verhindern. Daß dann letztlich doch alles gut geht, liegt nicht zuletzt daran, daß Billy und sein Vater zu einem »Team« werden. Vater und Sohn werden als gleichberechtigte Partner gezeigt. Grundsätzlich kann man sich darüber hinaus nicht des Eindrucks erwehren, daß hier nicht so sehr ein Mann gezeigt wird, der zum Vater reift, als ein Mann, der klassische Mutterfunktionen übernimmt bzw. der zu einer quasi androgynen Figur wird, die beides repräsentiert. Der Vater in »Kramer gegen Kramer« wird damit also zu dem, was zu Beginn der 80er Jahre als »Mappi«[13] identifiziert wurde. Die amerikanische Version des Drehbuchs bestätigt und unterstreicht diesen Eindruck noch. Joanna, die Mutter, erklärt, nachdem ihr das Kind zugesprochen wurde, ihren Verzicht mit der Begründung, daß sie ihr Kind nicht mehr zu sich nehmen wolle, weil Billy jetzt bereits eine Mutter habe und er nicht zwei benötige.[14] Das bedeutet jedoch, daß der Vater bzw. dessen soziale Funktionen verschwunden bleiben und hier eher eine Art Verdoppelung des Mütterlichen vorliegt. Die Überschrift des Spiegeltitels von 1980 anläßlich des Films »Kramer gegen Kramer«: »Sind Väter die besseren Mütter?«[15] verweist somit in die richtige Richtung. Die Väter sind paradoxerweise nur dann positive Figuren, wenn sie die Rolle der Mutter übernehmen. Die Differenzen zwischen den sozialen Funktionen des Vaters und der Mutter werden damit zugunsten des Mütterlichen entdifferenziert bzw. es entsteht die Zwischenform des »Mappis«.

Es kann in diesem Film also keinesfalls von einer Renaissance des Väterlichen, zumindest nicht in seinen klassischen sozialen Funktionen gesprochen werden, sondern es beginnt die Suche nach den »neuen Vätern«. Daß diese Neudefinition des Väterlichen ein äußerst schwieriges und oftmals paradoxes Unterfangen ist, wurde allerdings bereits in den 80er Jahren deutlich gesehen. So meint Werner Schneider in seiner Studie über »Die neuen Väter« und den »Wandel der Vaterrolle in Familie und Gesellschaft«, daß die Schwierigkeit darin bestehen dürfte: »...trotz androgyner Handlungsalternativen ›Männlichkeit‹ als klar abgegrenzt von ›Weiblichkeit‹ zu definieren, also in eine prinzipielle Gleichwertigkeit keine Gleichmacherei zu induzieren.«[16]

Der Film, »Paris Texas«, zeichnet dagegen ein völlig anderes Bild einer Vater-Sohn-Beziehung. Der Protagonist Travis erleidet, nachdem er einen langen Weg in der mexikanischen Wüste hinter sich hat – der, wie wir später erfahren, nach Paris in Texas führen sollte –, einen Zusammenbruch, wird daraufhin von seinem Bruder Walt abgeholt und nach einem sehr langwierigen Heimweg in dessen Haus gebracht. Dort angekommen, wo er wie ein »verlorener Sohn« von Anne, der Frau seines Bruders, begrüßt wird, trifft er auf Hunter, seinen achtjährigen Sohn, der nach der Trennung von Travis und seiner Frau Jane bei Walt und Anne aufgenommen und erzogen wurde. Zunächst ist das Verhältnis des plötzlich aufgetauchten Vaters zu seinem Sohn sehr distanziert: insbesondere durch das indifferente bis ablehnende Verhalten Hunters seinem leiblichen Vater gegenüber. So entzieht sich Hunter beispielsweise, als er zum erstenmal von seinem Vater von der Schule abgeholt wird. Er läßt den Vater ungegrüßt auf der gegenüberliegenden Straßenseite stehen und fährt mit seinem Schulfreund nach Hause. Die Möglichkeit einer Annäherung der beiden deutet sich allerdings bereits in kleinen Details an, so bewegen Hunter und Travis beim ersten gemeinsamen Abendessen ihre Füße unter dem Eßtisch im Gleichklang, auch wenn Hunter zeitgleich zu verstehen gibt, daß er im Gegensatz zu seinem Vater Flugzeuge sehr mag. Daß eine Beziehung aufgenommen wird, zeigt sich dann deutlich, als die Familie gemeinsam Super-8-Filme anschaut, in denen ein mehrere Jahre zurückliegender Familienausflug gezeigt wird, an dem Hunter, Travis und seine leibliche Mutter Jane sowie Walt und seine Frau Anne teilgenommen hatten. Während des Films, in dem anrührende Szenen der Interaktion zwischen Vater Travis und Sohn Hunter gezeigt werden (sie tanzen beispielsweise gemeinsam), schauen sich Hunter und Travis mehrmals intensiv an. Nachdem der Film zu Ende ist, sucht Hunter die Nähe seines Vaters. Eine durch den Super-8-Film

13 Jörg Bopp: Die Abschaffung des Vaters. Über androgyne Mütter und Mappis. In: Westermanns Pädagogische Beiträge, Nr. 36, Heft 7, 1984, S. 342–344. Sowie Jörg Bopp: Die Mamis und die Mappis. Zur Abschaffung der Vaterrolle. In: Kursbuch, Nr. 76, 1984, S. 53–74.

14 Joanna: »He's already got one mother, he doesn't need two.« In: Kramer versus Kramer. Screenplay by Robert Benton, based on the novel by Avery Corman. Revised fourth draft. Final revision. 1978, S. 131. Dieser entscheidende Satz wurde übrigens in der deutschen Synchronisation weggelassen.

15 So der Titel des Nachrichtenmagazins: Der Spiegel, Nr. 11, März 1980.

16 Werner Schneider: Die neuen Väter. Chancen und Risiken. Zum Wandel der Vaterrolle in Familie und Gesellschaft. Augsburg 1989, S. 166.

vermittelte und ermöglichte Erinnerung macht also erstmals Nähe zwischen Vater und Sohn möglich. Diese Nähe ergibt sich aus der Erinnerung an eine Zeit, die, wie Hunter bezeichnenderweise sagt, »lange vergangen« ist. Nicht nur die Wege sind weit in diesem Film sondern auch das Glück und die gemeinsame Präsenz der Eltern sind weit entfernt bzw. liegen weit zurück. So meint Hunter als er seine Mutter Jane im Film glücklich lachend zusammen mit seinem Vater sieht: »Aber das ist nicht sie, das ist sie vor langer langer Zeit, in einer Galaxie weit weit entfernt von uns.« Die Gegenwart ist dagegen gekennzeichnet durch eine letztlich nie enden wollende Suche. Eine Suche nach Paris Texas, nach dem Sohn, nach der Frau, nach der Mutter und nach dem Vater.

Insbesondere aber zielt die Suche auf das Bild eines Vaters: Exakt in der Mitte des Films, in der 50. Einstellung, gelangt der Film zu seiner eigentlichen Frage: »What does a father look like?« Wie sieht ein Vater aus? Travis weiß nicht wie ein Vater aussieht. Das Hausmädchen Carmelita, das zufällig zugegen ist, als Travis in Zeitschriften blättert und nach dem Bild eines Vaters sucht, weiß es allerdings: »Immer nach oben schauen, aufrecht gehen mit Selbstvertrauen, Respekt und Würde.« Travis bringt all dies nicht mit. Er kann sich deshalb nur mit dem Anlegen eines Anzugs von Walt behelfen. Er muß damit vorlieb nehmen, sich als Vater zu verkleiden. In dieser Aufmachung macht er den zweiten Versuch, seinen Sohn von der Schule abzuholen. Und in der Tat, der Junge geht diesmal mit, allerdings nicht ohne vorher seinem Schulfreund in komplizierter Weise zu erklären, daß er nun zwei Väter habe, Walt und Travis. Zunächst gehen Travis und Hunter getrennt, jeder auf der jeweils anderen Straßenseite, nach Hause. Nach einer gewissen Zeit und nachdem Hunter die Bewegungen seines Vaters nachgeahmt hat, kann Travis die Straßenseite wechseln und sie gehen beide zusammen dem Horizont entgegen: Ein kurzer Moment der Harmonie, der für den Betrachter deutlich wird, wenn er den beiden nachschaut, wie sie in die Unendlichkeit hineinzugehen scheinen.[17]

Nach diesem gemeinsamen Nachhauseweg schauen sich Vater und Sohn alte Photographien aus dem Familienalbum an und Hunter fragt Travis, den er nun »Daddy« nennt, nach dem Großvater: »Kannst Du spüren, daß er tot ist?«, um dann anzufügen, daß er immer gewußt habe, daß sein Vater Travis irgenwo herumläuft, daß er lebt. Nach dieser gemeinsamen Erinnerungsarbeit machen sich Vater und Sohn auf die Suche nach der Mutter, nach Jane, die sich nach der dramatischen Trennung von Mann und Sohn irgendwo in Houston aufhält und die, wie sich später herausstellen wird, dort ihren Unterhalt als Prostituierte verdient. Die folgende Vater-Sohn-Interaktion auf der Mutter-Frau-Suche ist bemerkenswert. So ist in diesen Szenen nicht nur das klassische Motiv der Vater-Suche verkehrt

Wim Wenders: *Paris, Texas*, 1984

worden, sondern auch die Rollen von Vater und Sohn sind, was die klassischen sozialen Funktionen des Vaters anbelangt, vertauscht worden. Von den sozialen Funktionen des Nährens, Schützens und Zeigens erfüllt Travis keine einzige. Das merkwürdig alt wirkende Kind, das auch im Kontrast zu den am Anfang des Films gezeigten kindlichen Zügen des Vaters steht, hat hingegen all diese Funktionen übernommen. Denn Hunter sorgt für das Essen. Er gibt seinem Vater von seinen Pausenbroten ab. Und auch die deixis, das Zeigen, ist Sache des Sohnes, denn er erklärt dem Vater nichts Geringeres als die Entstehung des Weltalls. Das Schützen fällt bei beiden aus, allerdings trägt Hunter immerhin Sorge, daß der Vater, nachdem er sich wegen des Gesprächs mit der im übrigen von Hunter wiedergefundenen Mutter, betrunken hat, gut zurück ins Hotel kommt. Diese Szene wird mit einer Einstellung beschlossen, in der ein klassisches psychoanalytisches Setting gezeigt wird. Der Vater liegt auf der Couch und erzählt von seinen Eltern. Hunter sitzt neben ihm, erhöht und thronend in einem großen Sessel.

Der Film »Paris Texas« hat ein ähnlich erstaunliches und überraschendes Ende wie »Kramer gegen Kramer«. Auch hier tritt das Unerwartete ein. Nachdem der Vater seinen Sohn und schließlich auch seine Frau, die Mutter von Hunter, wiedergefunden hat, verläßt er beide wieder und überläßt der Mutter den Sohn. Eine der letzten Szenen des Films zeigt Travis, wie er seine Abschiedsworte an Hunter auf Tonband spricht und das Unglaubliche sagt: »Weißt Du, Du gehörst zu Deiner Mutter«, und er fügt hinzu, daß das, was er sich am meisten gewünscht habe, sich nie erfüllen werde: Er kann kein Vater sein. Noch der Abschied ist vermittelt, nicht direkt und zudem zeitversetzt. Hunter hört das Tonband erst ein paar Stunden später ab. Auch die Kommunikation mit Jane ist distanziert und nur über Telephon, getrennt durch eine Glasscheibe in der Peepshow möglich.

17 Lenzen (Anm. 5), S. 7ff.

Dieses Ende des Films wurde sehr kritisiert. So befand Dieter Wellershoff, daß der eigentliche Skandal des Films die zentrale Aussage sei, daß Kinder zu ihren biologischen Müttern gehören, egal wie unmütterlich sich diese verhalten würden (die Mutter Jane wird immerhin als Sünderin, Hure und beinahe Mörderin dargestellt). Handelt es sich hier also um die Bestätigung des Muttermythos? Diese Interpretation würde zu kurz greifen. Denn dieser Film handelt vielmehr um die ewige Suche nach dem Vater und dem Sohn und von der Erinnerung an eine Zeit, in der es noch das Väterliche gab. »Paris Texas« ist ein melancholischer Film und Vaterschaft in ihrer klassischen Funktion ist nur als Erinnerung möglich, als Reminiszenz an das niemals Gewordene.[18]

Unerwartet stark mit allen Attributen und sozialen Funktionen des Vaterseins ausgestattet ist dagegen der Vater im Film »Boyz 'n the hood« von 1991. Tray, der Sohn von Fourious Styles wird mit ca. 10 Jahren von seiner Mutter zu seinem Vater gebracht. Die Mutter, die mit dem auffälligen Sozialverhalten des Sohnes in der Schule nicht mehr zurechtkommt, übergibt den Sohn an den Vater, damit er, wie sie zu Fourius, ihrem geschiedenen Mann, sagt, »lernt ein Mann zu werden«. Der Vater soll diese Transition ermöglichen bzw. diese gar vornehmen. Mußten früher die Jugendlichen, um solche Transitionen durchleben zu können, das Haus des Vaters verlassen und in ein Pubertätsexil gehen, so wird hier die Sache umgedreht. Der Sohn kommt in das Haus des Vaters um transiiert zu werden. Der Vater übernimmt damit zugleich die Vater- und Priesterfunktion, da er zeigt, wie man ein Mann wird (deixis) und zugleich auch die Transition vornimmt.

Hier wird ein Vater gezeigt, der alle klassischen Funktionen des Vaterseins aufweist. Das Zeigen, Nähren aber auch das Schützen. Bereits in der ersten Nacht, die Tray im Haus seines Vaters verbringt, verteidigt sich der Vater erfolgreich gegen einen Einbrecher, der in das Haus eingedrungen war. Auch das Zeigen spielt eine wichtige Rolle. Der Vater erklärt dem Sohn die Welt, und er bringt ihm alle wichtigen Verhaltensregeln für ein gelingendes Leben bei. Er vermittelt ihm Werte, an die sich der Sohn peinlich genau hält, so genau, daß der Sohn, als er ein einziges Mal seinen Vater belügt, indem er behauptet, bereits mit einer Frau geschlafen zu haben, von Gewissensbissen geplagt wird. Implizit hält sich der Sohn aber auch damit an die Regeln und Werte des Vaters, der dem Sohn eingebläut hat, in diesen Dingen höchst vorsichtig zu sein. Denn Tray hat die Geschichte von seinem erotischen Erlebnis nur erfunden, um besonders »cool« zu wirken und Eindruck zu machen. Erlebt hat er so etwas noch nie, weil er auf die Warnungen seines Vaters hört.

Vatersein ist für Fourius kein Buch mit sieben Siegeln, wie etwa in »Paris Texas« für Travis. Auch im Gegensatz zum anfänglich höchst ungeschickten Ted Kramer beherrscht Fourius seine Rolle bestens und dies von Anfang an. Vater sein heißt für ihn ein Vorbild zu sein und Verantwortung zu übernehmen. So erzählt er seinem Sohn, daß er, als er mit 17 Jahren einen Sohn bekommen sollte, sofort Verantwortung gezeigt und übernommen habe, da er seinem Sohn vor allem ein Vorbild sein wollte. Dieses Vatersein habe ihn davor bewahrt, sozial abzurutschen wie viele seiner Freunde, die (der Film spielt im Milieu sozial benachteiligter Afroamerikaner) später Drogen genommen, gestohlen und sogar gemordet hätten. So ist es vor dem Hintergrund dieser Logik folgerichtig, daß in diesem Film die zum Teil drogensüchtigen oder stehlenden und mordenden Freunde von Tray alle vaterlos sind.

Die Vater-Sohn-Interaktion ist in diesem Film im übrigen völlig konfliktfrei. Der Sohn verinnerlicht widerspruchslos alle Regeln und Werte des vorbildlich erziehenden Vaters. Auch am Ende des Films, als Tray aufgebracht über den Mord an seinem Freund Rick mit seinen Freunden loszieht, um Rick zu rächen, besinnt er sich und folgt dem Rat des Vaters, sich nicht als mordender Macho aufzuführen. Die Macht und der Einfluß des Vaters werden noch unterstrichen durch wechselnde Szenen, in denen ein nachdenklicher Tray gezeigt wird sowie sein Vater, der beschwörend zwei Metallkugeln in den Händen bewegt. Das metallene Klackern der Kugeln ist auch dann noch zu hören, wenn Tray wieder im Bild ist. Als Tray dann aus dem Auto steigt, um bei der Racheaktion nicht mitmachen zu müssen, hört auch der Vater auf, die Kugeln zu drehen. Seine magischen, priesterlichen, beschwörenden Kräfte scheinen Tray auch aus der Ferne positiv beeinflußt zu haben. Nicht von ungefähr fragt also bereits in einer früheren Szene Rick seinen Freund Tray, ob Fourius früher einmal Priester oder Pfarrer gewesen sei.

Wenn man diesen Film verfolgt hat, bleibt ein merkwürdiger Eindruck zurück. Alles wirkt irgendwie unwirklich. Hier wird ein Vater gezeichnet, den es im Grunde gar nicht gibt bzw. den es vielleicht auch nie gegeben hat. In Bezug auf das merkwürdig Irreale dieser Vaterfigur läßt sich die Hypothese stark machen, daß es sich hier um eine Art postmoderne Zitatcollage handelt, bei der in eine Figur quasi längst verlorengegangene soziale Vaterfunktionen hineinkopiert worden sind. Der Vater Fourius erfüllt nämlich Vaterfunktionen, die zu erfüllen in unserer Gesellschaft längst nicht mehr möglich sind. Zieht man beispielsweise Margaret Meads Typologie der sich epochal verändernden Kulturformationen und Generationenverhältnisse hinzu,[19] dann zeigt sich, daß mit der Figur des Fourius Styles Elemente und Funktionen aus einer Gesellschaftsformation zitiert werden, die vormodern sind, die also vor der funktionalen Ausdifferenzierung der Gesellschaft bedeutsam waren. Das trifft auf die Vater- und Priesterfunktionen, die Fourius

18 Lenzen (Anm. 5), S. 7ff., S. 261.

19 Margaret Mead: Der Konflikt der Generationen. Jugend ohne Vorbild. Olten 1971. Ergänzend dazu Erich Weber: Generationenkonflikte aus (erwachsenen-) pädagogischer Sicht. München 1987, S. 117ff.

übernimmt, ebenso zu, wie auf die völlige Ausblendung von anderen wichtigen Erziehungsinstanzen, wie die Mutter, die Schule aber auch die Peers. Diese sind zwar überaus wichtig für die Dramaturgie des Films, aber sie haben auf der Erzählebene keinerlei erzieherischen Einfluß auf Tray. Trays Vater ist ein Erzieher wie in Zeiten, als sich das Erziehungssystem noch nicht ausdifferenziert hatte und es keine Schulen gab. Tray wird zwar am Anfang in einer Szene gezeigt, in der er in der Schule ist. Aber die Schule versagt und muß wie die Mutter den Erziehungsauftrag an den Vater abgeben. Auch die Szene, als Tray die Prüfung für die Aufnahme in die Universität machen muß, verweist nicht auf die Erziehungsinstanz Universität, sondern ist ein Symbol für den sozialen Aufstieg eines Jungen der *auf Grund* seiner guten Vaterbeziehung dazu in der Lage ist. Der Vater wird im Film dargestellt, als würde er in einer nach Mead postfigurativen das heißt einfachen, schriftlosen und einheitlichen Kultur leben, in der Eltern wie Kinder dieselben Daseinstechniken, aber auch Wert- und Sinnorientierungen haben und wo die junge Generation ausschließlich von ihren Vorfahren lernt. In einer präfigurativen Kultur hingegen, in der wir tatsächlich leben und die die Geschichte des Films, die in den 90er Jahren spielt, eigentlich darstellen müßte, verlieren dagegen die Erfahrungen und das Vorbild der älteren Generation für die Jüngeren zunehmend an Bedeutung. Selbst die Älteren können sich auf ihre eigenen, früheren Erfahrungen nicht mehr verlassen und müssen ständig um- und dazulernen. So ist die ältere Generation nicht selten im Bezug auf die Gegenwart, noch mehr aber im Hinblick auf die Zukunft, überfordert und ratlos. Für die jüngere Generation ist es deshalb eigentlich immer unwahrscheinlicher, daß sie von den Erwachsenen klare und sichere Antworten auf die Frage bekommt, welche Kompetenzen und Wertvorstellungen sie sich heute lernend aneignen soll, um die Zukunft bewältigen zu können.

Nicht so in diesem Film. Der Film »Boyz 'n the hood« und sein positives Vater- bzw. Vater-Sohn-Beziehungs-Bild referieren nicht auf Wirklichkeit sondern nur auf längst vergangene Bilder. Zeichen referieren hier nur noch auf Zeichen und der Vater ist somit eine Zitatcollage – wie zum Beispiel in der Überblendung von Priester- und Vaterfunktionen besonders deutlich wird – bzw. ein Simulakrum, wie Jean Baudrillard sagen würde.[20] Es handelt sich also auf der Darstellungsebene um eine postmoderne Technik der Darstellung. Denn Zitatcollagen, Zitieren von Vergangenem, Historisieren etc. sind, wie einige Theoretiker der Postmoderne gezeigt haben, typisch für die Postmoderne.[21]

Die am Anfang erwähnte positive Zeichnung des Vaterbildes in den analysierten drei Filmen muß insofern relativiert werden. Denn im ersten Film handelt es sich lediglich um eine Verdoppelung des Mütterlichen, der zweite Film wirft einen nurmehr melancholischen Blick auf Vaterschaft und der dritte Film macht aus Vaterschaft ein postmodernes Zitat.

Das bedeutet, daß zumindest in Spielfilmen, trotz des in den 80er Jahren aufkommenden Interesses am Vater und seiner auf den ersten Blick positiven Darstellung in unterschiedlichen Medien, der Vater oder genauer: die sozialen Funktionen des Vaters verschwunden bleiben oder nur noch als Zitat fungieren. Auch im Hinblick auf die in den 80er und 90er Jahren aufgetauchte Frage nach den Funktionen der »neuen Väter«, die heute im Alltagsdiskurs propagiert werden, scheint es deshalb ratsam, zu eruieren, was die »neuen Väter« als Väter eigentlich ausmacht und wie Vaterschaft heute überhaupt noch definiert werden kann. Vielleicht handelt es sich ja heutzutage gar nicht mehr um die soziale Funktion der Vaterschaft sondern jenseits der biologischen Vaterschaft in ihrer sozialen Funktion längst um etwas anderes, um Partner beispielsweise oder um Freunde, um Brüder etc. Zudem müßte zwischen Realität, Sehnsucht und Projektionen von und nach Vaterschaft bzw. Vaterimagines unterschieden werden, um die moderne Rede von Vaterschaft und Väterlichkeit weiter inhaltlich zu füllen.

20 Jean Baudrillard: Der symbolische Tausch und der Tod. München 1982, S. 77ff.

21 Siehe Wolfgang Welsch: Unsere postmoderne Moderne. Weinheim 1987.

Der Buchstabe als Vater

Christina von Braun

Das geistige und wissenschaftliche Denken im Abendland ist gekennzeichnet von einer langen Tradition, in der die Dichotomie Geist und Natur von der Dichotomie Männlichkeit und Weiblichkeit überlagert wird. Anders ausgedrückt: Die Vorstellung, daß Geist und Materie als Gegensätze zu betrachten seien und der Geist den Körper zu beherrschen habe, fand ihren symbolischen Ausdruck in der Geschlechterdifferenz. Männlichkeit wurde zur Symbolgestalt für das Geistige, Weiblichkeit zur Symbolgestalt für den Körper, die Materie, das sterbliche Fleisch. Von dieser Differenz leiten sich wiederum viele andere Dichotomien ab: etwa rational/irrational, gesund/krank, rein/unrein usw. Das heißt, die für das Abendland typische Gegensätzlichkeit von Kultur und Natur oder Geist und Körper wurde von der Geschlechterdifferenz überlagert und durch diese gleichsam »biologisiert« oder »naturalisiert«. Dabei prägten die symbolischen Rollen der Geschlechter ihrerseits die Bilder des Unbewußten so tief, daß sie oft für die Natur selbst gehalten wurden. Das zeigen etwa die Debatten um die Jahrhundertwende, in denen es um das Recht von Frauen auf Zugang zu höherer Bildung und zu akademischen Berufen geht. In diesen Debatten stand nie der Kopf der Frau, sondern immer nur ihre Fortpflanzungsorgane zur Debatte. »Alles, was wir an dem wahren Weibe Weibliches bewundern und verehren, ist nur eine Dependenz der Eierstöcke«[1], hatte Rudolf von Virchow geschrieben, und ähnliche Argumente hört man gelegentlich noch heute

Diese Denkstruktur, die sich von der griechischen Antike über das Christentum bis in die Neuzeit und Moderne zog, beeinflußte auch die Vorstellung vom »Vater«, dessen Zeugungsfähigkeit in Umkehrung nicht als physisch sondern als geistig beschrieben wurde. Im Folgenden möchte ich darstellen, daß sich diese Vorstellung einer geistigen »Vaterschaft« der Schriftlichkeit verdankte, der Schriftlichkeit des griechischen Alphabets. Nicht nur kam die Vorstellung einer geistigen Fruchtbarkeit in der griechischen Antike zeitgleich mit der Verbreitung der Alphabetschrift auf – sie ist auch in den Buchstaben selbst eingemeißelt.

In der »Traumdeutung« schreibt Freud um 1900: »Ganz unverkennbar ist es auch, daß alle Waffen und Werkzeuge zu Symbolen des männlichen Gliedes verwendet werden: Pflug, Hammer, Flinte, Revolver, Dolch, Säbel usw.«[2] Eine seltsame Aufzählung! Einerseits erscheinen diese Symbolbilder – wie Freuds »Unbewußtes« ganz allgemein – so seltsam a-historisch, ganz im Sinne der »Naturgesetze«, auf die sich die Naturwissenschaftler der Jahrhundertwende im Zusammenhang mit den Geschlechterbildern beriefen. Andererseits vergleicht er hier aber auch das männliche Geschlecht – also »Natur« – mit historischen und technischen Errungenschaften des Geistes, wie dem Pflug oder dem Gewehr. Vor allem überrascht aber die Zusammenstellung selbst: Der Pflug, ein lebenserhaltendes Werkzeug, wird in einem Atemzug mit Tötungsinstrumenten genannt und in beiden werden gleichermaßen Symbole für das männliche Zeugungsglied gesehen.

Daß diese Zusammenstellung nicht ganz so zufällig und willkürlich sein könnte, wie es zunächst erscheint, das eröffnet die Geschichte der Zeichen, von der Alfred Kallir in seinem Buch »Sign and Design. The Psychogenetic Source of the Alphabet« erzählt. Für viele, so schreibt er, »ging Freud zu weit«, als er den weitreichenden Impakt der Sexualität auf das Alltagsleben beschrieb: »... ich hingegen würde sagen, daß er, in gewisser Weise, nicht weit genug gegangen sein könnte: er untersuchte nicht das, was hinter dem sexuellen Impakt steht – das Feld magischer Interaktion, das sich bei einer tieferen Studie des Alphabets offenbart.«[3]

Kallir hatte 1942, im Exil in Oxford, wohin er vor den Nationalsozialisten geflohen war, durch einen Zufall begonnen, sich für die Geschichte des Alphabets zu interessieren. Er mußte bald feststellen, daß so umfangreich die Literatur zur Geschichte der Schrift ist, die Disziplinen nur ein geringes Interesse an der Geschichte der Zeichen hatten. Für die Wissenschaften erschienen die Zeichen der Alphabetschrift entweder arbiträr oder »naturgegeben«, geschichtslos – nicht durch Zufall vergleichbar der Geschlechterordnung. Daß sich dennoch die Geschichte der Zeichen im Gedächtnis erhalten hat, sollte eine seiner Gegenthesen sein.

Die Reaktionen auf Kallirs Versuch, die Geschichte der Zeichen zu erzählen, waren dementsprechend zurückhaltend. Sein Buch, schon in den vierziger Jahren begonnen, erschien erst 1961 auf Englisch. 1944 hatte er – überrascht von der raschen Verbreitung und Akzeptanz der »V«-Kampagne (*V for Victory*) – einen kleinen Text über den Buchstaben

1 Rudolf v. Virchow: Das Weib und die Zelle. Zit. n. Rosa Mayreder: Zur Kritik der Weiblichkeit, 2. Auflage Jena, Leipzig 1907, S. 17.

2 Sigmund Freud: Gesammelte Werke, Bd. II/III. Frankfurt a.M. 1987, S. 361.

3 Alfred Kallir: Sign and Design. The Psychogenetic Source of the Alphabet, London 1961 (deutsch: Sign and Design. Die psychogenetische Quelle des Alphabets, Berlin 2000, S. 6).

»V« veröffentlicht, der ebenfalls erst sehr viel später Beachtung fand.

> *Überrascht von dem sofortigen Erfolg des V-Zeichens am entscheidenden Wendepunkt des Kriegs, war mir plötzlich klar geworden, daß der Buchstabe V sich aus der menschlichen Gebetshaltung herauskristallisiert hatte und daß er unseren unterdrückten spirituellen Bedürfnissen entspricht, deren Freisetzung die vieldiskutierte und gesuchte Frage nach dem Ziel des Kriegs enthielt. Und zwar für alle Nationen.*[4]

In seinem Buch »Sign and Design« spekuliert Kallir u.a. darüber, daß alle Sprachen aus einer einzigen hervorgegangen sein könnten – eine Spekulation, die seither von der Sprachforschung immer mehr in Betracht gezogen wird.[5] Spekulativ erscheinen auf den ersten Blick auch die Fragen, die er an die Geschichte der Schriftzeichen stellt. Denn er geht nicht so sehr von den historisch nachweisbaren Querverbindungen aus, etwa zwischen Ägypten und Griechenland, mit der kretisch-minoischen Kultur als Bindeglied. Sein Interesse richtet sich vielmehr auf die psychologischen Muster, die er dem »kollektiven Unbewußten« zuordnet. Die Schriftzeichen, so sagt er, stellen von Bildern abgeleitete Ideogramme dar, deren Bedeutung als Zeichen auch heute noch »gelesen« und »entziffert« werden – weil sie dem kulturellen Gedächtnis (Kallir spricht eher vom kollektiven Unbewußten) eingeschrieben sind.

> *Eine sich selbst und ihr Produkt (Rindersuppe) stilisierende Geschäftsfirma ›Bovril‹, die im Zentrum von London, in der Mitte einer hell erleuchteten Lichtreklame mit ihrem Namen, die fast genauen Linien des kretischen Oxkopfes zeigt, muß zumindest eine grobe Ahnung von dem festen Zugriff dieses uralten Symbols auf das Unbewußte der Öffentlichkeit haben.*[6]

Kallir geht bei der Entstehung der Alphabetschrift von einer »progressiven Assimilation«[7] verschiedener Bedeutungen durch ein Zeichen aus. So steht das A oder »Alpha« einerseits für den Stier, der Männlichkeit inkarniert, andererseits aber auch für das Haupt bzw. die Krone (oft dargestellt als Hörner), also für geistige Kräfte, sowie für alle Bedeutungen, die mit dem Begriff »vorwärts-« oder »aufwärts«-strebend zusammenhängen. Er macht auch auf die Tatsache aufmerksam, daß das A-L-P-H im Buchstaben »Alpha« eine metatethische Umkehrung des P-H-A-L in Phallus darstellt.[8] Diese ganzen Bedeutungen, so sagt er, sind dem kulturellen Gedächtnis eingeschrieben, weil sie »archetypisch« seien. Er bezieht sich hier ausdrücklich auf C. G. Jung und auf dessen Bild eines *unhistorischen* kollektiven Unbewußten. In dieser Hinsicht widerspricht er freilich seinem eigenen Material. Denn es gibt auffallende Parallelen zwischen der Geschichte der Schriftzeichen und dem Wandel des religiösen Denkens, also *historischen* Entwicklungen. Die Tatsache, daß die Schriftzeichen noch bis in die Jetztzeit im kollektiven Imaginären wirkungsmächtig sind, zeugt wiederum von der Macht der Erinnerung an diese Geschichte der Zeichen – einer Erinnerung, die mit ihrer einschneidenden und traumatischen Bedeutung für den männlichen Körper zusammenhängen mag.

Ich möchte das am Beispiel des »A« bzw. Alpha darstellen. An ihm zeigt sich besonders deutlich die Bedeutung der Geschichte des Zeichens für das Geschlecht. In allen semitischen Sprachen rund ums Mittelmeer bedeutet das Wort »Aleph« oder Alpha »Stier« bzw. »Ochse«. Damit verweist der erste und wichtigste Buchstabe des Alphabets – die Reihenfolge der Buchstaben ist nicht willkürlich, sondern entspricht einer Hierarchie der Zeichen, der sogenannten Akrokratie – auf das höchste der Opfertiere, das zugleich Symbol für Fruchtbarkeit und für Männlichkeit ist. Die Darstellung des Tieres – also das Zeichen – durchlief viele Phasen und nahm im Laufe seiner zunehmenden Abstraktion die Form von drei Strichen an. Diese Striche stellten zunächst die Hörner des Stieres dar – dabei zeigten die Schrägstriche zunächst nach oben, rechts und links markierten zwei Punkte die Augen. Im Laufe seiner Geschichte (die sich über zweitausend Jahre hinzog) wird sich das Zeichen quer stellen und dabei u.a. die Bedeutung des Pflugs assimilieren, um schließlich auf dem Kopf stehend durch einen Querstrich ergänzt zu werden. Der Querstrich verweist auf das Joch. Das heißt, die Geschichte des Buchstabens »Alpha« erzählt von einem Prozeß, in dessen Verlauf aus dem Stier, Symbol für Männlichkeit, der kastrierte, bezähmte Ochse wird, der mit seinem Joch zugleich eine wertvolle Unterstützung des Ackerbaus darstellt.

> *Auf den frühen ägyptischen Darstellungen sind Kühe, nicht Ochsen vor dem Pflug zu sehen. Die Bezähmung des Ochsen ist die große Errungenschaft der sich entwickelnden Agrarzivilisation und stellt, wie die Erfindung des Alphabets, einen Meilenstein im Fortschritt des Menschen dar. Die beiden Ereignisse scheinen sich zeitgleich vollzogen zu haben: wahrscheinlich Anfang des zweiten vorchristlichen Jahrtausends.*[9]

Vermutlich, so sagt Kallir weiter, waren alle Schriftzeichen zunächst Fruchtbarkeitssymbole.

Ein Bewußtsein von der Geschichte des Zeichens konnte sich im Hebräischen aus naheliegenden Gründen leichter erhalten als im Griechischen. Das hebräische Wort »eleph«, Stier, verweist weiterhin auf den Ursprung des Zeichens Alpha. Für die Griechen hingegen hat das Wort »Alpha« keine Bedeutung. Wenn überhaupt, konnte sich das Wissen um den Ursprung des Zeichens nur in der bildlichen Darstellung erhalten. Dieser Unterschied mag einen

4 Ebda., S. 2.

5 Siehe u.a. Merritt Ruhlen: L'Origine des langues. Paris 1997 (Das Original ist in den USA erschienen).

6 Kallir (s. Anm. 3), S. 25.

7 Ebda., S. 23.

8 Ebda., S. 50.

9 Ebda., S. 39.

der Hintergründe für die Bilderbejahung in der griechischen und später der christlichen Kultur abgeben. Das Bilderverbot sowie die Betonung der Mündlichkeit in der jüdischen Religion hingegen mag damit zusammenhängen, daß der ursprüngliche Bildcharakter des Zeichens noch durch die Sprache selbst erreichbar ist und sich deshalb andere bildliche Darstellungen verbieten.[10] Daß sich jedoch auch im griechischen Kontext ein Wissen um die ursprüngliche Bedeutung erhalten hat, das legt eine nähere Betrachtung des historischen Wandels nahe, den das Stieropfer durchlief.

Das Stieropfer stand im Zentrum des Kults der mater magna, der sich (etwa in Anatolien) bis in die neolithische Epoche zurückverfolgen läßt. Für die Griechen wurde ihr phrygischer Name, Matar Kubileya, aus dem später Kybele wurde, bestimmend. In seinen die Erde »befruchtenden« Blutopfern des Kultes wurden die Naturgesetze von Untergang und Schöpfung, Tod und Zeugung zelebriert und kultisch dargestellt:

> *Was die Aufmerksamkeit vor allem auf sich zog, war die Kultform des alten Priesterstaates Pessinus: Hier gab es galloi, die Eunuchenpriester, die sich zu Ehren der Muttergöttin selbst entmannt hatten. Dazu gehört der Mythos von Attis, dem Geliebten der Meter, der kastriert wird und unter einer Fichte stirbt und doch der parhedros der Göttin bleibt.*[11]

Das Stieropfer war also schon früh von einer Fruchtbarkeitssymbolik geprägt, die zugleich Kastration besagte. In der frühen Form mußte das Stieropfer alle zwanzig Jahre, also für jede Generation, wiederholt werden. Es war kein Opfer, das »für die Ewigkeit« bestimmt war, sondern einem zyklischen Zeitdenken, einem Denken in Generationen und Regenerationen, unterlag.

> *Es ist, als ob das Stierblut eine schützende Haut gebildet hätte, die sich so abnützt und daher nach einer bestimmten Zeit erneuert werden muß. So kommt wiederum explizit die Perspektive der Votivreligion ins Spiel: Durchs Taurobolium »nimmt« der Initiand ›die Gelübde des 20-jährigen Kreises auf sich‹, bis deni vota suscipit orbis, (...) Der Kreis der Wiederholungen soll dem Wohlergehen in diesem Leben Dauer verleihen. Darum ist das Taurobolium das ›Zeichen des geglückten Gelingens‹, symbolon eutychies, eine Versicherung gegen alle widrigen Umstände, die das Leben bedrohen können.*[12]

In seiner Wiederholbarkeit, die eine Form von Mnemotechnik darstellt, glich das Opfer dem Vertragstext, der in einigen antiken Traditionen den Vertragspartnern in regelmäßigen Abständen vorgelesen werden mußte, damit der Vertrag Bestand hat,[13] oder dem mosaischen Gesetz, das turnusmäßig, alle sieben Jahre am Laubhüttenfest, dem Volk verlesen werden muß.[14]

Das ursprünglich dem Kult einer mater magna geweihte Stieropfer wird allmählich auf andere kulturelle Kontexte übergehen und im Verlauf der Zeit eine neue Bedeutung erlangen, die auf seine zunehmende Ausverlagerung aus der alten »rituellen Kohärenz« und seine Integration in eine von der alphabetischen Schriftordnung geprägten Linearität erfahren. Der Stier stand schon im Zentrum der altägyptischen Religion von Heliopolis. Er taucht in zahlreichen Mythen der kretisch-minoischen Kultur auf; er wird zum Symboltier des Dionysos, der im 8. Jahrhundert – also zeitgleich mit der Entstehung des vollen phonetischen Alphabets – in Griechenland in Erscheinung tritt; und schließlich wird das Stieropfer auch im Mithras-Kult eine wichtige Rolle spielen. Hier steht es erneut im Zentrum der kultischen Handlung. Über die Ursprünge des Mithras-Kultes weiß man relativ wenig. Er fand erst spät eine weite Verbreitung. Ursprünglich eine Gottheit Mittelasiens vermischte sich die Gestalt von Mithras nach dem Tod Alexanders im kleinasiatischen Raum mit Zügen von Apoll und Helios. Das aus dieser Verschmelzung hervorgegangene Mysterium gelangte mit kilikischen Seeräubern um 67 v. Chr. nach Griechenland. Im 1. Jahrhundert n. Chr. verbreitete sich die Mithras-Verehrung durch die römischen Soldaten nach Pannonien, Germanien und Britannien. Es war ein Kult, der Frauen ausschloß. Seinen Höhepunkt erreichte der Mithras-Kult im letzten Drittel des 3. Jahrhunderts n. Chr., als er, mit der orientalischen Sonnenreligion gleichgesetzt, unter Aurelian römische Staatsreligion wurde. Vom Christentum wurde die Mithras-Verehrung nachdrücklich bekämpft, nicht zuletzt wegen gewisser äußerer Ähnlichkeiten, die sich etwa auf das Blutopfer beziehen.[15] Im 5. Jahrhundert war der Kult so gut wie verschwunden.

Sowohl die späte Ausbreitung als auch die Verbindung zum Sonnengott, der für lineares Zeitdenken und eine Ablösung vom Mondkalender steht, legen eine enge Beziehung zur Alphabetschrift nahe, die zur Entwicklung des Denkens in fortlaufender Zeit führte.[16] In der Tatsache, daß der Stier des Mithras-Kultes in der Höhle erlegt wird und die Initiation der Mysten in einer Höhle stattfand, sieht Burkert wiederum eine Beziehung zur griechischen Philosophie des klassischen Zeitalters: »Ein Nachhall von Platons Höhlengleichnis ist nicht zu überhören«, schreibt er. So bleibe auch »unklar, inwieweit Mithras eine Erlösung aus dieser Welt, der ›Höhle‹, den Mysten verhieß oder vielmehr heroischsieghaftes Durchhalten in eben dieser Welt garantierte.«[17]

Die Tatsache, daß der Mithras-Kult unter den Soldaten im antiken Rom eine weite Verbreitung fand, legt es wiederum nahe, in dem Kult eine Art von Vorläufer des Christentums zu sehen. Burkert beschreibt ein Ritual, das seit dem

10 Ich habe an anderer Stelle darzustellen versucht, wie eng das Bilderverbot in der jüdischen Religion – bzw. die christliche Ikonophilie – wiederum mit den unterschiedlichen Geschlechterbildern in beiden Religionen zusammenhängen. Siehe Christina v. Braun: Das ein-gebildete Geschlecht. In: Dietmar Kamper, Hans Belting (Hrsg.): Der zweite Blick. München 1999.

11 Walter Burkert: Antike Mysterien. Funktionen und Gehalt. München 1990, S. 13.

12 Ebda., S. 24f.

13 Jan Assmann: Das Kulturelle Gedächtnis. Schrift, Erinnerung und politische Identität in frühen Hochkulturen. München 1999, S. 221ff.

14 Deuteronomium 31.9–13.

15 Brockhaus-Enzyklopädie in 20 Bd., Bd. 12. Wiesbaden 1971, Stichwort: Mithras.

16 Siehe Günter Dux: Die Zeit in der Geschichte. Ihre Entwicklungslogik vom Mythos der Weltzeit. Frankfurt a.M. 1989.

17 Burkert (s. Anm. 11), S. 73.

2. Jahrhundert nachweisbar ist: »Der Myste kauert in einer balkengedeckten Grube, über der der Stier geschlachtet wird, so daß das ausströmende Blut auf ihn niederfließt – eine Bluttaufe im vollen Sinne.«[18] Auch bei dieser Bluttaufe spielt das sexuelle Element eine wichtige Rolle, nun aber in einem ganz anderen Sinne als bei dem Priesterstaat von Pessinus. In den Mithrasmysterien, so Burkert, scheint »... kriegerische Männlichkeit alles Sexuell-Weibliche zu verdrängen. ›Mithras haßt Frauen‹, hieß es. Eine merkwürdige Aufmerksamkeit gilt nichtsdestoweniger in den bekannten Kultreliefs den Genitalien des sterbenden Stiers: Samen, der sich ergießt, wird in einem Krater aufgefangen, ein Skorpion greift nach den Hoden, der Schwanz verwandelt sich in Getreideähren – Meta-morphose der Zeugung noch im Tode. Doch haben wir keinen dazugehörigen Text. In den Metermysterien wird die Kastration zum zentralen fascinosum; man hat den Eindruck, Besessenheit von Sexualität im Negativbild zu finden.«[19]

Mit anderen Worten: Im Mithras-Kult wird ein zentrales Opfersymbol der Fruchtbarkeitskulte aufgegriffen – aber neu gedeutet: An die Stelle des Kults der mater magna tritt der Kult des Männlichen, begleitet von einem *neuen* Kult der Fruchtbarkeit, der einerseits Tod des Männlichen als *sexuelles* Fruchtbarkeitssymbol, andererseits aber auch *geistige* Fruchtbarkeit besagt, die mit Männlichkeit gleichgesetzt wurde.

Eine solche Lesart der Geschichte des Stieropfers bietet sich auch an, wenn man diese »geistige Fruchtbarkeit« in Beziehung zur aristotelischen Lehre vom »beseelten Samen« setzt, die sich zeitgleich mit der Durchsetzung der griechischen Schriftlichkeit entwickelte. In seiner Lehre von der Zeugung der Geschlechter verkündete Aristoteles, daß der männliche Same »von oben her« komme. Er sei zwar nicht die Seele, aber er sei »beseelt« durch »eine von außen eingedrungene Vernunft«, die einen immateriellen »Urstoff der Himmelskörper« darstelle und göttlich sei. Die Tatsache, daß Frauen überhaupt geboren werden, führte Aristoteles darauf zurück, daß sich der »beseelte Same« in vielen Fällen nicht ausreichend gegen die »Materie«, also das Irdische habe durchsetzen können und, so sagt er, der Lebensquell »sich geschlagen geben muß, bevor er die Entwicklung bis zur eigenen Art fördern« kann.[20] Aristoteles' Lehre entstand wenige Jahrzehnte, nachdem in Athen das jüngere ionische Alphabet zur Amtssprache erhoben worden war – und damit ein Wandel besiegelt wurde, der mit der Einführung der phonetischen Alphabetschrift begonnen hatte.

In seiner späteren Entwicklung erfährt der Mithras-Kult einen entscheidenden Wandel, der ihn immer mehr dem christlichen Opfergedanken einer »ewigen Erlösung« annähert – ein Wandel, der gleichzeitig belegt, wie sehr dieser Opfer-Ritus zum Ausdruck eines neuen religiösen Denkens geworden war: »Eine berühmte, oft zitierte Taurobolium-Inschrift, gesetzt von Aedesius, versichert, der so Geweihte sei für ewig wiedergeboren, in aeternum renatus. Dies ist kaum zu vereinbaren mit dem mehrfach und früher schon bezeugten Prinzip, daß das Taurobolium nach 20 Jahren zu wiederholen sei. Die Aedesius-Inschrift stammt aus dem Jahr 376, zwei Generationen nach dem Sieg des Christentums, inmitten der letzten ›heidnischen Reaktion‹. Die Vermutung, daß hier schließlich doch eine Anleihe beim Christentum gemacht wurde, drängt sich auf.«[21]

Der Mithras-Kult läßt sich nicht nur als Vorläufer des Christentums, sondern auch als Motor der Verschriftlichung lesen. Dagegen spricht augenscheinlich, daß er vor allem unter Soldaten verbreitet war, die der Schrift nicht mächtig waren. Dennoch mag es sich erklären, daß sie von einem Kult angezogen waren, der das Stieropfer und damit das »Alpha« in seinem Zentrum hatte. Es ging um die Dominanz des Geistigen oder des Symbolischen, und diese Dominanz fand wiederum in der symbolischen Zuweisung an ein Geschlecht ihren Ausdruck. In eben dieser Konkretheit bestand auch die Anziehungskraft dieser symbolischen Ordnung für die, denen das Symbol – oder die domestizierende Macht der Schrift – unzugänglich war, wenn nicht gar bedrohlich erschien. Das heißt, hier findet genau dieser Prozeß der Biologisierung einer symbolischen Rolle statt, von der ich am Anfang sprach: Die Gleichsetzung von Männlichkeit mit Geistigkeit und die Dominanz des Geistes über den Körper führen dazu, daß männliche Dominanz als biologisch bedingt begriffen wird. So läßt sich der Mithras-Kult mit seinem zentralen Ritual des Stieropfers auch als eine Schriftkultur für die »Unbelesenen« begreifen. Zwar stand er unter dem Zeichen der Schrift, aber seine zentrale Botschaft bestand darin, daß sich das Geistige im männlichen Körper inkarniert.

Ich möchte an dieser Stelle einen kleinen Exkurs machen, um eine These zu entwickeln. Die These lautet, daß Gruppen, in denen sich der Kult der Schriftlichkeit – und das heißt Gleichsetzung von Geistigkeit mit Männlichkeit – mit »Unbelesenheit« paart (»Unbelesenheit« im Sinne von Unfähigkeit, ein Symbol als Symbol zu begreifen), wie etwa im Mithras-Kult und in vielen fundamentalistischen Bewegungen, eine besondere Neigung zur Gewalt eigen ist: gegen alle, die als »Fremdkörper« begriffen werden. Das kann der Körper der Frau wie der des Juden sein. In beiden Fällen geht es um symbolische Rollen, die mit biologischen Realitäten gleichgesetzt werden. Eben weil die symbolische Ordnung nicht als *symbolische,* sondern als reale (natürliche) Ordnung erfahren wird, fehlt auch die Einsicht in die Tatsache, daß der »Fremdkörper« das Produkt einer Zuschreibung ist. In dieser Hinsicht scheint mir bedenkenswert, daß die jüdische Religion – als einzige Religion der Welt – fordert, daß alle männlichen Mitglieder der

18 Ebda., S. 13.

19 Ebda., S. 90.

20 Aristoteles: Über die Zeugung der Geschöpfe. Buch I, Bd. 14, S.71f; Buch II, S. 87f. und 81f. Buch I, S. 66f.

21 Burkert (s. Anm. 11), S. 31.

Religionsgemeinschaft lesen und schreiben lernen müssen. Diese Pflicht, so scheint mir, ist wiederum im Zusammenhang mit der symbolischen Wunde der Beschneidung zu lesen, die dem männlichen Körper eingeschrieben wird. Sie erscheint wie ein rituelles – immer wieder zu erinnerndes – Symbol für die Wunde, die das Zeichen oder die Alphabetschrift dem männlichen Körper zugefügt hat. Sie ist aber auch eine immer wiederholte Erinnerung daran, daß ein Symbol ein Symbol, und nicht die »Realität« ist. In einer »Schriftkultur der Unbelesenen« hingegen wird das Wissen um das Symbol als Symbol zum Verschwinden gebracht.

Zurück zum Alpha: Die Geschichte des Zeichens Alpha begleitet und erzählt die Geschichte eines gewandelten Stieropfers, das zunächst im Rahmen einer zyklischen Zeitwahrnehmung und einer Fruchtbarkeitssymbolik stand, die Wiederkehr besagt. Später erhielt dieses Opfer eine neue Bedeutung, die auf die lineare Zeit und geistige Fruchtbarkeit verweist. Dabei erzählt die Geschichte des Buchstabens »A« auch von der Domestizierung des Geschlechts durch das Symbol selbst. Im Mithras-Kult wird der Stier kastriert. In einen Ochsen verwandelt, ist er dem Joch unterworfen, und in dieser Funktion wird er zur Symbolgestalt einer »berechenbaren« (dem Ackerbau entsprechenden) Fruchtbarkeit. Auf vielen Darstellungen des Mithras-Kultes geht der Schwanz des getöteten Stiers in eine Getreideähre über. »Indem der Schwanz des Stieres sich in Ähren verwandelt«, so schreibt Burkert, »wird der Ackerbau im Opfer begründet.«[22] Daß die Griechen selbst eine Verbindung zwischen Alphabetschrift und dem Ackerbau sahen, zeigt sich u.a. daran, daß sie das lineare Schreiben mit dem Pflügen des Ackers verglichen.[23] Es ist auch kein Zufall, daß sich das englische und französische Wort für Seite, page, von lateinisch »pagus«, das Feld, der Acker, ableitet.

So erscheint, im Kontext des Stieropfers gesehen, die Verbindung von Pflug, Tötungsinstrumenten und männlichem Genital, die Freud herstellt, nicht ganz so willkürlich und auch nicht ganz so unhistorisch, wie sie zunächst anmutet. Zugleich beschreibt diese Geschichte auch, warum eine symbolische Ordnung entstanden ist, die den männlichen Körper zum Symbolträger des Geistigen erklärte. Erstaunlicher erscheint es fast, daß die Generationen der »Erfinder« des Alphabets diese symbolische Ordnung im »Design« der Buchstaben selbst mitgedacht und das Wissen darum gleichsam im Symbol »eingemauert« haben.

Allerdings stellt sich die Frage, wie sich im griechischen Alphabet das Wissen um die Geschichte der Buchstaben überhaupt erhalten konnte. Das Gedächtnis des Opfers ist natürlich eine naheliegende Antwort. Um zu begreifen, wie präsent die Bedeutung des Stieropfers noch heute ist, genügt ein Blick nach Spanien, auf die enge Verbindung zwischen dem Stiertöten und dem Kult der Männlichkeit. Es genügt aber auch ein Blick auf die Börse mit ihrem Stiersymbol, der auf die Zeugungsfähigkeit des Geldes, berechenbares Zeichen schlechthin, verweist. Und es genügt auch ein Blick auf die Geldzeichen selbst: Laut Kallir leiten sich die beiden Längs- bzw. Querstriche im Dollar-, Pfund- und nun auch Euro-Zeichen von den beiden Stierhörnern ab, die auch im Alpha enthalten sind. Daneben erscheint mir auch der traumatische Aspekt – die Kastrationsangst – von Bedeutung.

Wenn sich in der jüdischen Tradition das Wissen um die Zusammenhänge von Buchstaben und »geistiger Vaterschaft« erhalten hat, so nicht nur deshalb, weil die mündliche Sprache – etwa das Wort »eleph« – dazu beitrug, sondern auch weil der Ritus der Beschneidung dieses Wissen immer wieder ins Gedächtnis rief. Etwas Vergleichbares gilt aber auch für das griechische Alphabet. Auch das griechische Alphabet läßt sich im Sinne einer »Beschneidung« lesen: Beschneidung hier allerdings verstanden als Wunde, die dem Körper durch die Schrift selbst zugefügt wird. Kein anderes Schriftsystem impliziert so deutlich wie das volle phonetische Alphabet der Griechen (das auch die Vokale schreibt, im Gegensatz zum semitischen Alphabet) die Phantasie einer Herrschaft über die Körperlichkeit durch die Domestizierung der mündlichen Sprache. Das mag als ein Kastrationsakt erfahren werden, der sich in jedem einzeln wiederholt. So gesehen, bietet sich auch eine »historische« Lesart der Freudschen Lehre vom Ödipus-Komplex an, die ja bekanntlich auf der Phantasie einer Kastrationsdrohung durch den Vater beruht. Die Entwicklung dieser Theorie bezog sich von Anfang an auf das männliche Geschlecht; die spiegelbildliche Übertragung auf das weibliche Geschlecht gelang nie so recht. Jacques Lacan hat die Theorie fortgeführt, indem er aus dem kastrierenden, leiblichen »Vater« die Fähigkeit zur Symbolisierung gemacht hat: Die Sprache, repräsentiert durch den Vater, sei das Gesetz, das die Trennung aus der frühkindlichen Symbiose mit der Mutter (bzw. der Welt) und den Eintritt in die »symbolische Ordnung« zur Folge habe. Begreift man nun die Gestalt dieses »Vaters« nicht als Sprache, sondern als *geschriebene* Sprache, so erscheint das ödipale Dreieck wie eine Re-Präsentation oder Vergegenwärtigung der Geschichte des Buchstabens Alpha mit den beiden Aspekten, die der Stieropfersymbolik eigen waren: symbolische Kastration einerseits und Verwandlung von Männlichkeit in »geistige Fruchtbarkeit« andererseits. Mag sein, daß die Schnitte, die die Verschriftlichung des Denkens und der Sprache mit sich bringt – Schnitte, die »Entkörperung« besagen und die Herauslösung der Zunge aus dem Leib beinhalten; Schnitte, die jedes Kind bei der ersten Begegnung mit der Schrift am eigenen Leibe erfährt –, daß also diese von Generation zu Generation wiederholten Verwundungen dazu beitrugen, daß sich das Secretum der Zeichen des Alphabets im kollektiven Gedächtnis erhalten konnte.

22 Ebda., S. 70f.

23 Siehe Herbert Brekle: Dynamische (A)Symmetrien. Strukturkonstanten im Entwicklungsprozeß unserer Buchstabenform. In: Blick in die Wissenschaft, Forschungsmagazin der Universität Regensburg, Nr 8, 5. Jg. 1996, S. 73.

König, Präsident und Landesvater

Tilman Allert

Zur Symbolik politischer Eliten

I

Im politischen Alltagsbetrieb läßt sich immer wieder beobachten, daß die Träger politischer Führungsrollen mit der Idee der Väterlichkeit in Verbindung gebracht werden. Die institutionelle Ordnung – das kann man daran erkennen – wird also nicht direkt in ihrer tatsächlichen Verfahrenskomplexität vermittelt, sondern in Vereinfachungen. Die Symbole des Politischen sind nicht etwa bloßes Beiwerk, vielmehr repräsentieren sie eine spezifische Politikwahrnehmung, ja, sie können ihrerseits wirkungsmächtig werden und folgenreich die Situationsdefinitionen und die Leistungserwartung der Bevölkerung an die politische Elite bestimmen. Gibt es im Elitengefüge somit herausragende Positionen, denen qua Definition eine besondere Gestaltungskraft zukommt, so ist denkbar, daß die Performanz dieser Positionen in den Sog paternalistischer Schutz- und Fürsorgeerwartungen gerät. Könige und Präsidenten werden dann als »total societal position« orientierungsbedeutsam. Väterlichkeit kann Ausdruck einer Charismatisierung des politischen Prozesses werden.

Perspektivisch rücken dadurch die protektive sowie die innovative Funktion des politischen Handelns, seine Gemeinwohlverpflichtung in den Vordergrund der Leistungsbeurteilung bzw. Leistungserwartung. Wenn Politikern eine väterliche Dimension zugeschrieben wird, dann haben wir es in der Regel mit Güteurteilen zu tun, mit Zuschreibungen, die sich auf eine erfolgreiche Bewältigung von kollektiven Krisen beziehen. Den sozialen Zusammenhalt einer politischen Gemeinschaft aufrechterhalten oder gestiftet zu haben, wird dann als quasi-väterliche Leistung in einem vertrauten Deutungsmuster artikuliert bzw. erinnerungsfähig gehalten.

Daß zentrale exekutive oder legitimationsbedeutsame Positionen politischer Eliten für die Zuschreibung von Väterlichkeit besonders geeignet scheinen, liegt vor allem daran, daß schon die allererste Gemeinschaftsbildung auf die Ausübung politischer Funktionsrollen systematisch ausstrahlt. Politische Gemeinschaften neigen nämlich dazu, die Leistungsfähigkeit ihrer Politiker vereinfacht wahrzunehmen – wie immer eine Gesellschaft dann auch institutionell verfaßt sein mag. »Papa Heuss« liefert dafür ein prominentes Beispiel aus der jüngeren deutschen Geschichte. Ob sich eine ähnliche Sympathie hinter dem Kürzel »Erich« für den Vorsitzenden des DDR-Ministerrats Erich Honecker verborgen hat, kann man nur vermuten.

Auf der einen Seite also neigen politische Gemeinschaften dazu, individuelle politische Begabungen zu charismatisieren und durch die Zuschreibung von väterlichen Qualitäten symbolisch zu überhöhen, andererseits jedoch taucht die Kategorie »Väterlichkeit« auch in der Selbstwahrnehmung der Politiker auf – und das natürlich umso eher, je geringer die institutionelle Differenziertheit einer Gesellschaft ist. Selbstcharismatisierungen und Fremdcharismatisierungen gehören zum normalen politischen Alltag, sie machen deutlich, daß die Wahrnehmung der Komplexität des Geschehens auf beiden Seiten beschränkt ist – auch die Eliten sind spezifisch wahrnehmungsblind. Derartige Erscheinungen wird man solange gelassen verfolgen können, solange der politische Entscheidungsprozeß nicht unter der Wirkung vereinfachender Symbolisierungen seiner Autonomie verlustig geht.

Unabhängig von der Frage, wie in der öffentlichen Wahrnehmung die Entscheidungen und deren Rechtfertigungen einer alltagsnahen Qualität wie Väterlichkeit zugerechnet wird, verweist die empirische Nähe im Symbolischen – insbesondere die protektive Dimension – noch auf anderes: einmal auf die besonders in der Tradition jüdisch-christlicher Kultur ausgeprägte Präferenz für das Gestaltungspotential des Vaters, zum anderen aber auch auf ein dynamisches Spannungsverhältnis zwischen den Handlungsräumen Familie und Politik. Es ist nicht damit getan, auf die triviale Einsicht zu verweisen, beides habe nichts miteinander zu tun, die angesprochenen Praxisformen seien per se unverträglich. Im Gegenteil wird die Väterlichkeit als symbolische Zuschreibung in der Politik gerade deshalb so brisant, weil ihr in der Differenz der Sphären doch Gemeinsamkeiten in der lebenspraktischen Funktion zugrunde liegen.[1] Erst wenn man in der Differenz die Gemeinsamkeit bestimmt hat, läßt sich auch deutlicher die Differenz markieren, die der Verschiebung von politischer Entscheidungshoheit und paternaler Handlungsautonomie enge Grenzen setzt. Die Strukturbestimmung beider Praxisräume ist das Thema des ersten Abschnitts.

1 In der traditionalistisch orientierten Theorie der Familie, die der Idee der Gleichrangigkeit der Paarbeziehung der Eltern noch nicht Rechnung trägt, heißt es in diesem Zusammenhang: »Von allen symbolischen Komplexen, die um familiale Rollen zentriert sind, ist der des Vaters der strategisch wichtigste, weil er die frühe familiale Erfahrung mit der Rollenstruktur der weiteren Gesellschaft verbindet.« Talcott Parsons: Das Vatersymbol: eine Bewertung im Lichte der psychoanalytischen und soziologischen Theorie. In: Sozialstruktur und Persönlichkeit. Frankfurt a.M. 1968, S. 66.

Jede Herrschaftsordnung, so lautet die zentrale Einsicht Max Webers, kommt in einer spezifischen Verfahrensrationalität und gleichermaßen in einer spezifischen Legitimationsidee zum Ausdruck. Es gibt keine Herrschaft ohne Verwaltung und keine Herrschaft ohne Rechtfertigung. In dieses Spannungsverhältnis ist die Idee der Väterlichkeit als eine Herrschaft legitimierende oder die Funktionsfähigkeit des Politischen einklagende Idee eingebettet, und zwar je nach Differenzierungsgrad der politischen Ordnung unterschiedlich im Erscheinungsbild. Dies möchte ich typologisch eingrenzen und mich sodann auf ein Beispiel aus dem Elitengefüge der Bundesrepublik Deutschland beschränken. In der als Kanzlerdemokratie bezeichneten Ordnung des politischen Nachkriegsdeutschland kommt zum Ausdruck, daß der politische Entscheidungsprozeß zumindest situativ von charismatisierenden Zuschreibungen erfaßt werden kann. Jedenfalls ist die hohe institutionelle Differenziertheit und Verfahrenskomplexität der politischen Ordnung auf höchst bemerkenswerte Weise mit der Zuschreibung von Väterlichkeit kombinierbar – am Beispiel des Ministerpräsidenten, einer zentralen exekutiven Funktion in der Föderativstruktur des Landes, läßt sich das besonders gut zeigen. Ich beziehe mich dabei auf die prominente Figur eines allseits bekannten Landesvaters, der im Juni des Jahres 1999 in die Position des Bundespräsidenten eingerückt ist.

II

Wie lassen sich Gestaltunterschiede und Gestaltgemeinsamkeiten zwischen politischer und familialer Ordnung bestimmen? Ich gehe idealtypisierend vor und stelle skizzenhaft einige Strukturmerkmale der familialen Ordnung voran. Was ist mit Väterlichkeit gemeint, welche Praxisform wird hier angesprochen und in welcher besonderen Form von Sozialbeziehung bewegen sich die Menschen dabei?[2]

Der Vater bezeichnet zunächst einmal eine zentrale kommunikative Funktion in der sozialisatorischen Einheit Familie. Diese Funktion hat in der Zeugung ihre naturale Grundlage, gelangt aber zu besonderer Geltung durch die gleichzeitige Gegenwärtigkeit in der Paarbeziehung der Eltern wie in der konkurrierenden Vater-Kind-Beziehung. Gleichermaßen wie die Mutter steht der Vater in einem Verhältnis der Zuneigung und Affektion zum Kind, evolutionsgeschichtlich abgeleitet aus der Familiarisierung des Vaters, d.h. der dauerhaften Einbindung in die Mutter-Kind-Einheit, der gegenüber dauerhafte Bindungsverpflichtungen wahrgenommen werden. Systematisch bedeutsam an der Familie als einem Beziehungsgefüge für die Freisetzung des menschlichen Bildungsprozesses ist die Autonomie des Paares, aus der heraus paradoxerweise nicht nur die Zeugung des Kindes erklärbar ist, sondern deren Eigenrecht in eine produktive Konkurrenz zur jeweils dyadisch gedachten Eltern-Kind-Beziehung gerät.

Die Stellung des Vaters leitet sich somit aus seiner Funktion innerhalb der Familientriade ab, er ist aus der Sicht des Kindes Partner und Konkurrent des Kindes, aus der Sicht der Frau ist er ausschließliches Liebesobjekt und zugleich Träger einer gemeinsamen sozialisatorischen Verantwortung. Ohne auf Einzelheiten dieses komplexen triadischen Gefüges eingehen zu können, sei hier der Funktionsbezug der Regelsetzung und Regelartikulation besonders herausgestellt. Sie bildet die Grundlage für die hohe kulturelle Bedeutung des Vaters sowie für das Moment exemplarischer Sittlichkeit, das gleichermaßen mit der Symbolik des Vaters assoziiert wird. Väterlichkeit zeigt sich vor diesem Hintergrund gerade nicht als reine Domestikation, als Normentransfer, sondern als eine Position, die – gebrochen durch die ambivalente Beziehung zur Mutter – Autonomiespielräume des Handelns ermöglicht und begründet. In der Familie, genauer betrachtet: In der konfliktuösen Struktur der Ehegatten- und Eltern-Kind-Beziehungen kommt es zu einer kontinuierlichen Abfolge von Streit und Versöhnung; und diese Abfolge, die jedes Familienleben mit einer eigenen, durch kulturelle Tradition überlieferten Handschrift erfährt, hat systematisch die Frage nach Konformität bzw. Nonkonformität zu selbstgesetzten Regeln der Lebensführung als Hintergrund.

Aus den bedeutsamen Strukturmerkmalen des Familienlebens seien mit Blick auf die besondere Stellung des Vaters nur folgende hervorgehoben. Familienbeziehungen unterliegen einer eigenen Zeitstruktur, sie sind von ihrer Erwartungsstruktur her auf Unkündbarkeit ausgerichtet. Des weiteren handelt es sich um Beziehungen mit einer intensiven Körperbezogenheit der Kommunikation und schließlich handelt es sich um Beziehungen mit einer spezifischen Vertrauensqualität und Authentizitätsverpflichtung. Die Familie, deren allgemeine Funktion im Bildungsprozeß in der beständigen Konfrontation mit Regeln der Lebenspraxis zu sehen ist, bezeichnet somit einen Erfahrungsraum, der – vermittelt durch die Auseinandersetzung über gemeinsam verpflichtende Regeln der Kooperation – in den Umgang mit allgemeinen Prinzipien der sozialen Ordnung einführt. Alle Formen der Teilhabe werden in der Familie vorgebildet – die Komplexität eines gemeinschaftlichen Lebens hat in der »Polymorphie des Sozialen« (Claude Lévi-Strauss) eine Vorgeschichte. Man muß die Familie nicht essentialistisch konstruieren oder sie mythologisierend glorifizieren, auch von einer Keimzelle des Staates wird man vernünftigerweise nicht reden können, allerdings ist der Gedanke entscheidend, daß die Kommunikationsform der Familie tatsächlich vorführt, wie die Zivilität und Würde des menschlichen Umgangs schlechthin auszusehen hat. Väterlichkeit läßt sich vor diesem Hintergrund als Bauprinzip sozialer Ordnung schlechthin bezeichnen. Sie umschreibt eine Position, die auf die Komplementarität, auf die konfliktuöse Entsprechung einer Gegensätzlichkeit hin angelegt ist.

2 Siehe dazu ausführlich Tilman Allert: Die Familie. Fallstudien zur Unverwüstlichkeit einer Lebensform. Berlin, New York 1998.

Nun kann man umgekehrt danach fragen, mit welchen Strukturmerkmalen der politische Handlungsraum ausgestattet ist. Wiederum gehe ich idealtypisierend vor und setze eine relativ hohe Entfaltungsstufe des Politischen voraus. Wie man im Falle der Familie ihre Funktionslogik bestimmen kann, indem man von der Liebe des Paares als der historisch höchsten Entfaltungsstufe von Zuneigung und Affektion ausgeht, so beginnt die folgende Bestimmung am Modell des modernen politischen Betriebs und an der Professionalität des politischen Handelns. Höchste Entfaltungsstufe im Sinne der Hegelschen Philosophie meint dabei nicht etwa eine normative Setzung, vielmehr greift die Konstruktion den historisch kaum bestreitbaren Vorgang einer Funktionsautonomie des politischen Handelns auf. Die theoretische Vorlage dazu hat Max Weber in seiner Studie über »Politik als Beruf« gelegt.[3] Sie entwirft die systematische Bestimmung eines Kompetenzprofils sowie Ausführungen über die Besonderheit des Handlungsraums, die Eigenart der sozialen Beziehungen, in denen Menschen sich hierbei bewegen.

Nach Max Weber handelt es sich in der Politik um kündbare Beziehungen, in denen Herrschaftsfunktionen ausgeübt werden. Dabei ist einerseits der Status des Entscheidungsträgers immer nur transitorisch und erfolgt andererseits die Regelsetzung und Regelartikulation vermittelt über eine je spezifische Institutionen- bzw. Verbandsstruktur. Das Handeln ist verfahrensabhängig und unterliegt einem Kompromißzwang. Die entscheidende Differenz zwischen Politik als Beruf und Väterlichkeit als Gestaltungsprinzip in der familialen Ordnung liegt darin, daß der politische Handlungsraum durchgängig professionalisiert ist, also in das Kompetenzprofil eines Expertenberufs eingebaut ist. Durchaus vergleichbar mit familialen Mustern, wird die exemplarische politische Bewältigung von Krisen der Sittlichkeit – in der Politik insbesondere Krisen der Verteilungsgerechtigkeit – spezifisch gebrochen. Wer politisch tätig ist, vollzieht sein Handeln in professioneller Perspektive, das minimale Kompetenzprofil des Politikers enthält nach Max Weber »... Leidenschaft – Verantwortungsgefühl – Augenmaß. Leidenschaft im Sinn von Sachlichkeit: leidenschaftliche Hingabe an eine ›Sache‹, an den Gott oder Dämon, der ihr Gebieter ist.«[4]

Minimal gehört also zum Kompetenzprofil des Politikers a) die sachorientierte Leidenschaft, b) die Eigenverantwortlichkeit und c) die mittlere Distanz gegenüber den Verführungen der Demagogie oder der persönlichen Eitelkeit. In der Trias dieser Merkmale kommt eine gelungene Professionalität des politischen Handelns zum Ausdruck. Nun, so scharf die Differenz zum familialen Kommunikationsraum in der Merkmalsbestimmung auch sein mag, so liegt doch in dem Ziel der Bewältigung von Krisen des Gerechtigkeitsempfindens, von kollektiven Krisen der Sittlichkeit ein Element des Handelns vor, das Politik und Familie wiederum aneinanderrückt, also von der Sache her die symbolische Substitution beider Bereiche wahrscheinlich werden läßt. Artikulierte oder empfundene Ungerechtigkeiten auszusprechen und Gerechtigkeit im Horizont eines übergreifenden Gemeinwohls gegen konkurrierende Interessen und Ansprüche durchzusetzen, zählt zu den Aufgaben der Politik. Und in dieser Hinsicht ist sie von ihrer Sinnstruktur her durchaus auf die Familie und die Position des Vaters bezogen. In beiden Fällen geht es um a) die Interessenartikulation angesichts von Streit und Konkurrenz, b) um protektive Funktionen und darum, allgemein geteilte Solidarvorstellungen zur Geltung zu bringen und schließlich c) um die exemplarische Einhaltung bzw. Durchsetzung von Prinzipien der Sittlichkeit, historisch stets nur relativ angenähert an die Utopie der Gleichheit, der Versöhnung und Friedfertigkeit.

Es zeigt sich schon nach diesem nur skizzenartigen Durchgang, daß und warum die beiden analytisch voneinander differenzierbaren Praxisbereiche sowohl systematisch aufeinander verweisen als auch in symbolischer Hinsicht austauschbar sind. Folgt man der bis heute unübertroffenen Typologie von Herrschaftsbeziehungen, die Max Weber vorgelegt hat, dann kann man im Paternalismus zum einen eine Vorstufe aller Institutionalisierungsformen von Herrschaft bestimmen, es wird von daher verständlich, warum Väterlichkeit als ein Strukturprinzip von Herrschaft schlechthin verstanden werden kann, aber es wird auch nachvollziehbar, weshalb es zu symbolischen Vertauschungen von politischer und familialer Autorität systematisch kommen kann. »Da zwischen Hausherrn und Haushörigen Vergesellschaftungen durch verbindliche Kontrakte ursprünglich nicht stattfinden ..., regeln sich die inneren und äußeren Beziehungen zwischen Herren und Unterworfenen auch in diesem Fall lediglich nach dem Interesse des Herrn und der inneren Struktur des Gewaltverhältnisses. Dies Abhängigkeitsverhältnis selbst bleibt ein Pietäts- und Treueverhältnis.«[5] Und aus dem Umstand, daß eine auf solcher Grundlage beruhende Beziehung »aus sich heraus den Anspruch der Gewaltunterworfenen auf Gegenseitigkeit« entwickelt, lassen sich dann alle Erscheinungsformen des politischen Handelns, die auf späteren Zivilisationsstufen zu beobachten sind, auf den Prozeß zunehmender »Dezentralisation der Hausgemeinschaft« zurückführen. Der Verwaltungsstab differenziert sich und nimmt – wie wir dem Blick auf die Geschichte der Völker entnehmen können – unterschiedliche Formen an: Das Fürstentum, die Monarchie und die moderne Demokratie bilden institutionelle Schritte auf dem Weg zu dieser Dezentralisation der Hausgemeinschaft. Könige und Präsidenten verkörpern exekutive Positionen, die die genannten Veränderungen spezifisch bündeln und die zugleich in ihrem Symbolgehalt an den hausgemeinschaftlichen Ursprungskontext erinnern.

3 Max Weber: Politik als Beruf. In: Gesammelte Politische Schriften. Tübingen 1971, S. 505–560.

4 Vgl. Max Weber (Anm. 3), S. 545. Das Professionsprofil des politischen Handelns wird bei Weber präzis umrissen, und zwar nicht so sehr aus einer theoretischen Perspektive, vielmehr auf der Grundlage empirischer Erfahrungen devianter Politik des deutschen Kaiserreichs. So heißt es weiter S. 547: »Die Sünde gegen den heiligen Geist seines Berufs aber beginnt da, wo dieses Machtstreben unsachlich und ein Gegenstand rein persönlicher Selbstberauschung wird, anstatt ausschließlich in den Dienst der ›Sache‹ zu treten. Denn es gibt letztlich nur zwei Arten von Todsünden auf dem Gebiet der Politik: Unsachlichkeit und ... Verantwortungslosigkeit. Die Eitelkeit: das Bedürfnis, selbst möglichst sichtbar in den Vordergrund zu treten, führt den Politiker am stärksten in Versuchung, eine von beiden, oder beide, zu begehen.«

5 Max Weber: Wirtschaft und Gesellschaft. Tübingen 1972, S. 583.

Wir haben nun im Anschluß an die idealtypische Konstruktion zweier Wertsphären mit jeweils eigengesetzlichen Kommunikationsformen gesehen, daß und inwiefern politische Führungspositionen und familiale Autorität in eine dynamische Konkurrenz zueinander treten können. Die Geschichte der politischen Herrschaft enthält eine Geschichte der Differenzierung beider Bereiche, aber man kann – jenseits der Max Weber beschäftigenden Frage nach der historischen Abfolge – nach spezifischen Bedingungen fragen, die die Väterlichkeit als eine Form faktischer Herrschaftsausübung oder doch zumindest als eine Form der Herrschaftslegitimation wahrscheinlich werden lassen. Ich unterscheide folgende drei Voraussetzungen.

Väterlichkeit als eine Form faktischer Herrschaftsausübung wie Herrschaftslegitimation wird dann wahrscheinlich, wenn der politische Handlungsraum noch nicht hinreichende Funktionsautonomie erlangt hat. Die Institutionen der politischen Gewalt sind nicht über das Modell kündbarer Beziehungen und insofern nur transitorischer Zuständigkeit des Herrschers konstituiert. Alle vormodernen Sozialordnungen zeigen dieses Bild einer nur eingeschränkten Autonomie der Herrschaftsunterworfenen. Die Legitimitätsmuster sind von daher paternalistisch oder zumindest dem Paternalismus entlehnt: Die Fürstenherrschaft und Monarchie sind vertraute Beispiele aus jüngerer Zeit.

Davon unterscheiden läßt sich ein zweiter Typus von Voraussetzungen für einen Wechsel in den Paternalismus. Es handelt sich dabei – unabhängig vom Differenzierungsniveau der Institutionenordnung – um kollektive Krisen der Solidargemeinschaft, vorrangig Kriege, Bedrohung oder Angriff von außen oder innen. Diese Umstände haben zur Folge, daß sich die Situationsdefinitionen verengen und die Wahrnehmung von Handlungsalternativen auf ein Minimum, letztlich auf die Dichotomie von Freund und Feind schrumpft. Die Bevölkerung schart sich um den Herrschaftsträger. Max Weber folgend handelt es sich um die Geburtsstunde des Charisma, der Zuschreibung einer außergewöhlichen Führungsbegabung und der komplementären Fügsamkeit einer Gefolgschaft. Der typische charismatische Held ist der Kriegsführer, der sich in einer außergewöhnlichen Erfahrungssituation zu bewähren hat.

Als dritte Voraussetzung für die Transformation in den Paternalismus nenne ich die Traditionalisierung einer gegebenen Herrschaftsform selbst, das schlichte Perennieren der Ordnung, meistens verbunden mit einer hohen Inelastizität und legitimiert durch das Anciennitätsprinzip. Der Elitenwechsel, der Austausch der Führungspositionen nach dem anfangs erwähnten Kriterium der Kündbarkeit wird hierbei aufgeschoben oder nicht hinreichend verläßlich durchgeführt.

Beispiele für die genannten drei Voraussetzungen einer Inanspruchnahme kleinräumiger, verwandtschaftlicher Loyalitätszumutungen liefert die Geschichte der Menschheit umfassend; insbesondere die Verengung der Wahrnehmung, wie sie für kriegführende Gemeinschaften zu beobachten ist, scheint an der Tagesordnung zu sein. Aber auch für die nachträgliche paternalistische Überhöhung einer Gesellschaft, die sich in ihrer Herrschaftsordnung veränderungsresistent zeigt, finden wir bis in die Moderne hinein Beispiele. Andererseits beurteilt man die politische Situation in den westeuropäischen Ländern wahrscheinlich nicht allzu optimistisch, wenn man unterstellt: Die Binnenordnung macht es eher unwahrscheinlich, daß sich Väterlichkeit als Legitimationssubstitut durchsetzt. Der Volkssouverän ist institutionalisiert durch die Verfahrensdemokratie und durch die Konkurrenz politischer Optionen in Gestalt unterschiedlicher politischer Programmatiken. Auch sind Krisensituationen unwahrscheinlich geworden, die kollektive Waffengänge erzwingen. Die zurückliegenden symbolischen Zuschreibungen von Väterlichkeit haben die Völker während und unmittelbar nach dem Zweiten Weltkrieg erlebt.

Ohne hierauf genauer eingehen zu können, wird man im übrigen sagen müssen, daß Hitler in dieser Hinsicht eine im einzelnen aufschlußreiche Ausnahme bildete – die hohe Identifikation mit seiner charismatischen Begabung beruhte auf einer Karikatur von Väterlichkeit, beruhte nicht etwa auf einer Transposition von Väterlichkeit, sondern auf deren Verkennung. »Wenn das der Führer wüßte« war die seinerzeit artikulierte Formel, mit der man sich gegen die moralischen Schlußfolgerungen selbst erfahrener oder beobachteter Ungerechtigkeit zu immunisieren verstand und zugleich die Zuschreibung dieser Erfahrungen auf das System oder gar dessen herausragenden Vertreter verhinderte. Diese Formel verweist auf eine erheblich reduzierte und um die Dimension des offenen Konfliktaustrags gerade bereinigte Version von Väterlichkeit.

Mit anderen Worten: Die Verfahrensdemokratie erfreut sich einer hohen Akzeptanz, die Positionen im politischen Entscheidungszentrum sind weitgehend entcharismatisiert, das Prinzip der Kündbarkeit hat sich nicht nur verfahrensmäßig als eine Selbstverständlichkeit durchgesetzt, es bildet eine wirksame Grenze gegen die symbolische Überhöhung von Führungspositionen mit dem Etikett oder der symbolischen Qualität von Väterlichkeit.

III

Allerdings scheint es in dieser Situation eine Ausnahme zu geben, gleichsam ein Stück Charismatisierung in der entcharismatisierten Sphäre des Politischen. Es handelt sich um die Position des Ministerpräsidenten, der als Leiter eines

Bundeslandes fungiert und die auf föderaler Ebene aggregierten Interessen in die einheitliche nationale politische Entscheidungsstruktur vermittelt. Die typische symbolische Überhöhung, die diese Elitenposition erfährt, ist die des »Landesvaters« – so als biete gerade diese Aufgabe ein Schlupfloch für die immer unwahrscheinlicher werdende Zuschreibung von Väterlichkeit. Der Landesvater scheint eine bemerkenswerte Differenz zwischen kleinräumig-vormodernem Politikverständnis einerseits und nationalstaatsangemessenem Politikverständnis andererseits zu bündeln. Er übernimmt die symbolische Repräsentanz vordemokratischer Treue- und Pietätsverpflichtungen. Von der institutionellen Seite her betrachtet, bezieht sich die Figur des Ministerpräsidenten auf einen wichtigen Bestandteil der politischen Ordnung Deutschlands, nämlich auf den Föderalismus und die im Föderalismus enthaltene Zweikammerkonkurrenz. Die Konkurrenz zwischen Nationalparlament und Ländervertretung ist im politischen Willensbildungs- und Gesetzgebungsprozeß verfahrensmäßig vorgesehen und erhöht dank dieses Filters die Anpassungselastizität von politischen Institutionen.

Unterhalb dieses in sich funktionalen institutionellen Arrangements setzt sich hingegen eine symbolische Seite durch, die sich in beinahe allen Bundesländern gut beobachten läßt: die Zuschreibung von Väterlichkeit. Sie hat damit zu tun, daß hiermit a) zum einen eine landsmannschaftlich gebundene Gemeinschaftsbildung artikulierbar wird, die die Identifikation mit der Staatsnation folgenreich bricht und gleichsam kleinarbeitet und demgegenüber einem lokalen Partikularismus Gehör verschafft; und b) eine antistaatliche Selbstdefinition kontinuiert wird, die mit dem historisch tradierten, für die deutsche Situation immer schon strukturstiftenden Staatsverständnis kovariiert.

Traditionell bewegt sich die Legitimitätsabgabe der deutschen Politik in der Spannung zwischen einer kulturnationalen, im Grunde vorpolitischen, und einer staatsnationalen Selbstbeschreibung, welche die institutionalisierte Volkssouveränität ins Zentrum rückt. Die Idee des Landesvaters stiftet nun vor diesem Hintergrund eine Identifikationsmöglichkeit für Bevölkerungsgruppen, deren Politikwahrnehmung durch die eng gezogenen Grenzen eines im Prinzip noch verwandtschaftlich gedachten Zugehörigkeitsraums landsmannschaftlich beschränkt bleibt. Der Ministerpräsident als Landesvater bietet die Möglichkeit, den Unvermeidbarkeiten auf der staatsnationalen Entscheidungsebene ein konkurrierendes Prinzip reiner Interessenvertretung entgegenzustellen. Man kann hierbei etwa an die Verklärung Kurt Biedenkopfs in Sachsen denken, aber auch die Reputation von Lothar Späth in Baden-Württemberg ist hierfür beispielhaft, wobei in der positiven Wertschätzung einer gegen den Nationalstaat gerichteten Schlitzohrigkeit deutlich wird, wie diesem Legitimationsmuster zufolge der Bezug auf das dem Gesamtstaat verpflichtete Gemeinwohl erlöschen kann.

Einen gleichsam reinen Typus des Landesvaters verkörpert der gegenwärtige Bundespräsident Johannes Rau, der vor dem Hintergrund der hier erörterten Zusammenhänge von Eliten und deren symbolischer Funktion nun in die bemerkenswerte Folgeproblematik gerät, aus der Position hoher protektiver Verpflichtung auf eine territorial gebundene Zugehörigkeit – auf die Rheinländer und Westfalen – in die Position der landsmannschaftlich neutralen Zuständigkeit des Bundespräsidenten einzurücken und alte Zuschreibungen aufgeben zu müssen. Das ist schwierig.

Ich hatte anfangs ausgeführt, daß in die Väterlichkeit nicht nur Fremdcharismatisierungen eingehen, sondern auch Selbstcharismatisierungen diesen Prozeß bekräftigen können. Der Landesvater ist auch eine folgenreiche Selbstdefinition Raus geworden, die den politischen Habitus überlagert. Rau verkörpert eine spezifisch religiös gefärbte Version von Landesväterlichkeit. Sie betont nicht so sehr die Konfliktartikulationsbereitschaft, vielmehr die Konfliktversöhnungsbereitschaft und bestimmt auf dieser Grundlage sein Politikverständnis. Grundlegend ist dabei die Identifikation mit einem vorpolitischen Vaterlandskonzept einerseits und mit einer Idee, gesellschaftliche Antagonismen durch passionierte Syntheseanstrengung zum Verschwinden zu bringen. Getragen wird dieser Habitus von der internalisierten christlichen Soziallehre, deren Schlüsselkonzept in dem Gedanken liegt, als Gottes Werkzeug in der Welt wirken zu müssen. Konsistent mit dieser heimlichen Motivierung seines Handelns hat sich die Überzeugung entwickelt, daß die Bewährung für den göttlichen Auftrag immer schon eingetreten ist, das politische Handeln kann sich gegenüber der Frage nach einem tatsächlichen Erfolg oder Mißerfolg indifferent verhalten. Paradox formuliert, wird die Erfolgszurechnung bei dieser Selbstauffassung gleichsam außer Kraft gesetzt, weil sie qua Habitus immer schon vorliegt.

Diese zugespitzte Version eines aus dem pietistischen Christentum gespeisten ethischen Optimismus erklärt die gleichzeitige Unerbittlichkeit in der Verfolgung eines politischen Karriereziels ebenso wie die Sprödigkeit im Umgang mit den politischen Gestaltungsaufgaben. Hierbei ist es das für Rau spezifische Amalgam mit einer deutlich landsmannschaftlich gefärbten Selbstauffassung, das gerade den Übergang in die neue Aufgabenstellung der präsidialen Funktion erschwert und deutlich erkennbare Schwierigkeiten in der Artikulation einer eigenständigen präsidialen »Handschrift« nach sich zieht.

Man könnte in diesem Zusammenhang die Prognose wagen, daß die unhintergehbare Dualität der beiden zentralen exekutiven Positionen Kanzler und Präsident mit dem neuen Paar Schröder und Rau in die spannungslose Parallelaktion von – einerseits – technokratischem Vollzug der Politik und – andererseits – der Artikulation »Guter Absicht« als der typischen »Illusio« (Bourdieu) der Elitenpraxis einmünden wird. Beide Politiker repräsentieren im übrigen insofern ein deutsches Elitendilemma, das auf die dramatische Entlegitimation des nationalstaatlichen Gedankens zurückzuführen ist. Man sieht an ihren Biographien im Umkehrschluß, in einem wie hohen Ausmaß sich das gebildete und patrizische Bürgertum aus Gestaltungspositionen zurückgezogen und der Sekurität vor der Gestaltungssouveränität den Vorrang gegeben hat. Das muß, um nicht mißverstanden zu werden, kein Konstruktionsfehler der politischen Ordnung sein, es kennzeichnet die für Deutschland spezifische Elitenkonstellation nach dem Zweiten Weltkrieg. Schließlich ist die deutlich kleinbürgerliche Herkunft der gegenwärtigen politischen Eliten mit der Chance verbunden, die für die deutsche Geschichte verhängnisvoll gewordene kulturmissionarische Konnotation im Politikverständnis des Bürgertums hinter sich zu lassen.

Um abschließend auf die symbolisch außerordentlich interessante Figur des Ministerpräsidenten als Landesvater zurückzukommen, so mag es tröstend sein, daß es auch in der symbolischen Ordnung der Bundesrepublik keinen »Bundesvater« gibt – man kann dies als einen Hinweis auf die politische Klugheit und den Reifegrad einer Gemeinschaft verstehen, die sich hütet, eine Position zu familiarisieren, die in operativer Konkurrenz zur Position des Kanzlers steht. Dagegen scheinen die Tendenzen deutlich zuzunehmen, ein antistaatliches kollektives Selbstverständnis hinter dem Konzept des Landesvaters zum Ausdruck zu bringen. Diese Tendenzen werden als implizite Politikdefinition die Auseinandersetzungen zwischen föderalen Einheiten, nationalstaatlicher Politik und überstaatlicher Entscheidungshoheit im europäischen Raum bestimmen.

Vater Recht

Uwe Wesel

Hier ist ein Jurist eingeladen, dessen Fach die Rechtsgeschichte ist, und darüber will ich auch reden: über die Geschichte, und zwar einmal über die jüngere, also die der letzten 100 Jahre, und dann gehe ich noch etwas weiter zurück.[1]

Die jüngere Geschichte des Vaterrechts beginnt mit dem Bürgerlichen Gesetzbuch, am 1. Januar 1900, und ich nenne zunächst einmal nur einige Regelungen, die darin getroffen waren: Man muß diese Geschichte ja immer im Zusammenhang aller beteiligten Personen verstehen, denn es bestehen ja nicht nur rechtliche Verhältnisse zwischen Vater und Kind, sondern auch mit der Mutter: Die ist mitten drin.

Nach dem Bürgerlichen Gesetzbuch von 1900 hatte der Vater das Recht, den Wohnsitz der Familie zu bestimmen. Er bestimmte den Namen der Familie durch seinen eigenen, er bestimmte über die Ausbildung der Kinder, bis zum 21. Lebensjahr hatte er allein die Gewalt inne. In der Regel erzog die Mutter die Kinder, aber der Vater bestimmte, was die Kinder zu machen hatten, und in Bezug auf die Mutter hatte er den sogenannten Güterstand der Nutznießung und Verwaltung. Damit ist gemeint, daß die Frau über eigenes Vermögen, auch wenn sie noch so reich war, überhaupt nicht verfügen durfte. Der Ehemann verwaltete das Vermögen, und wenn er damit Gewinn machte, ging das in seine Tasche. Das war eben der Güterstand der Nutznießung und Verwaltung.

Darüber hinaus konnte er auch bestimmen, was die Frau denn beruflich so machte, ob sie beruflich überhaupt irgend etwas machte. Er hatte ein Kündigungsrecht für ihre Beschäftigung, konnte jeden Dienstvertrag, den die Frau abschloß, kündigen. Bei jeder Beschäftigung, die sie einging, konnte er sagen: »Geht nicht mehr.« Der Ehemann konnte dem Arbeitgeber seiner Frau jederzeit sagen: »Jetzt ist Schluß mit lustig, sie arbeitet nicht mehr.«

Das alles nannte man »Väterliche Gewalt«. Die war in der Tat gewaltig, obwohl wir ja eigentlich etwas gegen Gewalt haben – das kommt aus dem römischen Recht.

Diese umfassende Verfügungsbefugnis des Vaters über die Familie änderte sich auch nicht, als 1919 in Weimar die Reichsverfassung beschlossen wurde. Da stand in Art. 109 Abs. 2 nicht das drin, was heute im Grundgesetz steht, nämlich in Art. 3 Abs. 2: »Männer und Frauen sind gleichberechtigt.« Da stand vielmehr: »Männer und Frauen haben grundsätzlich dieselben staatsbürgerlichen Rechte und Pflichten.« Wenn ein Jurist »grundsätzlich« sagt, heißt das immer, es gibt Ausnahmen, irgend etwas gilt »im Prinzip«, aber es gibt eben doch Ausnahmen. So war das auch in der Weimarer Verfassung. Dort wo es nicht paßte, konnte man Männer und Frauen auch als staatsbürgerlich nicht gleich behandeln. Außerdem betraf das zunächst einmal nur die staatsbürgerliche Stellung von Frauen, im wesentlichen ihr Wahlrecht – also das aktive und das passive Wahlrecht: Das war nicht ganz unwichtig.

Doch änderte sich dadurch an der ungeheuer starken Stellung von Vätern überhaupt nichts. Das blieb auch in der Nazi-Zeit so und wurde erst 1949 geändert, nachdem der Kampf einer tapferen, schon etwas älteren Sozialdemokratin, Elisabeth Selbert, erfolgreich war. Sie hat diesen Art. 3 Abs. 2 durchgesetzt – das ist eine sehr ehrwürdige Geschichte, die ich Ihnen jetzt leider nicht erzählen kann.

Die Männer hatten diesen Artikel im Parlamentarischen Rat zweimal abgelehnt. Ein berühmter Staatsrechtler, Thoma, hat noch versucht, das zu verhindern, aber es ist ihm nicht gelungen. Elisabeth Selbert hat Gewerkschaften, Frauenorganisationen und ihre eigene Partei, die Sozialdemokraten, ungeheuer mobilisiert und es dann schließlich doch durchgesetzt, daß im Grundgesetz dieser Satz steht: »Männer und Frauen sind gleichberechtigt.«

Aber das heißt nicht, daß damit das Bürgerliche Gesetzbuch erledigt war. Vielmehr stand in einem Zusatzartikel: »Es gibt eine Übergangsfrist von vier Jahren.« Und innerhalb dieser vier Jahre sollte der Bundestag dann alle alten Vorschriften beseitigen. Der Termin war der 31. März 1953, und man kann sich vorstellen, was bis dahin passiert war, nämlich nichts. Adenauer und seine CDU, die waren nicht im mindesten daran interessiert, etwas zu ändern. Allerdings stand in der Übergangsvorschrift im Grundgesetz auch: »Entgegenstehendes Recht tritt am 31. März außer Kraft.«

Was da alles geschah, ist unheimlich komisch. Denn nun war ja klar: Dieser Güterstand der Nutznießung und Verwaltung

1 Vorliegender Text gibt den Tagungsvortrag des 23. Oktober 1999 wieder. Er wurde aufgrund eines Tonband-Mitschnitts für den Druck nur leicht überarbeitet.

des Vermögens der Ehefrau, das Kündigungsrecht des Mannes, das mußte alles wegfallen. Aber was den Namen der Familie anging, da hieß es: Einer muß den Namen der Familie ja bestimmen, das mußte natürlich bleiben. Und was die väterliche Gewalt anging, also daß der Vater allein darüber bestimmte, was die Kinder machten, welche Ausbildung sie zu machen hatten, die »Personensorge«, wie man das juristisch nennt; auch da hieß es: Einer muß ja bestimmen, also das bleibt auch in Kraft. Und ähnliches mehr.

Jedenfalls gab es eine lustige Diskussion, bis es dann tatsächlich weitere vier Jahre später, 1957, zu einem sogenannten Gleichberechtigungsgesetz kam. Adenauer hat es tatsächlich unter großen Qualen erlassen, und da ging es natürlich dann auch um die Frage: Wer bestimmt denn, was die Kinder machen? Antwort: beide.

Blieb nur die Frage: Wenn die Eltern sich streiten, was ist dann? Dann bestimmte §1628: Wenn sie sich nicht einigen können, ja dann entscheidet der Alte, also der Mann, der Vater. Das war das Gleichberechtigungsgesetz mit dem sogenannten Stichentscheid des Vaters.

Und dann kam zwei Jahre später das Bundesverfassungsgericht, wieder mit einer Frau als Berichterstatterin, wieder einer ehrwürdigen alten Sozialdemokratin, Erna Scheffler. Die hat in ihrem Senat, im ersten Senat des Bundesverfassungsgerichts, seinerzeit durchgesetzt, daß auch die anderen Männer gesagt haben: »Das ist verfassungswidrig.«

Die Frage, wer denn in der Familie eigentlich bei Nichteinigkeit entscheidet, war streitig und ist erst 1979 gesetzlich geregelt worden. 20 Jahre lang hat sich also keiner entscheiden können, das zu regeln.

Und was haben die Gerichte gesagt? Naja, haben die gesagt, wenn sie sich nicht einigen können, dann bestimmt eben das Familiengericht denjenigen von den beiden Eltern, der entscheidet, oder eben auch diejenige. So steht es auch heute noch im § 1628. Daneben ist auch noch einiges andere geändert worden – allerdings zieht sich die Verwirklichung dieses Art. 3. Abs. 2 über einen Zeitraum von 40 bis 50 Jahren hin.

Heute wiederum gibt es ein gemeinsames Sorgerecht, sogar bei nichtehelichen Lebensgemeinschaften. Die Eltern müssen nicht mehr verheiratet sein. Das ist seit 1997 so, seit dem Kindschafts-Reform-Gesetz: Man hat ein gemeinsames Sorgerecht für das gemeinsame Kind, ohne daß dem eine staatlich sanktionierte Ehe zugrunde liegen muß. Auch ist jetzt nicht mehr von »elterlicher Gewalt« die Rede – so war das noch 1957 – sondern seit 1979 von »elterlicher Sorge«. Sorge also und nicht mehr Gewalt.

Ähnlich verläuft die Entwicklung beim Namensrecht: Erinnern wir uns, daß es da ständig Entscheidungen des Bundesverfassungsgerichts gegen den Gesetzgeber gab, bis wir schließlich den heutigen Stand erreicht haben.

Wenn man das alles zusammennimmt, so kann man folgendes Ergebnis formulieren: Dieses Recht der Väter, das die Väter selbst gemacht haben – im Reichstag, der 1896 das Bürgerliche Gesetzbuch beschlossen hat, saßen ja nur Männer – dieses Recht ist eigentlich erst am Ende des zwanzigsten Jahrhunderts beseitigt worden. Heute haben wir es – vielleicht kann man das ungefähr so sagen – eher mit einem Vater-Mutter-Kinder-Recht zu tun, das sogar für die Kinder Rechte bereithält. Schon 1979 ist in § 1626 Abs. 2 gesagt worden: »Bei der Pflege und Erziehung berücksichtigen die Eltern die wachsende Fähigkeit und das wachsende Bedürfnis der Kinder zu selbständigem verantwortungsbewußtem Handeln.« Damit war gemeint, daß die Eltern ihre Kinder zu fragen haben, daß sie mit ihnen reden müssen; und wenn sie das nicht tun, dann hat das Kind das Recht, das Familiengericht anzurufen. In diesem Falle entscheidet – zum Beispiel in Fragen der Ausbildung – dann das Familiengericht. Die Eltern sind also nicht mehr allmächtig, schon gar nicht der Vater.

Kinder werden heute mit 18 Jahren volljährig, damals wurden sie es erst mit 21: Das ist also tatsächlich auch ein Kinderrecht. Wenn ein Kind zum Beispiel mit 15 oder 16 Jahren eine Ausbildung machen will, und die Eltern wollen etwas Anderes, dann kann das Kind zum Familiengericht gehen und sagen: »Das entspricht nicht meinem Wohl.« Und das Familiengericht kann dann entscheiden.

Das war für die Konservativen eine Provokation. Schon 1957 wurde das diskutiert, und da hat man immer gesagt: »Um Gottes Willen, wir können doch nicht durch den Staat, durch staatliche Gerichte, in die Familie eingreifen.« Das ist ja nun auch nicht ganz unproblematisch, aber doch immer noch besser, als wenn da allein der Alte diktiert, was zu geschehen hat.

Das also ist die Entwicklung im zwanzigsten Jahrhundert. Man könnte auch sagen, daß die Herrschaft der Väter oder die väterliche Gewalt – wie auch immer Sie das nennen wollen, wir sprechen ja auch von Staatsgewalt –, daß diese väterliche Gewalt juristisch erst heute beseitigt ist.

Das hat – ich bleibe noch in der Gegenwart, also noch im zwanzigsten Jahrhundert – natürlich auch damit zu tun, daß tatsächlich nach Art. 109 Abs. 2 der Weimarer Verfassung erstmals auch die Frauen das aktive und passive Wahlrecht erhalten hatten und daß im Reichstag tatsächlich auch Frauen saßen – das waren im Wesentlichen die Frauen des Zentrums und der SPD, wohl in erster Linie der SPD. Die und später die Frauen im Bundestag haben das allmählich durchgesetzt.

Am Beispiel des juristischen Bereiches kann man die Entwicklung genauer nachzeichnen: Erst seit kurzer Zeit bestimmen Frauen auch im Recht mit, die durften ja vorher gar nicht Jura studieren. Das Bürgerliche Gesetzbuch ist vom Reichstag 1896 erlassen worden, zu einer Zeit, als es Männern undenkbar schien, daß eine Frau Juristin wird oder auch nur Jura studiert. Frauen sind zum Jurastudium zuerst in Baden zugelassen worden, um 1900, dann geht es 1903 weiter in Bayern, 1904 in Württemberg, 1906 in Sachsen, 1907 in Thüringen, 1908 in Hessen und Preußen. Da durften die studieren, aber noch keine Examen machen, promovieren dagegen durften sie. Schlußlicht war 1909 Mecklenburg, Schwerin.

Dieses Studium berechtigte dann immerhin zur Promotion, aber das Entscheidende an der juristischen Tätigkeit ist die Tätigkeit als Richterin oder Anwältin oder in der Verwaltung. Und da hat sich die Beteiligung der Frauen erst aufgrund der Weimar Reichsverfassung durchgesetzt. Man glaubt gar nicht, was es da für Diskussionen gab, noch zum Beginn der Weimarer Zeit. Zwar durften die Frauen das Referendarexamen mancherorts bereits in der Zeit des Ersten Weltkrieges ablegen, doch wurde erst 1922 ein Gesetz erlassen, das »Reichsgesetz über die Zulassung der Frauen zum Richterberuf« hieß. Und seitdem konnten auch Frauen das entscheidende Examen machen, das Assessorsexamen, also das zweite juristische Staatsexamen. Damit erst hat man das Recht, Richter und Anwalt zu werden, und dieses Recht ist für Frauen dann ganz allmählich seit 1922 durchgesetzt worden.

Die Initiative zu diesem Gesetz von 1922 ging im übrigen nicht nur von Frauen, sondern auch von einem Justizminister aus: Gustav Radbruch, Juraprofessor, Strafrechtler, hat ganz wesentlich zu der Veränderung von 1922 beigetragen.

Die erste Anwältin ist 1923 in München ernannt worden. Wenn ich mich dagegen heute in meinem Hörsaal umschaue, dann sitzen da zur Hälfte Studentinnen, das ist heute ganz normal. Als ich zu studieren anfing, mußten wir immer in die philosophische Fakultät gehen, um eine Frau kennenzulernen, bei den Juristen war da nichts zu machen. Also haben wir uns viel Kunstgeschichte angehört, das war sehr interessant.

Dann aber, 1933, wurden alle Bemühungen wieder gestoppt, weil Adolf Hitler etwas dagegen hatte, daß Frauen Juristen wurden. Er hatte sowieso etwas gegen Juristen – da kann ich ihm gerade noch folgen. Aber jedenfalls wurden nun die Frauen wieder ausgeschlossen. Sie durften keine Richterinnen mehr werden, sie durften allenfalls Anwältinnen bleiben, und das blieb so bis 1945.

Heute wiederum haben wir unter den Richtern und Anwälten 25 % Frauen. Bei den Studentinnen sind es fast 50 %, und das ist ein größerer Anteil als in anderen Ländern. In den USA gibt es nur 9 % Richterinnen und Anwältinnen. Ich glaube, wir stehen gar nicht so schlecht da.

Und dadurch verändern sich auch die Inhalte des Rechts, denn Recht ist Interpretationsherrschaft, Herrschaftswissen, und über Recht wird bestimmt, was Recht ist, und auch dadurch ist im Laufe dieser Entwicklung Vaterrecht beseitigt worden. Das ist – grob skizziert – der rechtshistorische Hintergrund.

Doch nun will ich noch einmal in einer viel früheren Zeit anfangen und gehe vom Beginn der Menschheit aus. Immerhin bin ich der einzige Jurist in Deutschland, der weiß, wie das Recht der Neandertaler ausgesehen hat. Ich erzähle Ihnen also jetzt ganz kurz die Entwicklung bis 1900, und auch die ist nicht ganz geradlinig verlaufen.[2]

1861 hat der berühmte Rechtshistoriker Johann Jakob Bachofen in Basel eine große Entdeckung gemacht und ein Buch geschrieben: »Mutterrecht – über die Gynäkokratie der alten Welt«. Bachofen lebte in einer Ehe mit einer jüngeren Frau nach – wie er das selber nannte – imperialistischen Grundsätzen. Und er hatte also die Entdeckung gemacht, daß es in früheren Zeiten anders war als zu seiner Zeit. Allerdings ist das ganze mit einer stark chauvinistischen Tendenz durchtränkt. Dieses Buch ist ein Chauvi-Buch, das dem Motto folgt: »Früher habt Ihr die Herrschaft gehabt, jetzt haben wir sie, Gott sei dank!« Das sei – so Bachofen – die Entwicklung vom Stoff zum Geist. Am Anfang war der Stoff, das ist die Frau, und nun herrsche der Geist der Männer, das ist die Entwicklung vom Stofflichen zum Geistigen, zugleich die Entwicklung vom Mutterrecht zum Vaterrecht, zum römischen Patriarchat, der römischen Patria Potestas.

In einer genialen Mytheninterpretation beschreibt er zunächst die Frühzeit. Die Griechen hatten tatsächlich mutterrechtliche, also Matriarchats-Mythen. Er nimmt an, am Anfang der Geschichte der Menschheit habe es eine Herrschaft von Frauen gegeben, die dann aber abgebaut wird bis zum Höhepunkt der römischen Patria Potestas, das heißt Macht, Gewalt, väterliche Gewalt. Daher kommt unser Begriff der väterlichen Gewalt.

Ich möchte Bachofens Gedankengang nicht detailliert beschreiben, lediglich sagen, diese Theorie ist im Einzelnen sogar richtig gewesen.[3] In Stammesgesellschaften konnten wir das noch bis vor einiger Zeit beobachten. Man kann auch in der Geschichte beweisen, daß es Gesellschaften

2 Umfassend siehe hierzu Uwe Wesel: Geschichte des Rechts. München 1997.

3 Detailliert siehe hierzu Uwe Wesel: Der Mythos vom Matriarchat. Frankfurt a.M. 1998.

gegeben hat, in denen Frauen im Zentrum der gesellschaftlichen Entwicklung standen. Wir nennen das matrilineare, matrifocale Gesellschaften, Beispiele dafür finden sich auch bei amerikanischen Indianern und in Afrika.

Es gibt in Afrika einen matrilineal belt, das ist ein ganzes Gebiet in der Mitte Afrikas mit lauter matrilinearen Gesellschaften, in denen allerdings die Männer inzwischen längst die Herrschaft übernommen haben. Solche matrilinearen Strukturen sind eng mit der Art der Arbeitsteilung verbunden. Dieser afrikanische matrilineare Gürtel ist eine Zone mit Hackbau und Brandrodung, und da spielen die Männer keine große Rolle. Das heißt: überall da – zum Beispiel auch in den Jägergesellschaften – wo die Männer in der Produktion nicht die entscheidende Rolle gespielt haben, ist die gesellschaftliche Stellung der Frauen stärker. Und damit ist auch ihre juristische Stellung besser, denn da gibt es auch ein nicht an Herrschaft gebundenes Recht. Diese verhältnismäßig starke Position von Frauen in matrilinearen Gesellschaften – in patrilinearen ist sie sowieso anders – wird mit der Entstehung des Staates, das heißt mit der Entstehung von organisierter, institutionalisierter Herrschaft im Sinne Max Webers beendet.

In dem Moment, wo das Häuptlingsamt erblich und auf die Söhne übertragen wird, entsteht Herrschaft. Am Ende dieses Prozesses entsteht der Staat, und zwar nicht irgendwann, sondern im 3. Jahrtausend vor Christus in Mesopotamien, in Ägypten, in Indien und in China.

Und damit sind die Frauen am Ende, denn jetzt unterdrücken die unterdrückten Männer auch noch ihre Frauen. Die staatlich organisierte Unterdrückung der Männer verstärkt die damals bereits in patrilinearen Gesellschaften vorhandene Unterdrückung von Frauen. Das findet sich in seiner höchsten Form dann im römischen Patriarchat, auch wenn das nicht nur bei den Römern so war.

Ich will kurz umreißen, was »Patria Potestas« heißt. Es gibt einen römischen Juristen, der sich ähnlich klar ausdrückte wie ich, der hieß Gaius und wird deswegen von meinen Kollegen auch nicht sehr geschätzt. Der hat geschrieben: »fere enim nulli alii sunt homines qui talem in filios suos habent potestatem qualem nos habemus.« (Es gibt kaum irgendwo auf der Welt andere Völker, bei denen die Väter eine so starke Macht über ihre Kinder haben wie bei uns.) Das stimmte für seine Zeit, denn die Patria Potestas bedeutete nichts anderes als das berühmte »ius vitae necisque«, das heißt der Vater konnte über Leben und Tod seiner Kinder entscheiden, anfangs auch über das seiner Frau. Deren Stand war »filiae loco« (wie eine Tochter). Er hatte seiner Frau gegenüber ein Züchtigungsrecht. Es gab ein Hausgericht des Vaters über alle Angehörigen. Auch hatte er ein eigenes Gefängnis, jeder vornehme Römer hatte ein eigenes Gefängnis: Da steckte er meistens seine Sklaven rein, aber wenn die Jungschen mal nicht so richtig wollten, dann kamen die da auch rein, und es sind auch Frauen drin gelandet. Der Vater hatte das Recht des Notverkaufs, das heißt er konnte seine Kinder verkaufen. Das ist dann durch die Zwölftafelgesetze um 450 vor Christus zumindest teilweise beseitigt worden. Es gab den sogenannten Heiratszwang, das heißt: Der Vater konnte darüber bestimmen, wie und wen seine Töchter heiraten.

Alle Familienmitglieder waren bis zum Tode des Vaters »alieni iuros«, wie die Römer sagten. Das heißt alles, was da in der Familie war, gehörte von vornherein ihm. Wir kennen römische Konsuln, Heerführer, Generäle, die standen noch unter der väterlichen Gewalt und hatten kein eigenes Vermögen, das gehörte alles dem Alten, dem Vater, »Pater«. Auch das heißt »Patria Potestas«. Sie hatten ein gewisses Sondervermögen, das was bei uns heute im BGB § 110 der Taschengeldparagraph ist. Das ist zwar alles jetzt ein bißchen zugespitzt formuliert, aber auf jeden Fall gilt: Sie waren nicht rechtsfähig, das heißt sie hatten nicht das Recht, die Möglichkeit, Träger von Rechten und Pflichten zu sein. Sie waren geschäftsfähig, sie konnten Verträge abschließen, aber wenn man daraus gegen sie klagen wollte, mußte man gegen den Alten klagen. Und wenn sie Rechte hatten, die sie durchsetzen wollten, mußten sie zum Vater sagen: »Hier bitte, klag' doch mal für mich«, und wenn der sagte: »Mache ich nicht«, dann war der Sohn am Ende, da konnte auch ein Konsul oder ein Prätor nichts machen.

Das also ist Patria Potestas. Allerdings nimmt diese Macht dann vom zweiten Jahrhundert nach Christus bis zu Justinian, 500 nach Christus, tendenziell ab. Im späten Prinzipat schwächt sich diese starke Stellung des römischen Mannes immer mehr ab und die Kinder werden allmählich selber rechtsfähig. Auch sie sind dann »sui iuros«.

In Griechenland war es ähnlich, vielleicht nicht ganz so schlimm, doch das ganze geht dann weiter bis in das deutsche Mittelalter hinein. Da gibt es die »mundt«, die der Patria Potestas entspricht. Man streitet sich darüber, woher das Wort kommt, ob von Hand oder von Mund, wahrscheinlich von der Hand: Der Alte hatte seine Hand drauf. Man spricht ja auch heute noch von Vormundschaft. So steht es auch im Sachsenspiegel, »Vormundeschaft« über die Kinder. Es gibt auch noch den Heiratszwang, das heißt der Vater verheiratet seine Tochter. Entweder macht er einen Vertrag mit dem Vater des Bräutigams oder mit dem Bräutigam selbst, das ist sehr unterschiedlich. Man muß dazu wissen, daß es das »Deutsche Recht« zu dieser Zeit ja gar nicht gibt, es gibt das Recht des Sachsenspiegels und so weiter, diese Ordnungen sind sehr stark lokal geprägt.

Aber die »mundt« ist allgemein verbreitet. Das ist Patria Potestas, das heißt der Vater kann bestimmen, wen eine Tochter heiraten muß, oft auch noch, wen ein Sohn heiratet. Diese Vormundschaft endet mit der Verheiratung der Tochter, mit der sogenannten »Abschichtung«, das heißt »Sunderung« (im Sachsenspiegel) des Sohnes, wenn er eine eigene Familie gründet.

Der Heiratszwang wurde dann durch eine hochinteressante Entwicklung zur Heiratserlaubnis. Jetzt, angesichts von Bischof Dyba, staunt man, aber es war die katholische Kirche, die eine erstaunliche Rolle in der Frage gespielt hat, wie stark die Rechte von Frauen sind. Sie hat den entscheidenden Satz geprägt: »consensus facit nuptias«. Der gemeinsame Wille der Eheleute entscheidet darüber, ob eine Ehe zustande kommt und nicht der Vater der Braut oder des Bräutigams. Auch die Frau mußte nun also zustimmen. Das hatte die katholische Kirche schon im 8. und 9. Jahrhundert gesagt, das kanonische Recht hat das dann im 12. Jahrhundert festgeschrieben. In diesem 12. Jahrhundert, in dem – dank der Kirche und einiger landwirtschaftlicher Änderungen – die Wende zur Moderne einsetzt, hat die Kirche durchgesetzt, daß die Zustimmung des Vaters zur Eheschließung nicht mehr unbedingt notwendig war. Zwar mußte er der Tochter zunächst noch erlauben, einen bestimmten Mann zu heiraten, aber er konnte sie nicht mehr zwingen. Das heißt »consensus facit nuptias«.

Schließlich fällt im 12. Jahrhundert die Heiratserlaubnis weg. Die junge Frau kann machen, was sie will, kann »de iure« heiraten, wen sie will. Zwar gibt es einige lokalrechtliche Einschränkungen im deutschen Mittelalter, besonders in den Stadtrechten – da wollte man sogenannte heimliche Ehen verhindern – aber im Großen und Ganzen verläuft die Entwicklung so bis zur Reformation.

Hier allerdings kommt Luther und sagt: »Das geht aber zu weit, der Alte muß zustimmen.« Durch Martin Luther, der ja im Grunde ein mittelalterlicher Mönch war, durch die Evangelischen, nimmt der Druck auf die Frau wieder zu. Es gibt also durch Martin Luther, durch die evangelische Kirche – die ja durchaus ihre Verdienste hat – wieder einen Rückschritt, und das bleibt im Grunde so bis 1900.

Luther bezieht sich natürlich auf das 4. Gebot: »Du sollst Vater und Mutter ehren.« Bei vielen Streitfragen, wo unklar ist, ob denn nun beide Eltern zustimmen müssen, oder nur der Vater, setzt sich nun wieder der Vater durch, und diese Entwicklung führt bis zum Bürgerlichen Gesetzbuch. Eine Rolle spielt dabei auch, daß die Reformation mit dem Ende der sogenannten Rezeption einsetzt, der Aufnahme des römischen Rechts in das deutsche Recht also, und dadurch gibt es nun wieder die Patria Potestas, die starke »Vormundeschaft«. Da spricht man dann von »väterlicher Gewalt« oder eben Patria Potestas. Der Mann hat nun auch wieder das Züchtigungsrecht: als Vater, aber auch gegenüber seiner Frau, das nennt sich dann »levis castigatio« (leichte Züchtigung). Sie können das in den ganzen juristischen Werken noch bis zum Ende des 18. Jahrhunderts nachlesen, und was das heißt, können Sie sich vorstellen – *er* durfte prügeln.

Das ergibt sich als Folge aus der Rezeption des römischen Rechts plus dem protestantischen Einfluß gegen die katholische Kirche. Und noch im »Preussischen Allgemeinen Landrecht« von 1794 ist dieses Züchtigungsrecht und ist auch die Notwendigkeit der Heiratserlaubnis festgelegt. Und damit sind wir dann letztlich – im 19. Jahrhundert verändert sich nichts – beim Bürgerlichen Gesetzbuch, und ich bin am Ende der Darstellung der Geschichte.

Vater Staat

Herfried Münkler

Im Frühjahr 1918 hielt der Althistoriker Richard Heinze im eroberten Bukarest vor deutschen Soldaten einen Vortrag; Heinzes Thema war die Kultur des Römischen Reichs zur Zeit des Augustus, und ganz zweifellos ging es ihm dabei nicht nur um die Vermittlung historischen Wissens, sondern auch und vor allem um die Entwicklung politisch-kultureller Perspektiven für ein Nachkriegseuropa, das – davon waren der Vortragende und seine Zuhörer überzeugt – von den Deutschen beherrscht werden würde. Gleich zu Beginn kam Heinze auf das lateinische Wort *res publica* zu sprechen:

> *Man möchte die Römer um dieses Wort geradezu beneiden. Wie kalt, wie farblos, ausdruckslos klingt unser ›Staat‹. Welcher Nichtgebildete kann sich dabei wirklich etwas vorstellen? Welcher Gebildete wird wirklich warm dabei, wenn er es hört, wie bei den Worten Heimat, Vaterland, Kaiser? Der Staat, ein Abstraktum, das Wort in der politischen Bedeutung erst spät, im 17. Jahrhundert, aus dem Ausland entlehnt, nie recht in Fleisch und Blut des Deutschen übergegangen, bezeichnend genug für die späte Entwicklung seines politischen Sinnes. Wie viele denken im Grunde wie jener Bauer aus dem Merseburgischen, der zu Friedrich Wilhelm IV., als dieser ihm mit der Berufung auf den Staat und seine Ordnung eine Bitte abschlug, entgegnete: ›O, ich wußte nicht, daß ich nicht meinem gnädigen König gegenüberstand, sondern diesem Racker von Staat.‹*[1]

Ganz offenkundig ist *»Vater Staat«* das semantische Gegenstück zu der von dem Bauern benutzten Wendung *»Racker von Staat«*, die in der zweiten Hälfte des 19. Jahrhunderts zu einem geflügelten Wort geworden ist, das übrigens in unterschiedlichen Versionen auf die auch von Heinze kolportierte Geschichte von dem Bauern und seinem König zurückgeführt wird. In einer etwas anderen Fassung ist der Bauer erleichtert, als er vernimmt, daß die Ablehnung des Gesuchs nicht auf den Willen seines Königs, sondern auf die Ordnung des Staates zurückzuführen sei: »Ich wußte wohl, daß nicht mein geliebter König mir entgegensteht, sondern der Racker von Staat«[2], erklärt er in dieser Version, die nicht auf einen Vorwurf an die Adresse des Königs, sondern auf dessen Inschutznahme gegen die Zumutungen der staatlichen Ordnung hinausläuft. Was in der Wendung *Racker von Staat* zum Ausdruck gebracht wird, ist die Unzufriedenheit mit der Anwendung allgemeiner Rechtsgrundsätze und Verwaltungsregeln durch die preußische Bürokratie. Die Einmaligkeit und Besonderheit des Falles, so der Vorwurf, wird hier vernachlässigt, alles wird über einen Kamm geschert. In diesem Sinne geht dem Staat das Persönliche und Verbindliche ab, er ist etwas Kaltes, Mechanisches und Lebloses, eine Maschine, deren Räderwerk wohl gleichmäßig arbeitet, dabei aber alles Besondere und Eigentümliche zermalmt und einstampft.

Die Wendung vom *Vater Staat* hat im Verlauf des 19. Jahrhunderts neben der zuvor dominierenden Metaphorik der *»Staatsmaschine«*[3] Verbreitung gefunden. *Vater Staat* bringt das Gegenteil des in der Maschinenmetapher Bezeichneten zum Ausdruck: Fürsorglichkeit, Hinwendung zum Besonderen und Einmaligen und vor allem eine ganz persönliche Beziehung zwischen Untertan und Obrigkeit. Entgegen einem weitverbreiteten Klischee sind die Deutschen nämlich bis weit ins 19. Jahrhundert hinein im strikten Sinne kein staatsfixiertes, nach den Ordnungsvorgaben des Staates gierendes Volk gewesen, sondern haben sich eher an einer personalen Obrigkeit orientiert. Erst seit dem Ende des 19. Jahrhunderts scheinen sie sich in einem Prozeß – fast möchte man sagen – nachholender Modernisierung mehr und mehr auf die Ordnung des Staates hin orientiert zu haben. Stärker pointiert: Die zunehmende Orientierung auf den Staat als rational-bürokratische Anstalt war – in heutiger Begrifflichkeit – ein Prozeß der Verwestlichung, bei dem insbesondere Frankreich, und zwar nicht zuletzt das revolutionäre Frankreich und die von ihm ausgehende Tendenz zur Effektivierung staatlicher Ordnung durch Rationalisierung und Verrechtlichung, Pate gestanden hat. Der rational-bürokratische Anstaltsstaat, wie Max Weber dies genannt hat, ist ganz offenkundig das Gegenteil des mit *Vater Staat* Bezeichneten. Väterliche Strenge und unnachsichtige Anforderungen verbinden sich darin mit Nachsicht, Zuwendung und Fürsorglichkeit. Das darin zum Ausdruck kommende paternalistische Politikverständnis hat die Güte und Gnade des Landesvaters, nicht aber die Rechtsförmigkeit moderner Staatlichkeit im Auge. Bei der Wendung *Vater Staat* handelt es sich um eine spezifisch deutsche Politiksemantik, mit der zugleich die deutsche Mittellage zwischen West- und Osteuropa erfaßt wird. *Vater Staat* ist danach die sprachpragmatische Diagonale zwischen dem französischen

1 Richard Heinze: Die augusteische Kultur. 3. Auflage Darmstadt 1960, S. 26f.

2 Zit. nach Paul-Ludwig Weinacht: Staat. Studien zur Bedeutungsgeschichte des Wortes von den Anfängen bis ins 19. Jahrhundert. Berlin 1968, S. 205.

3 Siehe auch Barbara Stolberg-Rilinger: Der Staat als Maschine. Zur politischen Metaphorik des absoluten Fürstenstaates, Berlin 1986, sowie Dietmar Peil: Untersuchungen zur Staats- und Herrschaftsmetaphorik in literarischen Zeugnissen von der Antike bis zur Gegenwart. München 1983, S. 489–595.

état und dem russischen *Väterchen Zar*. In ihm ist eine rein personale Obrigkeitsvorstellung aufgegeben, ohne daß bereits der Durchbruch zu einer entpersonalisierten Vorstellung von Staatlichkeit vollzogen worden wäre.

Zunächst einige Belege dafür, daß noch bis weit ins 19. Jahrhundert hinein der Begriff Staat im Deutschen als etwas Fremdes, etwas geradezu welsches galt. Bezeichnend ist hier eine Passage aus J. E. Eberhardts 1800 erschienenem »Versuch einer allgemeinen deutschen Synonymik«, in der es um alternative Begriffe zu *Staat* geht: »Der gemeine Mann, der das moralische Wesen, das der gelehrte (erg. Mann, H. M.) *Staat* nennt, nicht fassen kann, nennt daher noch immer den *Staat*, dessen Mitglied er ist, sein *Land*, den Regenten desselben seinen *Landesherrn*, seinen *Landesvater*, nicht das Staatsoberhaupt ... Das Wort *Land* ist daher dem gemeinen Manne verständlicher als *Staat*, und man thut daher wohl, in einem Vortrage an eine Bauerngemeinde das Erstere dem Letzteren vorzuziehen.«[4] Für Eberhardt ist die Akzeptanz des Staatsbegriffs somit eine Frage von Bildung und Gelehrsamkeit, und die Reserviertheit gegenüber dem modernen Anstaltsstaat wird mit der Rückständigkeit der Landbevölkerung in Verbindung gebracht.

Daß es tatsächlich nicht zuletzt die Gelehrten und unter ihnen insbesondere die Professoren der Universitäten waren, die der abstrakten Staatsvorstellung in Deutschland zum Durchbruch verholfen haben, belegt eine Passage aus der Autobiographie des konservativen Historikers Heinrich Leo, in der es heißt: »Außer(halb) den (sic!) großen Fürstentümern hörte man das Wort Staat nur aus dem Munde der Professoren, und im Leben selbst herrschte statt dieses Abstraktums fast überall noch der viel lebensvollere Begriff der Herrschaft.«[5] Was bei Eberhardt sich mit Hilfe der Unterscheidung zwischen Gelehrtem und gemeinem Mann ordnete, also eine Frage des Begreifens von Abstraktem darstellte, wird bei Leo in der Kontrastierung abstrakter mit lebensvollen Begriffen politisch gewertet: Gegen die abstrakten Organisationsstrukturen und die bürokratische Anstaltlichkeit des modernen Staates wird mit stark affirmativem Unterton die personale Herrschaft der Landesfürsten noch einmal ins Spiel gebracht. Was in diesen und ähnlichen Äußerungen zum Ausdruck kommt, ist ein libertärer Konservatismus, der keineswegs umstandslos als reaktionär rubriziert werden sollte. Besonders klar zeigt er sich in Leos Bemerkungen zum Studentenleben in Jena und Breslau, die er in fast einem Atemzug mit der oben zitierten Passage macht: In Jena, schreibt er, sei das studentische Leben frei und poetisch gewesen, »während sich der Student in Breslau überall von dem Herrn Staat umschlossen und gegängelt fühlte«[6] – eine Empfindung, die eine stark libertäre Grundgestimmtheit des Verfassers zum Ausdruck bringt, die schließlich in konservative Schlußfolgerungen mündet. Statt vom *Vater Staat* ist hier vom *Herrn Staat* die Rede, wodurch sicherlich eine größere Distanz und geringere Vertrautheit zum Ausdruck gebracht wird. Leo will den Staat ja gerade nicht in die Nähe der personalen Herrschaft des Königs gerückt wissen, wie das in der Apostrophierung staatlicher Väterlichkeit der Fall ist, sondern möchte ihn durch die Anrede *Herr* auf Distanz halten.

Dem kann schließlich noch ein drittes Beispiel hinzugefügt werden, und zwar aus einem Text des schwäbischen Juristen Reyscher, in dem es heißt: »Im Munde des Volkes, dem das Wort Staat weniger geläufig und faßlich ist, begegnet man noch heute, auch in Staaten, wo das Kammergut ausdrücklich als Staatsgut erklärt ist und mit Bezug auf Bestandteile dieses Kammerguts, den Worten: ›dieser Wald gehört dem König‹, oder: ›dies Gut gehört dem Herzog‹ – ›der fürstlichen Herrschaft‹.«[7] Wo das Kammer- bzw. Staatsgut als persönlicher Besitz des Herrschers angesehen wird, da kann von diesem freilich auch erwartet werden, daß er seinen Untertanen im Falle von Not und Bedürftigkeit fürsorglich zur Seite steht. Die Trennung zwischen dem Privatvermögen des Herrschers und dem Staatseigentum, wie sie für den Prozeß der Staatsbildung in Europa entscheidend ist,[8] wird hier eher mißtrauisch betrachtet: Wo dieser Prozeß nämlich zum Abschluß gekommen ist, treffen die Untertanen mit ihren Gesuchen und Bitten, wie das Beispiel des merseburgischen Bauern zeigt, nicht mehr auf den gnädigen Fürsten, sondern auf die Paragraphen der Bürokraten. Daß jedoch auch die autokratisch-paternalistische Herrschaft niemals ohne Sekretäre und Bedienstete ausgekommen ist und der gnädige Herr, selbst wenn er Tag und Nacht und ohne Unterbrechung arbeitete, die Staatsgeschäfte nicht allein hat erledigen können, wird in der Formel *Vater Staat* weggeredet. Hier tritt einem nicht die »ohn' Ansehen der Person« funktionierende Rechtsordnung mit ihren Ausführungsorganen gegenüber, sondern der Herrschaftsapparat wird als eine Schar von Erfüllungsgehilfen des väterlichen Willens und Wohlwollens vergegenwärtigt.

Die Formel *Vater Staat* als Inbegriff einer paternalistischen Staatsvorstellung ist in ihrer Verbreitung freilich weitgehend auf Deutschland – und hier insbesondere auf die protestantischen Länder – beschränkt geblieben. Dafür wird man wirtschaftshistorische wie sozialstrukturelle Begründungen beibringen können, aber dabei haben auch konfessionspolitische Konstellationen, insbesondere die lutherische Lehre von der Obrigkeit, eine Rolle gespielt. Das Bild des Vaters wie des Herrschers ist im Bereich der lateinischen Christenheit zutiefst durch das Bild imprägniert, das man sich von Gott gemacht hat.[9] Das Bild eines fürsorglichen, dabei aber immer wieder auch strengen und strafenden, insgesamt freilich gnädigen Gottes bot sich am ehesten für die Inversion mit der Vorstellung vom Landesvater an, um dadurch ein mit der Wendung *Vater Staat* verbundenes Erwartungsprofil hervorzubringen. Die Theologie Luthers,

4 Johann August Eberhard: Versuch einer allgemeinen deutschen Synonymik, 5. Th. Halle, Leipzig 1800, S. 13.

5 Heinrich Leo: Aus meiner Jugendzeit. Gotha 1880, S. 135.

6 Ebda., S. 136f.

7 August L. Reyscher zit. nach Paul-Ludwig Weinacht (wie Anm. 2), S. 213f., Anm. 30.

8 Herfried Münkler: Im Namen des Staates. Die Begründung der Staatsraison in der Frühen Neuzeit. Frankfurt a.M. 1987, S. 233ff.

9 Siehe hierzu die Überlegungen bei Carl Schmitt: Politische Theologie. Vier Kapitel zur Lehre von der Souveränität. 4. Auflage Berlin 1985, S. 60ff.

insbesondere der ihr zentrale Gnadengedanke, hat dieses Bild der Obrigkeit gespeist und verstärkt. Theologische Vorstellungen dagegen, die an der Prädestination orientiert sind und der Vorstellung von der Gnade wenig Platz lassen, wie dies etwa im Calvinismus der Fall ist, führten eher zur Ausbildung von Bildern der Gemeinde und ihrer wechselseitigen Verpflichtungskultur als zu solchen paternalistischer Fürsorglichkeit, wie sie im Luthertum kultiviert wurden. Die in der modernen Sozialphilosophie im Zentrum stehenden Vertragstheorien, in denen die gesellschaftliche wie politische Ordnung aus der Fiktion eines Kontrakts zwischen Freien und Gleichen hergeleitet wird, sind, konfessionspolitisch betrachtet, calvinistischen oder jüdischen Ursprungs. In ihnen ist, wie die Erzählung vom Bund Gottes mit seinem Volk in der Wüste zeigt,[10] immer auch eine politisch-theologische Komponente enthalten, aber Gott wird hier nicht als *fürsorglicher Vater*, sondern als *verläßlicher Vertragspartner* konturiert. Dem Staat gehen dementsprechend auch die sonst dominierenden paternalistischen Elemente ab, und er wird statt dessen zu einer Veranstaltung, die wesentlich aus den Erfordernissen zur Einhaltung des Vertrags gerechtfertigt wird und auf sie festgelegt ist.

Es läge nun nahe, an dieser Stelle einen längeren Exkurs in die Geschichte des politischen Denkens zu unternehmen und dabei drei prominenten Denkfiguren bzw. Politiksymbolisationen nachzugehen. Das ist – erstens – das Bild des guten Hirten, sodann – zweitens – die Vorstellung vom Brudermord und der anschließenden Staatsgründung sowie – drittens – die Vorstellung vom Vatermord und der Ausbildung von Regeln zur friedlichen Koexistenz der Bruderhorde. Ein solcher Exkurs ist hier freilich nur in Form einiger kurzer Andeutungen möglich, wobei mit den komplementären Vorstellungen vom Vater- bzw. Brudermord begonnen werden soll, weil sie in einem nachdrücklichen Sinn Gegenmodelle zur Vorstellung vom *Vater Staat* darstellen. Das gilt an erster Stelle für die Vorstellung von der Entstehung einer regelgebundenen anstelle einer autoritärmachtzentrierten Gesellschaft durch den Vatermord der Bruderhorde, wie sie am ausführlichsten von Sigmund Freud entwickelt worden ist. Danach töten die Brüder den Vater, dessen unbeschränkte Macht in der Monopolisierung der Frauen des Clans für die eigene Fortpflanzung zum Ausdruck kommt, um sich an seine Stelle zu setzen.[11] Dabei sind sie jedoch mit dem Problem konfrontiert, daß ihnen selbst nunmehr widerfahren kann, was sie dem Vater angetan haben; sie ziehen daraus die Konsequenz, dessen Position unbesetzt zu lassen, um sie auch nicht zu konkurrieren, sondern vermittelst des Exogamiegebots den Kampf um die Frauen des Clans, also die Konkurrenz um Lust und genetische Vervielfältigung, zu beenden. Was immer man gegen Freuds Deutung einwenden mag – es handelt sich dabei um eine geniale Analyse revolutionärer Umbrüche, die, wenn sie stattgefunden haben, sich gegen ihre Wiederholung abzusichern versuchen und dies nur können durch die Ausbildung und Implementierung abstrakter Regelsysteme. Sie sollen verhindern, daß einer der Brüder in die Position des Vaters eintritt und ihm anschließend dasselbe Schicksal widerfährt wie dem ermordeten Vater. Der Platz des Vaters bleibt also unbesetzt, und an seine Stelle treten die Regelfestlegungen der Bruderhorde. Von *Vater Staat* kann hier keine Rede sein; an seine Stelle tritt die Wendung von der Brüderlichkeit, am prominentesten im französischen Revolutionsbegriff *fraternité* oder auch in den sogenannten Arbeiterverbrüderungen in Deutschland. »Wir wollen sein ein einzig Volk von Brüdern, in keiner Not uns trennen noch Gefahr«, lautet der Rütli-Schwur in Schillers »Tell«. Oder in Schillers »Lied an die Freude«: »Alle Menschen werden Brüder, wo dein sanfter Flügel weilt.« Oder auch politisch appellativ: »Brüder, zur Sonne, zur Freiheit!« Durchweg ist hier von Brüdern die Rede, die ihre Bruderschaft jedoch nicht von einem gemeinsamen Vater herleiten, sondern politische Kopfgeburten sind: Sie sind Brüder durch die gemeinsame Verpflichtung auf eine Idee oder Regel; bruderschaftsgenetisch nehmen diese die Stelle des Vaters ein. Oder, stärker zugespitzt: Idee wie Regel sollen sicherstellen, daß die Position des Vaters unbesetzt bleibt oder, besser noch, ganz wegfällt.

Was aber, wenn aus der Bruderschaft nicht Brüderlichkeit, sondern Konflikt, Streit und Krieg erwachsen.[12] Daß der Sturz der Hierarchie und die Einführung egalitärer Strukturen alle Konflikte beenden werden, ist jedoch schon früh bezweifelt worden. Die Eskalation des Konflikts der Brüder bis zum Brudermord ist dafür die Chiffre, und wir begegnen ihr in der Geschichte von Kain und Abel ebenso wie in der von Romulus und Remus – beides übrigens Geschichten, in denen Väter keine Rolle spielen, entweder weil die Brüder Findelkinder sind oder der Vater nur als physischer Erzeuger, nicht aber als erziehende und beherrschende Autorität vorhanden ist. Also geraten die Brüder in tödlichen Streit, und von dem siegreich Überlebenden heißt es, er sei anschließend als Städte- und Staatengründer hervorgetreten. Augustinus hat daraus geschlußfolgert, die in den Staaten verwirklichte *irdische* Gerechtigkeit könne, da sie auf einem Brudermord begründet sei, nie an die *göttliche* Gerechtigkeit heranreichen, während Machiavelli die Brudermordgeschichten dahingehend verstanden wissen wollte, daß ein Politiker, der einen Staat gründen oder sonst ein großes Reformprojekt durchführen wolle, die alleinige Macht in Händen haben müsse und ihm niemand dareinreden dürfe.[13] Wie auch immer – in beiden Fällen führt der Weg zum Staat über den Brudermord, und ein solcher Staat, der vielleicht als heroische Anstrengung angesichts unersättlicher Konkurrenz begriffen werden kann, kann nicht mit den Insignien der Väterlichkeit geschmückt werden. Er ist und bleibt eine Veranstaltung im Kampf um die

10 Hierzu eingehend Michael Walzer: Exodus und Revolution. Berlin 1988, S. 81ff.

11 Sigmund Freud: Totem und Tabu. In: Kulturtheoretische Schriften. Frankfurt a.M. 1974, S. 287–454.

12 Siehe hierzu Herfried Münkler: Brüderlichkeit in Bildern. In: Politische Bilder, Politik der Metaphern. Frankfurt a.M. 1994, S. 35ff.

Macht, in den die Politiker, auch wenn sie sich *Staatsmänner* nennen, hineingestellt bleiben. Dagegen ist *Vater Staat* dem Machtkampf überhoben. Oder anders formuliert: Wer vom *Vater Staat* spricht, möchte nicht wahrhaben, daß Politik auch und gerade im Innern der Staaten Kampf um die Macht ist.

Damit wird freilich auch deutlich, daß die Formel *Vater Staat* normative Zumutungen an die staatliche Ordnung transportiert, denen nicht jeder Staat zu genügen vermag. Das läßt sich durch einen Blick auf das Bild des Herrschers als einem guten Hirten verdeutlichen, das wohl die Vorstellung vom *Vater Staat* zutiefst imprägniert hat.[14] Diese in Mesopotamien wie Ägypten gleichermaßen verbreitete Vorstellung von den Aufgaben des Herrschers ist uns wesentlich über das Alte Testament vertraut; wir finden sie aber auch bei Homer in der Bezeichnung der Herrscher als »Hirten der Völker«. In den Fürstenspiegeln der Frühen Neuzeit taucht sie in der Wendung *pastor populi* auf, oder, enger noch an unserem Thema, in der Doppeltitulatur Hirte und Vater. Das Bild des politischen Vaters wird breit entwickelt über das Bild des Hirten und seine Aufgaben: Der Hirte schützt vor wilden Tieren und führt die Herde zur Weide und zum frischen Wasser, wie im 23. Psalm beschrieben. Doch neben der Fürsorge stehen beim Hirten wie beim Vater komplementär Strenge und Strafe; die schwarzen Schafe werden ausgesondert und entfernt. Der gute Hirte schert die Schafe, ohne sie zu schinden und zu schaben. Er bedient sich ihrer Wolle und Milch, nicht aber ihrer Haut und ihres Blutes – womit in der politischen Metaphorik die Begrenzung der steuerlichen Belastungen durch den Staat metaphorisiert worden ist. Selbstverständlich legt auch *Vater Staat* den Landeskindern Lasten auf, aber er tut dies als ein guter Vater, der um die Grenzen ihrer Belastbarkeit weiß. Die in der jüngsten Steuerdebatte gebrachten Argumente zeigen, wie weit wir heute vom Bild von *Vater Staat* entfernt sind.

Nach dem Gesagten könnte man den Eindruck gewinnen, die Wendung vom *Vater Staat* sei seit der Französischen Revolution und der sie begleitenden Brüderlichkeitssemantik antiquiert und stehe im politischen Abseits. Daß dies nicht der Fall war, haben die Brüder bewirkt, indem sie den Staat zum Sozial- und Wohlfahrtsstaat weiterentwickelt und so die dem Staat im revolutionären Königsmord genommene Väterlichkeit wiederhergestellt haben. Freilich ist *Vater Staat* dabei – durchaus in Korrespondenz zum Wandel gesellschaftlicher Leitvorstellungen – zum bloßen Unterhaltszahler geworden. Vor Jahrzehnten bereits hat Arnold Gehlen darüber gespottet, aus dem mächtigen Leviathan sei eine fügsame Milchkuh geworden,[15] womit dem Staat mit den Eigenschaften der Männlichkeit auch die Attribute der Väterlichkeit abhanden gekommen sind. Aus Vater Staat ist Mutter Staat geworden, die bloß liebt und nichts fordert, alles versteht und verzeiht, usw. Die Kritik der intellektuellen Linken am Paternalismus als Strategie der Unterbindung von Freiheit und Selbständigkeit hat hierin ihr Pendant von rechts: was als Paternalismus angeprangert werde, sei, seitdem Vater Staat seine Rüstung abgelegt habe und ihm Brüste gewachsen seien, bloßer Maternalismus. – Das ist natürlich auch ein Streit um die mit politischen Bildern verbundenen Konnotationen. Wenn man aber einmal gelten läßt, daß die Wendung vom *Vater Staat* auch auf Leistungszumutungen an seine Kinder abhebt, so könnte ihn im Zeichen leer gewordener öffentlicher Kassen und eines bevorstehenden Umbaus des Sozialstaates eine neue Karriere ins Haus stehen.

13 Aurelius Augustinus: Vom Gottesstaat, XV, 5. Hrsg. v. Carl Andresen. Zürich 1955, S. 218; Machiavelli: Discorsi I, 9. Hrsg. v. Rudolf Zorn. Stuttgart 1966, S. 36f.

14 Siehe hierzu Dietmar Peil (wie Anm. 3), S. 29–165.

15 »So nimmt der Leviathan mehr und mehr die Züge einer Milchkuh an, die Funktionen als Produktionshelfer, Sozialgesetzgeber und Auszahlungskasse treten in den Vordergrund, und man hat dem humanitär-eudaimonistischen Ethos die Tore so weit geöffnet, daß das eigentlich der Institution angemessene Dienst- und Pflichtethos aus der öffentlichen Sprache und aus den Kategorien der Massenmedien vollständig verschwunden ist und dort nur noch Gelächter auslöst.« Arnold Gehlen: Moral und Hypermoral. Eine pluralistische Ethik. 5. Auflage Wiesbaden 1986, S. 110.

Biographien

Marcel Broodthaers

1924 geboren in Brüssel

1945 erste Gedichte

1947 Manifest der belgischen Surrealisten: »Pas de quartiers dans la révolution«

1957 erster Film »La Clef de l'Horloge«

1968 erste Graphik

1974–75 DAAD-Stipendium, Berlin

1976 stirbt der Künstler in Köln

Ausstellungen

1964 Galerie Saint-Laurent, Brüssel: »Moi aussi, je me suis demandé si je ne pouvais vendre quelque chose« (EA) □ Galerie Smith, Brüssel: »Sophisticated Happening by Marcel Broodthaers. Peinture Sculpture Musique Nature Critique Poésie Instinct Clairté Dada Pop Trap op« (EA)

1965 Galerie Aujourd'hui, Palais des Beaux Arts, Brüssel: »Objects de Broodthaers/Voorwerpen van Broodthaers« (EA, Kat.)

1966 Wide White Space Gallery, Antwerpen: »Moules Œufs Frites Jambon« (EA, Kat.)

1967 Quai de l'Horloge, Paris: »Le Corbeau et le Rénard« (Film)

1968 Palais des Beaux Arts, Brüssel: »Manifestations Publiques. Conférence sur René Magritte, avec Marcel Broodthaers et Bob Claessens« (Kat.)

1970 Galerie Folker Skulima, Berlin: »Eine Sekunde Ewigkeit (nach einer Idee von Charles Baudelaire)« (EA) □ Galerie Michael Werner, Köln: »Exposition littéraire et musical autour de Mallarmé« (EA)

1972 documenta 5, Kassel (Kat.) □ Solomon Guggenheim Museum, New York: »Amsterdam Paris Düsseldorf«

1973 Städtische Galerie im Lenbachhaus, München: »Rendez-vous mit Jaques Offenbach« (EA, Kat.)

1974 Kunstmuseum, Basel: »Eloge du Sujet« (EA, Kat.) □ Galerie/Edition Seriaal, Amsterdam: »Réclame pour la Mer du Nord« (EA)

1975 Nationalgalerie, Berlin: »Einladung zu einer bürgerlichen Ausstellung« (EA, Kat.)

1976 37. Biennale Venedig (Kat.)

1977 Tate Gallery, London (EA, Kat.)

1980 39. Biennale Venedig (Kat.)

1982 Kunsthalle, Bern: »Mise en scène« (Kat.) □ documenta 7, Kassel (Kat.)

1983 Kunsthaus, Zürich: »Der Hang zum Gesamtkunstwerk« (Kat.)

1988 Hamburger Bahnhof, Berlin: »Zeitlos« (Kat.) □ Museum Ludwig, Köln: »Übrigens sterben immer die anderen. Marcel Duchamp und die Avantgarde seit 1950« (Kat.)

1989 Museum of Contemporary Art, Los Angeles □ Edition des Amateurs, Berlin: »Marcel Broodthaers. Le Cadran S(c)olaire« (EA) □ Museum Ludwig/Rheinhallen der Kölner Messe, Köln: »Bilderstreit. Widerspruch, Einheit und Fragment in der Kunst seit 1960« (Kat.)

1990 Galerie Isy Brachot, Basel (EA, Kat.)

1991 Museum des 20. Jahrhunderts, Wien: »Bildlicht« (Kat.) □ Galerie de Jeu de Paume, Paris (EA, Kat.)

1992 Centro de Arte Reina Sofia, Madrid (EA, Kat.)

1993 Stedelijk van Abbe Museum, Eindhoven: »Signs & Emblems, Marcel Broodthaers, Complete Prints and Editions« (EA)

1995 Film Archives, New York: »Marcel Broodthaers – Films« □ Sander Gallery, New York: »Marcel Broodthaers, Photographic Works« (EA)

1996 Sprengel Museum, Hannover/Städtische Galerie Göppingen: »Marcel Broodthaers – Graphik und Bücher« (EA, Kat.)

Lutz Dammbeck

1948 geboren in Leipzig

1966–72 Studium der Buchkunst an der Hochschule für Grafik und Buchkunst, Leipzig (Wechsel zu Plakatgestaltung; Trickfilmkonzept als Abschlußarbeit)

seit 1974 freie Mitarbeit im DEFA-Trickfilmstudio

1978 Konzeption der multimedialen Ausstellung »Tangente« mit H. H. Grimmling, K. Plessing u.a.

1982 Beginn der Arbeit am »Herakles-Konzept«

1986 Ausreiseantrag und Übersiedlung mit Karin Plessing und Tochter Sophie nach Hamburg

1990 Gründung der »Lutz Dammbeck Filmproduktion«

seit 1998 Professur für Neue künstlerische Medien an der Hochschule für Bildende Künste, Dresden

Der Künstler lebt und arbeitet in Hamburg

Ausstellungen und Projekte

1977/1978 Dresden: »VII. Kunstausstellung der DDR«

1979 Pablo-Neruda-Klub, Karl-Marx-Stadt (EA) □ Animationsfilm für das DEFA-Studio, Dresden: »Der Mond« □ Animationsfilm für das DEFA Studio, Babelsberg: »Der Schneider von Ulm« □ Experimentalfilm: »METAMORPHOSEN I«

1980 Galerie Mitte, Dresden (EA)

1981 Experimentalfilm: »Hommage à La Sarraz«

1982 Dresden: »IX. Kunstausstellung der DDR«

1983 Prag/Warschau: »Malerei und Grafik aus der DDR« (Kat.) □ Kunstkabinett, Erfurt (EA)

1984 Galerie Nord, Leipzig (EA) □ Messehaus am Markt, Leipzig: »I. Leipziger Herbstsalon«

1985 São Paulo: »Internationale Biennale«

1988 Künstlerhaus e.V., Hamburg: »Herakles Höhle« (EA, Kat.) □ Osnabrück: »European Media Art Festival«

1989 TV-Dokumentation für SWF/WDR: »Der Maler kam aus einem fremden Land«

1990 NGBK, Berlin: »Herakles Höhle 3« (EA, Kat.) □ Marl/Bonn/München/Bozen/Karlsruhe/Wiesbaden: »Deutsche Videokunst 1988–1990« □ Staatliche Kunstsammlungen im Albertinum, Dresden: »Ausgebürgert – Künstler aus der DDR und aus dem sowjetischen Sektor Berlins 1949–1989« (Kat.) □ Experimentalfilm für SWF: »Herakles Höhle«

1991 Untergrundmessehaus, Leipzig: »ZONE D – Innenraum«

1993 Kunstspeicher, Potsdam: »Fontanelle. Kunst in (x) Zwischenfällen« □ Kulturverein Übungsgelände, Suhl: »Übungsgelände – Europa, der Nacken des Stieres. Eine Ausstellung zeitgenössischer Kunst« (Kat.) □ Dokumentarfilm für SWF: »Zeit der Götter«

1994 Galerie Atelier Sainte Anne, Brüssel: »Der Grosse Alexanderzug II« (EA, Kat.) □ Centre Albert Borsechette, Brüssel/Haus am Waldsee, Berlin/Kunstmuseum, Gera: »DA-ZWISCHEN, Positionen zeitgenössischer deutscher Kunst«

1995 Marstall, Berlin/Rheinisches Landesmuseum, Bonn/Kunsthalle, Dresden: »Westchor Ostportal«

1996 Dokumentarfilm für MDR/arte: »Dürers Erben«

1997 Dokumentarfilm für MDR/arte: »Das Meisterspiel« □ Martin-Gropius-Bau, Berlin: »Deutschlandbilder« (Kat.)

1997/1998 Haus am Waldsee, Berlin □ Städtische Galerie Rübnitzgasse, Dresden □ Kunstverein Heidelberg: »Herakles-Konzept« (EA, Kat.)

1999 Hamburger Bahnhof, Berlin: »Das XX. Jahrhundert. Ein Jahrhundert Kunst in Deutschland« □ Kunstverein Avantgarde e.V., Apolda: »Jahresringe. Kunstraum DDR 1945–1989«

Maria Anna Dewes

1955 geboren in Bonn

1975–77 Studium an der Fachhochschule für Kunst und Design, Köln

1977–85 Studium an der Kunstakademie Düsseldorf

1990 Stipendium des Kunstfonds e.V. Bonn

1997 Förderung durch die Stiftung Kunst und Kultur des Landes Nordrhein-Westfalen □ Residency Grant, Delphine Studio Trust, London

Die Künstlerin lebt und arbeitet in Düsseldorf

Ausstellungen

1982 Schloss Hardenberg, Velbert □ Skulpturenpark Seestern, Düsseldorf: »Orte der zehn heiligen Geliebten«

1986 Galerie Monschauer, Köln (EA)

1987 Atelierhaus Brückenstraße, Düsseldorf: »Brückenschlag«

1988 Galerie Rüdiger Schöttle, München (mit Pia Fries)

1990 Galerie Meert-Rihoux, Brüssel (EA) □ Galerie Johnen und Schöttle, Köln

1991 Witte de With, Rotterdam: »Voorwerk 2 & Facts and Rumours«

1992 Sydney: »Biennale of Sydney« (Kat.)

1993 Kunsthalle Rotterdam: »Verwandtschaften« (Kat.)

1994 Galerie Johnen und Schöttle, Köln (EA) □ Galerie Schöttle, München (EA, Kat.) □ Galerie Schönewald und Beuse, Krefeld: »En miniature«

1995 Galerie Fricke, Düsseldorf (mit Senta Connert) □ Castello di Rivara, Turin

1996 Galerie Fricke, Düsseldorf: »Kleine Welten«

1997 Schloß Ringenberg (EA, Kat.) □ Kunstmuseum im Ehrenhof, Düsseldorf: »Saldo« □ Frauenmuseum, Bonn: »Gabriele-Münter-Preis« (Kat.)

1998 Bonn: »Bon Direct« (Kat.)
1999 Accademia di San Felice, Florenz (mit Cavallari, Lotti) □ Stettin: »Biennale of Contemporary Art«

Elfi Fröhlich

1951 geboren in Lünen/Westfalen
1968–71 Studium an der Werkkunstschule Dortmund und am College of Art, Leeds
1971–76 Studium an der Hochschule der Künste, Berlin
1981–89 Dozentin für Fotografie und Bildende Kunst an der Hochschule der Künste, Berlin
1990 Gast-Professorin an der Hochschule der Künste, Berlin
1991–92 Gast-Professorin an der Gesamthochschule/Universität Kassel
1992–93 Lehraufträge an der Hochschule der Künste, Berlin/Universität Lüneburg
seit 1994 Professorin für Freie Kunst an der Fakultät für Gestaltung der Bauhaus Universität Weimar
Die Künstlerin lebt und arbeitet in Berlin und Weimar

Ausstellungen und Projekte

1988 Atelier am Käuzchensteig, Berlin: »Elegiae electrification. Electrophorus electricus« (EA) □ Museo di Arte, São Paulo/Goethe House, New York/Photography Center, Los Angeles: (1989) »Zehn Deutsche Fotografinnen« (Kat.)
1988–93 in Galerien und Goethe-Instituten: »Inszenierung der Authentizität« (EA, Kat.)
1989 Museum Folkwang Essen: »Stipendien für Zeitgenössische Deutsche Fotografie der Alfred Krupp von Bohlen und Halbach-Stiftung 1986/1987« (Kat.)
1990 Lima/Vancouver/Tokio/Mexico-Stadt/Hongkong/Buenos Aires/Rosario/Córdoba/Mendóza: »10 Deutsche Fotografinnen« (Kat.)
1991 Martin-Gropius-Bau Berlin: »Überwindung der Grausamkeit – Gespräche mit Breton« (EA, Kat.) □ Fotomuseum im Stadtmuseum, München (EA) □ Museum für Moderne Kunst im Palais Liechtenstein, Wien (EA) □ Museum Folkwang, Essen (EA)
1992 U-Bahnhof Alexanderplatz, Berlin: »Hin und Her« □ Galerie d'Art Contemporain, Herblay/Frankreich (EA) □ Esslingen: »2. Internationale Foto-Triennale«
1993 Galerie Gutsch, Berlin (EA) □ P3 Museum for Art and Environment, Tochoji Zen Temple, Tokio: »Das unfaßbare Gleichzeitige« (EA)
1994 Dirty Windows Gallery, Berlin (EA) □ NGBK, Berlin: »Das persönliche Dokument – Fototagebücher« (Kat.) □ Fotogalerie, Wien und Berlin: »Der molussische Thorso. Ein topografisches Fotoprojekt« □ Majdanek State Museum, Lublin/Polen: »IV. International Art Triennale – Majdanek 94« □ vor dem Schiller-Museum, Weimar: »Nox Academica – Eine szenische Aufführung in 12 Teilen«
1996 Berlin und Weimar: »Fiktionale Konzepte« (EA) □ Landesmuseum für Moderne Kunst, Fotografie und Architektur, Berlin: »Noch nie gezeigt – Aktuelle Positionen aus der Sammlung der Berlinischen Galerie« □ Weimar: »Satyrn – Fliegen – Rokoko/Ausstellungskapriolen im Lustschloß Belvedere zu Weimar«
1997 Dolmabahce Palast, Istanbul: »In medias res – Fotografie und andere Medienkunst aus Berlin« (Kat.) □ Bauhaus Universität Weimar: »Hall of Frame«
1998 Atelier am Charlottenburger Ufer, Berlin: »Mediale Installation I« (EA) □ Kunst- und Ausstellungshalle der BRD, Bonn: »100 Jahre Kunst im Aufbruch« (Kat.)
1999 Atelier am Charlottenburger Ufer, Berlin: »Mediale Installation II« □ IBZ, Weimar: »Drei Fotoarbeiten, eine Linie« □ Kunstmuseum Bonn: »Zeitwenden«

(e.) Twin Gabriel

Else Gabriel

1962 geboren in Halberstadt
1982–1987 Studium an der Hochschule für Bildende Künste, Dresden
1982–1990 AUTO-PERFORATIONSARTISTIK

Ullf Wrede

1968 geboren in Potsdam
1984–1989 Hochschule für Musik »Hans Eisler«, Berlin

(e.) Twin Gabriel

seit 1991 als Zusammenarbeit von E(lse) und U(llf), auch PLASTISCHE PLANUNG
Die Künstler leben und arbeiten in Berlin und Hamburg

Ausstellungen und Projekte

1986 Kreiskulturhaus Treptow, Berlin: »One Way/Schwarzschild/Kalte Anschläge« (EA) □ Bauhaus Dessau: »Polpuzzle« (EA)
1989 Galerie 85, Berlin: »mea culpa/Schlagschatten« (EA) □ Elefantenpressgalerie und Kunstamt im Künstlerhaus Bethanien, Berlin: »Zwischenspiele«
1990 Feuersozietät, Berlin: »Du und die Gefahr« (EA) □ School of the Museum of Fine Arts, Boston: »New Territories«
1991 Ludwig Forum für Internationale Gegenwartskunst, Aachen: »Ziffer und Zukunft/die ZWECKLOK« (EA) □ Kunsthalle, Nürnberg: »Bemerke den Unterschied« □ P.S.1, New York: »State of Speedy Silence«
1992 Galerie Vier, Berlin: »Flatten« (EA, Kat.) □ Berlinische Galerie, Berlin: »Korrespondenzen« □ Kunsthalle, Düsseldorf: »Art meets Ads« (Kat.) □ Musée d'Art Moderne de la Ville de Paris: »Qui, Quoi, Où?« (Kat.)
1993 Galerie Vier, Berlin: »Flu« (EA) □ Barnsdall Art Park, Los Angeles: »About Place« □ Carnegie Museum of Art, Pittsburgh: »Berlin after the Wall«
1994 Martin-Gropius-Bau, Berlin: »Der Riss im Raum« (Kat.) □ Galerie der Hauptstadt, Prag/Haus am Waldsee, Berlin/Stadtgalerie, Kiel: »Memento« (Kat.) □ Messegelände München: »Europa 94« (Kat.)
1995 Remise, Ackerstraße, Berlin: »Museum« (EA) □ Konstmuseum, Uppsala, Schweden: »Disneyland after Dark« (EA) □ Festspielhaus Hellerau, Dresden/ACMC Gallery, Santa Monica, Kalifornien: »All work no play« □ Kunstmuseum der Capital Normal University, Peking: »Mund auf Augen zu« (Kat.) □ Staatliche Kunsthalle Baden-Baden: »Urbane Legenden« (Kat.) □ South London Gallery, London: »Karaoke (4 for 4 and 2 to 2 too)«
1996 Landesmuseum Weimar: »Nach Weimar« (Kat.) □ Kunstmuseum Rostock: »Ostsee-Biennale« □ Neuer Berliner Kunstverein: »Limonade. Von Afrika« (EA, Kat.) □ Haus am Waldsee, Berlin: »ZUSPIEL« (mit Georg Herold, Kat.)
1997 Galerie Gebauer, Berlin: »Muff in spe« □ Maçka Sanat Galerisis, Istanbul: »In medias res« (Kat.)
1997/1998 South London Gallery: »floating – floccinaucinihilipilification« (Kat.)
1998 Galerie Barbara Thumm, Berlin: »belle indifférence« (Übernahme 1999: Galerie bona fide, Chicago) Kunstverein Freiburg/Germanisches Nationalmuseum Nürnberg/Kunstverein Braunschweig/Kunsthalle Kiel/Kunstsammlung Gera: »vollkommen gewöhnlich« (Kat.)
1999 Kunstverein Freiburg: »Unschärferelationen«

Cordula Güdemann

1955 geboren
1975–80 Studium an den Kunstakademien Karlsruhe und Düsseldorf
1985 Villa-Romana-Preis
1987 Arbeitsstipendium des Kunstfonds e.V. Bonn □ Karl-Schmidt-Rottluff-Stipendium
1988 Villa-Massimo-Preis
seit 1995 Professur an der Staatlichen Akademie der Bildenden Künste, Stuttgart
Die Künstlerin lebt und arbeitet in Stuttgart

Ausstellungen

1982 Kunsthalle, Düsseldorf: »Between 9«
1984 Kunstlandschaft Bundesrepublik, Karlsruhe/Konstanz
1986 Galerie Schloß Mochental (EA) □ Galerie Carla Stützer, Köln (EA) □ Galerie Thieme, Darmstadt (EA) □ Kunstmuseum Düsseldorf: »Treibhaus 4« (Kat.)
1989 Galerie Barz, Hannover □ Neuer Aachener Kunstverein (EA) □ Kunstverein, Bonn: »Das Verhältnis der Geschlechter« (Kat.) □ Kunsthalle Düsseldorf: »Preisträger der Karl-Schmidt-Rottluff-Stiftung« (Kat.) □ Staatliche Kunsthalle Baden-Baden (Gesellschaft der Freunde junger Kunst)
1990 Bahnwärterhaus, Esslingen (EA)
1991 Galerie Manus Presse, Stuttgart (EA)
1992 Kampnagelfabrik, Hamburg/Kunstmuseum Düsseldorf/Wilhelmshöhe, Ettlingen: »Bilder« □ Budapest-Galerie: »Dialog«
1993 Galerie Terbrüggen, Heidelberg (EA) □ Wilhelmshöhe, Ettlingen (EA)
1994 Kunstmuseum, Düsseldorf (EA, Kat.) □ Kunstverein, Hannover: »Retrospektive Villa Massimo« (Kat.)
1997 Galerie Poll, Berlin (EA)
1998 Galerie Kahlen/Titz, Aachen (EA)

Elisabeth Hautmann

1960 geboren
1984–86 Akademie der Bildenden Künste, München
1986–91 Hochschule der Bildenden Künste, Hamburg
1988–90 Stipendiatin der Studienstiftung des Deutschen Volkes
1990–91 Auslandsstipendiatin der Studienstiftung
1993 DAAD Auslandsstipendium in New York
1996 Förderstipendium des Künstlerinnenprogramms des Senats für kulturelle Angelegenheit, Berlin
Die Künstlerin lebt und arbeitet in Berlin

Ausstellungen

1989 Künstlerhaus Weidenallee, Hamburg (EA)
1991 Lichtschachtinstallation, Galerie Vorsetzen, Hamburg (EA)
1992 Pasinger Ritterwerke, München: »Modell« (Kat.)
1993 Kunsthaus Hamburg: »Scheinwerfer« (Kat.) □ Four Walls, Brooklyn, New York: »Joke-Show«
1995 Kunst-Bureau, Freilassing (EA, Kat.) □ Kunsthaus, Hamburg: »Cherchez la Femme« (Kat.)
1996 Ausstellungsraum Kaskadenkondensator Warteck, Basel: »The Passion and The Interest« (EA) □ Galerie Christian Gögger, München □ Künstlerhaus Bethanien, Berlin: »Der Himmel ist ein Photoapparat« (EA)
1998 Galerie Weisser Elefant, Berlin: »Untersicht« (Kat.) □ Forum für zeitgenössische Kunst und Musik Warteck, Basel: »Vaterbild« □ Berliner Ensemble, Berlin: »It's a small world« (im Rahmen des Schneekugelprojektes) □ Laden, Schillerstraße, Berlin

1999 Kunstverein, Schwetzingen □ Künstlerheim Luise, Berlin: »Generation III« (Gestaltung eines Hotelzimmers) □ Haus am Waldsee, Berlin: »Private Eye – crimes and cases« (Kat.)

Georg Herold

1947 geboren in Jena/Thüringen
1974–76 Studium an der Akademie der Bildenden Künste, München
1977–83 Studium an der Hochschule für Bildende Künste, Hamburg
seit 1993 Professur an der Hochschule für Bildende Künste/Städelschule, Frankfurt
Der Künstler lebt und arbeitet in Köln

Ausstellungen

1977 Hamburg: Präsentation der ersten »Latte«
1979 Künstlerhaus, Hamburg: »Altes Gerippe – mieses Getitte« (mit A. Oehlen) □ Künstlerhaus, Hamburg: »Mode Nervo« (mit A. Oehlen) □ Büro Martin Kippenberger, Berlin: »1. Ausserordentliche Veranstaltung in Bild und Klang zum Thema der Zeit: Elend«
1980 Künstlerhaus, Hamburg: »2. Ausserordentliche Veranstaltung in Bild und Klang zum Thema der Zeit. Aktion Pissbrücke (Geheimdienst am Nächsten)« □ Galerie Paul Maenz, Köln: »Mülheimer Freiheit und interessante Bilder aus Deutschland«
1982 Galerie A. Kohnen, Düsseldorf: »Geile Feile, Feile Geile« (mit A. Oehlen)
1984 Galerie Max Hetzler, Köln: »P.F.U.I. Diffusa della Cultura« (EA)
1985 Realismusstudio 31 der Neuen Gesellschaft für Bildende Kunst: »Unschärferelation« (EA)
1986 Westfälischer Kunstverein, Münster: »1:1« (EA) □ Kunstverein, Hamburg/Institute for Contemporary Art, London: »Können wir vielleicht mal unsere Mutter wieder haben!« (mit Werner Büttner und Albert Oehlen, Kat.)
1987 Kunstraum München e.V.: »Ugly Collection« (EA) □ Westfälisches Landesmuseum Münster: »Skulptur. Projekte in Münster« (Kat.) □ Galerie Christoph Dürr, München: »Schrauben, Nägel, Öfen, Knöpfe, Juwel« (EA)
1988 Kunsthalle Düsseldorf/Museum of Fine Arts Boston: »BiNationale/The BiNational«
1989 The Renaissance Society at the University of Chicago: »Georg Herold-Albert Oehlen-Christopher Wool« □ Museum Ludwig, Rheinhallen der Messe Köln: »Bilderstreit. Widerspruch, Einheit und Fragment in der Kunst seit 1960«
1990 San Francisco Museum of Modern Art, San Francisco (EA) □ Kölnischer Kunstverein: »Geld spielt keine Rolle«
1991 The Carnegie Museum of Art, Pittsburg (EA) □ Martin-Gropius-Bau, Berlin/Museum van Hedendaagse Kunst, Gent: »Metropolis« (EA) □ Dallas Museum of Art, Dallas: »Images perdus« (EA)
1992 Galeria Juana de Aizpuru, Madrid □ documenta 9, Kassel (Kat.)
1993 Museum of Modern Art, New York: »Projects 39« (mit Albert Oehlen) □ Stedelijk Museum, Amsterdam: »Just do it!« (EA)
1994 Villa Arson, Nizza (EA) □ Museum of Fine Arts, Boston: »The Label Show«
1995 Kunstmuseum Wolfsburg: »XTOONE« □ South London Gallery, London: »Karaoke (4 for 4 and 2 to 2 too)« □ Henry Moore Studio, Halifax: »& 1BY2 & 2BY3 & XTOONE & Stone« (EA)
1996 Villa Merkel, Esslingen: »122=124« □ Kunsthalle, Zürich: »Playpen & Corpus Delirium« □ Centre Georges Pompidou, Paris: »Face à l'histoire« □ Haus am Waldsee, Berlin: »Zuspiel«
1997 Westfälisches Landesmuseum: »Skulptur. Projekte in Münster« (Kat.)
1998 Anthony Reynolds Gallery, London: »Westerweiterung« □ Galerie Max Hetzler, Berlin: »Mecawberismen. Georg Herold – Albert Oehlen«
1999 Kunsthaus Zürich: »Retro Visage« (EA, Kat.) □ BAWAG Foundation, Wien: »Alles in Ordnung« (EA, Kat.)

Ulla Jokisalo

1955 geboren in Kannus, Finnland
1984 Staatspreis für Fotografie
1985 Finnischer Kulturunionspreis
Die Künstlerin lebt und arbeitet in Helsinki

Ausstellungen

1983 Photographic Gallery Finnfoto, Helsinki: »On loneliness, what makes us separate, and from which memory creates a shared experience of us« (EA)
1984 Kunstmuseum Südkarelien, Lappeenranta (EA) □ Kunstmuseum, Hämeenlinna (EA)
1985 Alvar Aalto-Museum, Jyväskylä (EA) □ Jugend-sali, Helsinki: »Womens Energies« (mit Kari Paajanen) □ Nikon Gallery, Tokio: »Ensemble of Finnish Photographers«
1986 Rantagalleria, Oulu (EA) □ Wäino Aaltonen-Museum, Turku (EA)
1989 Photographic Gallery Finnfoto, Helsinki: »Private Phantasies« (EA) □ Rundetärn, Kopenhagen: »Photographers look at themselves« □ Ausstellungshalle Krasnogvarsk, Moskau: »Most 13« □ Fotografiezentrum, Stockholm: »Hölttä-Jokisalo-Kaila-Kelaranta«
1990 Finnland-Institut in Frankreich, Paris »La Photographie et la Philosophie« □ Breslau: »Hieraharju-Jokisalo-Kapa(nen)-Ripatti«
1991 Oso Gallery, Espoo: »The Speaking Eye«
1992 Museum für Gegenwartskunst, Studio N, Helsinki: »ANIMALis« (EA) □ Fotogalerie Wien □ 1. Drei-Jahres-Ausstellung für Fotokunst, Kunsthalle Helsinki: »Postmoraali« □ Fotogalerie Wien (mit Heini Hölttä und Raakel Kuukka)
1993 Leikkaus, Kunstmuseum der Stadt/Kuopio Art Museum, Kuopio: »Cutting (Retrospektive)« (EA) □ Fotografisches Museum, Helsinki: »KUVA-TEKO« □ Finnland-Institut in Frankreich, Paris: »La crucifié Artic« □ Galleria del Credito Valtellinase, Mailand/Joensu: »ART = ACT«
1995 Kunsthalle Helsinki: »Käsikirijoitus – The Script«, □ 2. Drei-Jahres-Ausstellung für Fotokunst, Louisiana, Dänemark/Museum für moderne Kunst, □ Talant, Frankreich: »Vents du Nord, Le Mois de la Photographie«
1996 Schwedisch-finnische Fotosammlung für das Kunstmuseum Bosnien-Herzegowina, Sarajewo □ Galerie Webbar, Paris: »Borealis 7 – Desire« □ Grafikens Hus, Mariefred, Schweden: »Stor Grafik« □ Museum van Hedendaagse Kunst, Antwerpen: »Above/Below Surface« □ The Photographic Art Museum, Helsinki: »Momentum« □ Hasselblad Center, Göteborg
1997 Varjokuvia, Fotogalerie Hippolyte, Helsinki: »Silhouettes« (EA) □ Fotozentrum Viktor Barsokevitsch, Kuopio (EA) □ Museum für Fotokunst Klädefabrik Odense, Dänemark □ Charlottesville, USA: »Grafik aus Skandinavien« □ Washington D.C.: »Crossing over« □ Galerie Lichtblick, Köln
1998 American Crafts Museum, New York, USA □ Sapporo International Print Biennial, Sapporo, Japan □ City Art Museum, Helsinki: »Images of Woman in Finnish Art« □ Kunsthalle, Helsinki: »The Second Finnish Art Triennale«
1999 Haus am Waldsee, Berlin: »Auf der Suche nach der verlorenen Zeit – Finnische Kunst der 90er Jahre« □ Photography Center of Mikkeli: »The Home District«

Komar & Melamid

Vitaly Komar

1943 geboren in Moskau

Alexander Melamid

1945 geboren in Moskau
1958–60 Kunstschule, Moskau
1962–67 Studium am Stroganow-Institut für Kunst und Design, Moskau
1965 erste Gemeinschaftsarbeit
seit 1973 Ausschluß von staatlichen Aufträgen und Ausstellungen
1977 Ausreise aus der Sowjetunion nach Israel
1978 Übersiedelung nach New York
Die Künstler leben und arbeiten vor allem in New York

Ausstellungen und Projekte

1967 Blue Bird Café, Moskau/Ausgestaltung eines Kinderferienlagers mit Portraits von »Helden der Revolution«
1974 Beljaevo bei Moskau: »Bulldozer Schau« (wurde auf Geheiß der Regierung von Bulldozern niedergewalzt)
1976 Galerie Ronald Feldman, New York: »Biography of Our Contemporary«
1977 Museum Ludwig, Köln (mit Douglas Davies)
1979 Ronald Feldman Gallery, New York: »Komar & Melamid Inc. We Buy and Sell Souls« (Performance)
1980–84 Entstehung der Gemäldezyklen »Nostalgic Socialist Realism Series«
1984–85 »Diary Series«
1985–87 »Anarchistic Synthesism Series«/»Mythological Creatures«
1986 New Museum of Contemporary Art, New York: »Soz-Art«
1987 documenta 8, Kassel (Kat.)
1987–88 »Gedichte über den Tod. Das Gespenst des Eklektizismus«
1988 NGBK, Berlin: »Poems about Death«
1990 Ausmalung einer Kirche in New Jersey
1992 Installation »Searstyle«/Projekt »Monumental Propaganda«
1993 Contemporary Art Centre: »The People's Choice. The Most Wanted and Unwanted Painting« □ Guelman Gallery, Moskau
1994 Kunst- und Ausstellungshalle der Bundesrepublik Deutschland, Bonn: »Europe – Europa« (Kat.)
1994–95 Installation »Lenin-Mausoleum. Wir erinnern uns oder so scheint es« als eigener Beitrag zu »Monumental Propaganda«
1995 Dia Center for the Arts, New York (EA) □ Checkpoint Charlie, Berlin (EA) □ Museum Ludwig, Köln (Kat.) □ Künstlerwerkstatt Lothringer Straße, München: »Kräftemessen« (Kat.)
1997 47. Biennale Venedig (Kat.) □ Museum Ludwig, Köln: »The People's Choice« (EA) □ Kunsthalle, Rotterdam: »The Most Wanted – The Most Unwanted Painting« (EA) □ Helsinki Art Museum, Helsinki (EA) □ Galerie Hohenthal & Bergen, Berlin: »Mystical Correct« (Kat.)
1998 Kunsthalle, Wien: »Schön-Häßlich« (EA)
1999 Queens Museum of Art, New York: »Global Conceptualism: Point of Origin, 1950–1980« □ 48. Biennale Venedig (Kat.) □ The Museum of Modern Art, New York: »The Museum as Muse/Artists Reflect«

Leonards Laganovskis

1955 geboren in Riga, Lettland
1973–79 Studium an der Kunstakademie in Riga
1980–83 Bühnenbildner am Stadttheater Riga
1984–88 Gestaltung staatlicher Festveranstaltungen und offizieller Wandgemälde in Riga
1991–92 Stipendiat im Künstlerhaus Bethanien
1992 Stipendium des Landeskulturzentrums Salzau bei Kiel □ Studienaufenthalt in The Banff Center for the Arts, Canada
1993–94 Atelierstipendium in den Kunst-Werken e.V., Berlin
1995 Stipendiat der Senatsverwaltung für Kulturelle Angelegenheiten, Berlin
Der Künstler lebt und arbeitet in Berlin und Riga

Ausstellungen

1984 Künstlerverband Riga (EA, Kat.)
1988 Neue Gesellschaft für Bildende Kunst in der Staatlichen Kunsthalle Berlin/Stadtgalerie Sophienhof, Kiel/Weserburg, Bremen: »Riga – Lettische Avantgarde«
1990 Janishof Galerie, Riga (EA, Kat.) □ Wewerka & Weiss Galerie, Berlin: »Mein erster Fernseher« (EA)
1991 Reutner Haus, Riga (EA) □ Landesmuseum, Insel Dole (EA) □ Kunsthalle/Staatsgalerie Sophienhof, Kiel/Kunsthalle Latvija, Riga: »Ars Baltica« (Kat.) □ Kunsthalle, Budapest: »Fiatal Muvészek Rigábol. Young Artists of Riga«/Rauman Taidemuseo, Rauma, Finnland: »Rauma Biennale Balticum '92« (Kat.) □ Sveaborg, Finnland: »Timespace. Sculpture Project« □ Walter Phillips Gallery in The Banff Center for the Arts, Canada: »Refleksija« □ Kunsthalle Düsseldorf: »Avantgarde und Kampagne« (Kat.).
1992 Wewerka & Weiss Galerie, Berlin: »Two Rooms« (EA) □ IfA-Galerie, Berlin: »Werke 1988–1992« (EA, Kat.) □ Künstlerhaus Bethanien, Berlin: »Private Collection« (EA) □ Landeskulturzentrum des Landes Schleswig-Holstein, Salzau bei Kiel: »Kunst des 20. Jahrhunderts« (EA)
1993 Zentrum für Zeitgenössische Kunst, Vilnius: »Hundertundeine Zeichnung« (EA) □ Stadtgalerie Sophienhof, Kiel/Kunsthalle Rostock/Kunsthalle Latvija, Riga/Zentrum für Zeitgenössische Kunst, Vilnius: »Das Gedächtnis der Bilder – Baltische Photokunst heute – im Rahmen der Ars Baltica«
1993/1994 Galerie Barbara Weiss, Berlin: »Tribünen« (EA) □ Kunst – Werke e.V., Berlin: »Kunst : Sprache«
1994 Berlinische Galerie, Berlin/Kunstakademie Danzig/Kunsthalle Nikolai, Kopenhagen: »Das Gedächtnis der Bilder« (Kat.) □ Dirty Windows Gallery, Berlin: »Happy People Laboratory« (EA) □ Galerie Bastei, Riga (EA)
1995 Haus am Waldsee, Berlin: »Memento. Kunst-Geschichte-Gedenken. Positionen zeitgenössischer Kunst aus Berlin« (Kat.) □ Mittelrhein-Museum, Koblenz/Schloss Burgk a.d. Saale/Haus am Waldsee, Berlin: »(Landschaft) mit dem Blick der 90er Jahre« (Kat.)
1996 Galerie Barbara Weiss, Berlin (EA) □ Ostsee-Biennale, Rostock: »Bekannt(-)Machung« (Kat.)
1998 Bundestag, Bonn/Jüdisches Museum/Martin-Gropius-Bau, Berlin: »Holocaust in Lettland« □ Riga/Lettland: »Latvian Contemporary Art Exhibition«
1999 Mecklenburgisches Künstlerhaus, Schloss Plüschow: »interim« □ Kunst im Stadtraum, Ventspils/Lettland: »Ventspils Transit Terminal«

Via Lewandowsky

1963 geboren in Dresden
1982–87 Studium an der Hochschule für Bildende Künste, Dresden
1994 The Banff Centre for the Arts, Kanada
1995 Kunstpreis der Stadt Leipzig
1998 Botho-Graef-Preis der Stadt Jena
Der Künstler lebt und arbeitet in Berlin

Ausstellungen

1988 VEB Denkmalpflege Dresden: »Im Eischweiß der Letzten Tausend Jahre« (EA) □ Klubhaus Arthur Hoffmann, Leipzig: »Ahnen im Aus« (EA)
1989 NGBK, Berlin: »Sie können nichts schreien hören – Acht Porträts zur Euthanasie« (EA)
1990 Galerie Vier, Berlin: »Zwölf Bahren zur Verbrüderung« (EA, Kat.) □ Berlin: »Zur Lage des Hauptes«, Beitrag zu »Die Endlichkeit der Freiheit« (Kat.) □ La Grande Halle de la Villette, Paris: »L'Autre Allemagne hors les murs«
1991 Stadtgalerie, Saarbrücken: »Biologie der Ermüdung« (EA, Kat.) □ Goethe-Institut, Toronto: »Perplexing Intangibilities Like Taste/Modell einer Sensation« (EA) □ Palazzo delle Esposizioni, Rom: »Fäulnisprobe« in: »L'Ordine delle Cose« □ Sezon Museum of Art, Tokio: »A Double Mentality«
1992 documenta 9, Kassel (Kat.) □ Galerie Sonne, Berlin: »Diplopie« (EA) □ Galerie Vier, Berlin: »Diplopie II« (EA) □ P.S.1, New York: »Conclusion by Destruction« in: »Encounters with Diversity« □ Corcoran Gallery of Art, Washington: »Counterselection« in: »Interface«
1993 Galerie Lumen Travo, Amsterdam: »Everything is twice/Diplopia III« (EA) □ Kunsthalle, Düsseldorf: »Es ist schön, daß es Menschen gibt« in: »Deutschsein« □ Galerie im Marstall, Berlin: »Schämt Euch« in: Künstler träumen Berlin«
1994 Berlin: »Ende eines unerhörten Anreizes« zu »Nachtbogen« □ Center for Contemporary Art, Warschau: »Ex Oriente Lux (Es zieht)« □ X. Biennale S. Martino di Lupari: »We will talk about it« in: »Perpetuum Mobile« □ Förderpreis der Galerie für zeitgenössische Kunst, Leipzig: »Die letzte Stuhlpolonaise« in: »Leerstand« (Kat.)
1995 Museum der Bildenden Künste, Leipzig: »Alles Gute/Good Luck« (EA, Kat.) □ Gallery Lombard Freid Fine Arts, New York: »Nice and Fatal« (EA) □ Marstall, Berlin/Kunsthalle Dresden: »Nichts geht mehr«, in: »Ostchor – Westportal«
1996 Galerie Sonne, Berlin: »Was man sich ausdenken kann« (EA) □ Kunsthalle, Düsseldorf: »Wir werden uns langweilen« in: »Happy end« □ Open Art, München: »Es muss im Keller passiert sein« in: »Pater Noster«
1997 Galerie Karin Sachs, München: »Fliegen ohne Kopf« (EA) □ Galerie Arndt & Partner, Berlin: »Komm stirb mit mir (KSMM)« (EA, Kat.) □ Martin-Gropius-Bau, Berlin: »Deutschlandbilder«
1998 Kunstverein Luckenwalde/Kunstverein Lingen/Albrecht-Dürer-Gesellschaft, Nürnberg: »Wanderer im Nebel« (EA) □ Galerie Ute Parduhn, Düsseldorf: »Vom Kindlein mit dem Loch im Kopf und der Säge« (EA) □ Deutsches Museum Bonn im Wissenschaftszentrum/Künstlerhaus Bethanien, Berlin: »Des Künstlers Hirn« (EA, mit Durs Grünbein)
1999 Galerie Martina Detterer, Frankfurt a.M.: »Bona fide« (EA) □ Performance mit Durs Grünbein, Theater Basel: »Zeit der Zähne« □ Galerie Lombard Freid Fine Arts, New York: »Propaganda« □ Nationalgalerie, Berlin: »das XX. jahrhundert – ein jahrhundert kunst in deutschland« □ Moderna Museet, Stockholm: »After the Wall. Art and Culture in Post-Communist Europe«

Roger Lips

1952 geboren in Essen
1975–80 Design-Studium an der Folkwangschule Essen
1986 Teilnahme an der Internationalen Fotoszene Köln, Ankäufe Sammlung Ludwig, Köln
1989 Erkrankung an AIDS
1994 stirbt der Künstler in Köln

Ausstellungen

1986 Galerie Appendix, Köln: »1+1=3« □ Bund Bildender Künstler, Köln: »Positiv-Negativ« □ Galerie Lichtraum, Köln: »Körperbilder« □ Galerie Lichtblick, zu Gast in der Kreishausgalerie, Köln: »Wandlungen einer Doppelnatur, Foto – Graphien« (EA, Kat.)
1987 Galerie Ton Peek, Amsterdam: »Neue Arbeiten von 12 Fotografen« □ The University Art Gallery of North Alabama: »Roger Lips – Photo – Graphs: Wandlungen einer Doppelnatur« (EA) □ Galerie Olaf Zimmermann, Köln: »Die Welt der Insekten«
1988 Hauptverwaltung der Deutschen Bahn, Frankfurt a.M.: »Foto-Graphie von Roger Lips« (EA) □ Schulz, Köln (EA) □ Café Anderes Ufer, Berlin: »Positiv – Negativ« (EA) □ Galerie Tina Farina, Köln: »oben sowie als auch unten« (EA, Kat.)
1989 Galerie Wiegand, Köln: »Der Kopf, oder der Streit beginnt im Kopf« □ Fotogalerie, Wien: »Köln – Wien, Zeitgenössische Fotografie« □ Fotogalerie im Wedding, Berlin: »Roger Lips« (EA) □ Stadtgarten, Köln: »Fotografien« (EA) □ Nada Art (im Rahmen von TATA-West), Köln: »Roger Lips – Fotos« □ Arbeitsgemeinschaft für medizinische Ethik e.V., Köln: »mit AIDS leben«
1990 Kunststation St. Peter, Köln: »Altarbild, Geist und Körper – Junge Kunst aus Berlin« □ Aids-Hilfe, Köln: »Roger Lips, Foto-Graphien« (EA)
1991 Galerie Lichtblick, Köln: »Fünf Jahre Lichtblick« □ Roland Galerie im Roland Haus, Köln: »Roger Lips« (EA) □ Galerie Ute Saar, Köln: »Ich hab's kommen sehen (zum Thema Pornografie)«
1992 Sammlung Scheuermann, Köln: »Fotoinstallationen im Flur« (EA) □ Nada Art, Köln: »Experiment Foto« □ Schwules Museum, Berlin: »Infektiös« □ Galerie Lichtblick, Köln: »Bilder gegen Rechts«
1993 Kunstschalter, Köln: »Erotik in der Kunst« □ Article, Köln: »Hund« □ Kulturforum Alte Post, Neuss: »Roger Lips – Männerbilder« (EA)
1995 Fototage, Herten: »Heimatkunde«
1998 Edition Objektiv, Köln: »animals«

Paul Luckner

1960 geboren in Mettmann
1982–89 Studium an der Staatlichen Kunstakademie, Düsseldorf
1886 Meisterschüler bei Fritz Schwegler
1987–88 Studium an der Ecole des Beaux Arts, Paris
1989 Reisestipendium der Kunstakademie Düsseldorf
Der Künstler lebt und arbeitet in Düsseldorf

Austellungen

1987 Galerie Wittenbrink, München: »Photoarbeiten II« □ Städtische Galerie, Paderborn: »Gruppenausstellung«
1988 Galerie Schmela, Düsseldorf
1989 Stadttheater, Remscheid: »Knacken ohne Knall«
1992 Ehrenhof, Düsseldorf: »Makroville«
1995/1996 Möbel Pfister, Basel/Künstlerwerkstatt Lothringer Straße, München/KX Kampnagel, Hamburg: »Ein Zimmer«
1998 Kaskadenkondensator, Basel: »Vaterbild«

Christiane Möbus

1947 geboren in Celle

1966–70 Studium an der Staatlichen Hochschule für Bildende Künste, Braunschweig

1978 Villa-Romana-Preis, Florenz

1980 Bernhard-Sprengel-Preis für Bildende Kunst

1981–82 Gastprofessur an der Hochschule für Bildende Künste, Hamburg

1982–90 Professur an der Staatlichen Hochschule für Bildende Künste, Braunschweig

1986 Förderpreis des Kunstpreises Berlin, Akademie der Künste, Berlin

1990 Gastprofessur an der Konsthögskolan Valand, Universität Göteborg

seit 1990 Professur an der Hochschule der Künste, Berlin

1993 Niedersachsenpreis

Die Künstlerin lebt und arbeitet in Hannover und Berlin

Ausstellungen

1971 Paula-Becker-Modersohn-Haus, Bremen (EA)

1976 Kunstverein, Hannover (EA) □ Galerie + Werkstatt, Wolfenbüttel (EA)

1978 Galerie Kohnen, Düsseldorf (EA)

1979 Mathildenhöhe, Darmstadt (EA)

1980 Kunstmuseum mit Sammlung Sprengel, Hannover (EA) □ Galerie Schema, Florenz (EA) □ Wilhelm-Lehmbruck-Museum, Duisburg (EA, Kat.) □ Paris: »XI. Biennale des Jeunes«

1981 Kunsthalle Wilhelmshaven (EA) □ NBK, Berlin: »Bildhauertechniken« □ Kunsthalle, Bielefeld: »ars viva 81 – Skulpturen und Installationen«

1982 Kunstverein Freiburg (EA)

1983 Galerie Appel und Fertsch, Frankfurt (EA) □ Neue Galerie – Sammlung Ludwig, Aachen (EA, Kat.)

1984 Galerie Rupert Walser, München (EA, Kat.)

1985 Galerie D + C Mueller-Roth, Stuttgart (EA) □ Städtisches Museum Abteiberg, Mönchengladbach (EA, Kat.) □ Antwerpen: »Biennale 18 Middelheim«

1986 Provinciaal Museum, Hasselt, Belgien (EA) □ Forum Kunst, Rottweil (EA) □ Kunstverein Frankurt a.M.: »Prospect '86«

1987 Galerie Lydia Megert, Bern (EA)

1988 Galerie Defet, Nürnberg (EA) □ Charlottenborg, Kopenhagen: »DE FACTO«

1989 Museum Moderner Kunst, Palais Liechtenstein, Wien (EA, Kat.) □ Goethe-Institut, London: »Recycling Red«

1990 Museum Wiesbaden: »Positionen von Künstlerinnen des 20. Jahrhunderts« □ Georgengarten, Hannover-Herrenhausen: »Bis Jetzt – Von der Vergangenheit zur Gegenwart. Plastik im Außenraum der Bundesrepublik«

1991 Kunstforum, Städtische Galerie im Lenbachhaus, München (EA) □ Westfälischer Kunstverein, Münster: »ars viva 91/92 – gestaltete Räume«

1992 Kunstverein Celle (EA) □ Schloß Friedenstein Gotha: »Skulpturen-Projekt Gotha«

1993 Haus am Waldsee, Berlin: »Subjekt·Prädikat·Objekt«

1994 Kunstverein Ludwigsburg (EA, Kat.) □ Kunstverein Braunschweig (EA, Kat.)

1995 Galerie Anselm Dreher, Berlin (EA)

1996 Martin-Gropius-Bau, Berlin (EA) □ Akademie der Künste/Hochschule der Künste/Neue Galerie, Berlin: »Gedächtnis der Vorstellung«

1997 Kunstverein Hannover (EA, Kat.) □ The Corcoran Gallery of Art, Washington D.C. (EA) □ Kunsthaus, Aarau/Kunsthalle Krems: »Die Schwerkraft der Berge« □ Culturgest, Gestão de espaços culturais, Lissabon: »Art can be affirmative«

1998 Kunsthalle auf der Zugspitze □ Neues Museum, Nürnberg (EA) □ Diözesanmuseum Freising: »Geistesgegenwart«

Albert Oehlen

1954 geboren in Krefeld

1970–73 Ausbildung als Verlagsbuchhändler in Düsseldorf

1976 Gründung der »Liga zur Bekämpfung widersprüchlichen Verhaltens«

bis 1981 Studium an der Hochschule für Bildende Kunst, Hamburg

Der Künstler lebt und arbeitet in Köln

Ausstellungen

1981 Galerie Max Hetzler, Stuttgart: »Bevor Ihr malt, mach ich das lieber« (EA) □ Akademie der Künste, Berlin: »Bildwechsel« (EA, Kat.)

1983 NGBK, Berlin: »Rechts blinken – links abbiegen« (mit Werner Büttner, Kat.)

1984 Museum Folkwang, Essen: »Wahrheit ist Arbeit« (Kat.)

1985 Galerie Ascan Crone, Hamburg: »Farbenlehre« (EA, Kat.)

1986 CCD Galerie, Düsseldorf: »Das Medium der Fotografie ist berechtigt, Denkanstöße zu geben« (EA) □ Kunstverein, Hamburg/Institute for Contemporary Art, London: »Können wir vielleicht mal unsere Mutter wiederhaben!« (mit Werner Büttner und Georg Herold, Kat.)

1987 Kunsthalle, Zürich: »Abräumung – Prokrustische Malerei 1982–1984« (EA) □ Centre National des Arts Plastiques, Villa Arson, Nizza: »Q.U.I« (mit Werner Büttner, Martin Kippenberger, Markus Oehlen) □ Museo Nacional Centro de Arte Reina Sofia, Madrid: »La Colección Sonnabend«

1988 Galerie Gisela Capitain, Köln: »Zeichnungen und Linolschnitte« (EA) □ Städtische Kunsthalle Düsseldorf/Museum of Fine Arts – The Institute of Contemporary Art, Boston/The Minneapolis Institute of Fine Arts, Minneapolis □ Contemporary Arts Museum, Houston: »Binationale/The Binational – Deutsche/Amerikanische Kunst der späten 80er Jahre«

1989 Galerie Bleich-Rossi, Graz (EA)

1990 Galerie Grässlin-Erhardt, Frankfurt a.M.: »Die Grüne Tür« (EA)

1991 Martin-Gropius-Bau, Berlin (Kat.): »Metropolis«

1992 Bruno Brunnet, Berlin (EA) □ Margo Leavin Gallery, Los Angeles (EA): »Felix Gonzalez-Torres, Albert Oehlen, Christopher Williams«

1993 K-Raum Daxer, München (EA, Kat.)

1994 Deichtorhallen, Hamburg: »Malerei« (EA, Kat.) □ Luhring Augustine, New York: »Return of the Hero« (mit Georg Baselitz/Günther Förg/Martin Kippenberger/Albert Oehlen/Sigmar Polke/Gerhard Richter)

1995 Gesellschaft für Gegenwartskunst, Augsburg: »Abortion of the Cool« (EA, Kat.)

1997 Martin-Gropius-Bau, Berlin: »Deutschlandbilder« (Kat.) □ Galleri K, Oslo (EA) □ Kunsthalle, Basel: »Albert vs. History« (EA, Kat.) □ Galerie Max Hetzler, Berlin: »Lass spielen (Vergessene Kinder)« (EA)

1998 Galerie Freund/Wind, Wien (EA) □ Städtisches Museum im Abteiberg, Mönchengladbach: »El Niño« (Kat.) □ Zentrum für Kunst- und Medientechnologie, Karlsruhe: »Kunst der Gegenwart – Blickwechsel« (Kat.)

1999 Galerie Juana de Aizpuru, Madrid: »Lord, Pferdeflüsterer, Antichrist« (EA) □ Museum of Contemporary Art, Chicago: »Decades in Dialogue« □ Kunsthalle Basel: »Nacht – Bild« (Kat.) □ INIT Kunst-Halle, Berlin: »Malerei«

Pavel Pepperstein

1966 in Moskau geboren

1985–1987 Akademie der Bildenden Künste, Prag

1987 Gründung der Gruppe »Inspektion Medizinische Hermeneutik« (zusammen mit Sergej Anufriev und Jurij Lejderman; Mitglied bis 1991)

Der Künstler lebt und arbeitet in Moskau

Ausstellungen

1989 KLAVA (Klub der Avantgardisten), Moskau: »Perspektiven des Konzeptualismus« (Inspektion Medizinische Hermeneutik, im folgenden: IMH) □ Messepalast, Wien: »Moskau · Wien · New York/Kunst zur Zeit« (IMH) □ Sammlung Ludwig, Neue Galerie, Köln: »UdSSR heute« (IMH, Kat.)

1990 Galerie Mladych, Prag: »Drei Inspektoren (Drei Kinder)« (EA, Kat.) □ Kunsthalle Düsseldorf: »Orthodoxe Ablutschungen/Umschläge und Abschlüsse« (EA, Kat.) □ Gallery Phillis Kind, New York: »The Work of Art in the Age of Perestrojka« (IMH) □ Sala Umberto Boccioni, Mailand: »Mosca, Moskva, Moskau« (IMH, Kat.)

1991 Galerie Krings-Ernst, Köln: »Das Militärleben von kleinen Bildern« (EA) □ Zentrum Industriekultur, Nürnberg/Stadtmuseum, München: »Unter Null« (IMH) □ Setagaya Museum, Tokio: »Russische Kunst von den 60er Jahren bis zur Perestroika« (IMH)

1992 Galerie Grita Insam, Wien: »Ein Seitenraum des Sakralen in der UdSSR« (EA, Kat.) □ Shedhalle, Zürich/Swiss Institute, New York: »Die Schweiz + die Medizin« (EA) □ Galerie Walcheturm, Zürich: »19-91« (EA)

1993 45. Biennale Venedig (IMH, Kat.) □ Kunstverein Hamburg: »Goldene Ikonen und schwarze Linie« (EA, Kat.) □ Galerie L., Moskau: »Leere Ikonen« (EA, Kat.) □ Kunstspeicher, Potsdam: »Fontanelle« (IMH, Kat.) □ Neue Galerie, Graz: »Kontext Kunst« (IMH, Kat.)

1994 Galerie Inge Baecker, Köln: »Erlebnis im Turm (Der goldene Schatten)« (EA) □ Galerie Grita Insam, Wien: »Paramen« (EA) □ Human Space Modern Art Center, Mailand: »Processioni« (EA) □ Deichtorhallen, Hamburg: »6 Moskauer Konzeptualisten« (IMH, Kat.) □ Kunsthalle, Wien/Kunstverein Frankfurt a.M.: »Die Sprache der Kunst« (Kat.)

1995 Galerie Hohenthal & Littler, München: »Zeichnungen der Moskauer Szene« (IMH) □ Galerie Pastzi-Bott, Köln: »Freuds Träume und Schema N 5« (mit Andrej Monastyrskij)

1996 Villa Waldberta, Feldafing: »Das weisse Fenster« (EA) □ Pori Art Museum, Pori/Finnland: »Tennis Game« (Installation mit Ilya Kabakov) □ Haus am Waldsee, Berlin: »Flug. Entfernung. Verschwinden« (Kat.) □ Kunstraum Lothringer Straße, München: »Kräftemessen« (IMH)

1997 Staatliches Russisches Museum, St. Petersburg: »Porträt eines Greises« (EA, Kat.) □ Galerie Elisabeth Kaufmann, Basel: »Max Matter, Pavel Pepperstein« □ Galerie Hohenthal & Bergen, Berlin: »Mystical Correct« (IMH, Kat.)

1998 Kunsthaus Zug, Schweiz: »Binokel und Monokel – Leben und Werk« (EA, Kat.) □ Galerie Obscuri Viri, Moskau: »Die süße Dunkelheit« (Kat.) □ Institut für Zeitgenössische Kunst, Moskau: »Das Märchen besuchen« (IMH) □ Staatsbibliothek zu Berlin, Preußischer Kulturbesitz: »Präprintium« (IMH)

1999 Kunsthaus Zug, Schweiz: »Vater und Sohn. Victor Pivovarov und Pavel Pepperstein« (Kat.) □ IfA-Galerie, Berlin: »Neues Moskau. Kunst aus Moskau und St. Petersburg« (Kat.)

Viktor Pivovarov

1937 in Moskau geboren
1951–1957 M. I. Kalinin Kunstgewerbeschule, Moskau
1957–1962 Polygraphisches Institut, Moskau
Der Künstler lebt und arbeitet seit 1982 in Prag

Ausstellungen

1976 37. Biennale Venedig (Kat.)
1977 Arts Club of Washington and Kiplinger Editors Building, Washington D.C.: »New Art from the Soviet Union« (Kat.)
1981 Contemporary Russian Art Center of America, Soho International Art Center, New York: »Russian New Wave« (Kat.) □ Galerie Gorky, Paris: »La Peinture Russe Aujourd'hui 1971–1981«
1984 Institut für makromolekulare Chemie der Akademie der Wissenschaften, Prag: »Zeichnungen und Aquarelle« (EA)
1987 Gedenkstätte des nationalen Schrifttums, Prag: »Illustrationen« (EA)
1988 Kulturzentrum Opatov, Prag: »Zeichnungen und Aquarelle« (EA) □ Neue Galerie Schloß Götzental, Luzern: »Konzert« (mit Ilya Kabakov) □ Kunstmuseum Bern: »Ich lebe – Ich sehe. Künstler der achtziger Jahre in Moskau« (Kat.)
1989 Volkshaus in Vysočany, Prag (EA, Kat.)
1990 Kunsthaus Brünn: »Text und Bild« (EA, Kat.) □ Galerie Witte de With, Rotterdam: »Ten Artists whom I Remembered on May 3rd, 1990 at 7:00 p.m.« (Kat.) □ Exit Art, New York: »The Green Show« (Kat.)
1991 Galerie Krings-Ernst, Köln: »Zyklus Kleine weiße Kugeln« (EA) □ Washington Project for the Arts, Washington D.C.
1992 Galerie Béhemot, Prag: »Unbegrenzte Möglichkeiten der Malerei« (EA)
1993 Galerie L., Moskau: »Metempsychose« (EA, Kat.) □ Josef-Haubrich-Kunsthalle, Köln: »Von Malewitsch bis Kabakov. Russische Avantgarde im 20. Jahrhundert. Die Sammlung Ludwig« (Kat.)
1994 Galerie Obscuri Viri, Moskau: »Agent in Norwegen« (EA) □ Windows Gallery, British Council, Prag: »I am Animal« (EA)
1995 Galerie Ruce, Prag: »Nicht verlorene Illusionen« (EA) □ Grazer Kunstverein/Kunsthaus Wels, Österreich: »Wohnung Nr. 22« (EA) □ Galerie der Hauptstadt Prag: »Flug. Entfernung. Verschwinden. Konzeptuelle Moskauer Kunst«
1996 Galerie der Hauptstadt, Prag/Leopold-Hoesch-Museum, Düren/Museé d'Art Moderne, Saint-Etienne: »Sonja und die Engel« (EA)
1998 Galerie Sokolska 26, Ostrava/Tschechien/Galerie Del'ta, Moskau: »Chinesisch Stunde« (EA) □ Galerie Vaclava Špály, Prag: »Himmlisches Chelm. Ausstellungspoem in fünf Teilen« (EA, Kat.) □ Staatsbibliothek zu Berlin, Preußischer Kulturbesitz: »Präprintium. Moskauer Bücher aus Samizdat« (Kat.)
1999 Kunsthaus Zug, Schweiz: »Vater und Sohn. Victor Pivovarov und Pavel Pepperstein« (Kat.) □ Dr. Marina Sandmann Art Management im Haus der Wissenschaft und Kultur der Russischen Föderation, Berlin/Friedrich-Naumann-Stiftung, Lauenburg: »Die Suche nach der Freiheit. Moskauer Künstler der 50er–70er Jahre« (Kat.) □ Galerie Hohenthal & Bergen, Berlin: »Drama Lenin – Stalins Tragödie«

Gerhard Richter

1932 geboren in Dresden
1952–57 Studium an der Kunstakademie Dresden
1961–66 Studium an der Kunstakademie Düsseldorf
1967 Gastdozent an der Hochschule für Bildende Künste, Hamburg
1971–94 Professur an der Kunstakademie Düsseldorf
1978 Gastprofessur am College of Art, Halifax
1981 Arnold-Bode-Preis, Kassel
1985 Oskar-Kokoschka-Preis, Wien
1988 Gastprofessur Städelschule, Frankfurt a.M.
1995 Wolf-Preis, Jerusalem
1997 Goldener Löwe der Biennale Venedig □ Praemium Imperiale-Preis, Tokio
1998 Wexner-Preis, Columbus (Ohio)
Der Künstler lebt und arbeitet in Köln

Ausstellungen

1963 Möbelhaus Berges, Düsseldorf: »Leben mit Pop. Eine Demonstration für den Kapitalistischen Realismus« (mit Konrad Lueg)
1965 Galerie Patio, Frankfurt a.M.: »Die beste Ausstellung Deutschlands« (mit Konrad Lueg)
1970 Galerie Konrad Fischer, Düsseldorf (EA)
1971 Galerie Thomas Borgmann, Köln: »Grafik 1965–1971« (EA)
1972 36. Biennale Venedig (Kat.) □ documenta 5, Kassel (Kat.)
1976 Palais des Beaux Arts, Brüssel: »Tableaux 1962–1975« (EA) □ Galleria La Bertesca, Genua (EA)
1977 Centre National d'Art Moderne, Paris (EA) □ documenta 6, Kassel (Kat.)
1978 Sperone Westwater Fischer Gallery, New York (EA)
1979 Whitechapel Art Gallery, London: »Abstract Paintings« (EA)
1980 Nova Scotia College of Art and Design, Halifax: »128 Details from a picture« (EA)
1981 Padiglione d'Arte Contemporanea di Milano, Mailand
1982 Kunsthalle Bielefeld/Kunstverein Mannheim/Galerie Fred Jahn, München: »Abstrakte Bilder 1976–1981« (EA, Kat.)
1984 David Nolan Gallery, New York: »Multiples and Complete Prints« (EA)
1985 Nationalgalerie Berlin: »1945–85. Kunst in der Bundesrepublik Deutschland« (Kat.)
1986 Barbara Gladstone Gallery/Galerie Rudolf Zwirner, New York (EA) □ Kunsthalle Düsseldorf: »Bilder 1962–1985« (EA, Kat.)
1987 documenta 8, Kassel (Kat.)
1988 Anthony d'Offay Gallery, London: »London Paintings« (EA) □ Museum of Contemporary Art, Chicago (EA) □ Museum of Modern Art, San Francisco (EA)
1989 Institute of Contemporary Arts, London/Art Museum, St. Louis: »18. Oktober 1977« (EA)
1990 The Montreal Museum of Fine Arts (EA) □ Lannan Foundation, Los Angeles (EA) □ Institute for Contemporary Arts, Boston (EA)
1991 Tate Gallery, London (EA, Kat.)
1992 Assoziazione per l'Arte Contemporanea, Rom: »Montagne, Zerynthia« (EA, Kat.) □ documenta 9, Kassel (Kat.)
1993 NBK, Berlin: »Ausschnitt« (EA) □ Musée d'Art Moderne de la Ville de Paris (EA, Kat.) □ Kunst- und Ausstellungshalle der BRD, Bonn (EA, Kat.) □ Museo Nacional Centro de Arte Reina Sofia, Madrid (EA, Kat.)
1994 David Zwirner Gallery, New York (EA) □ Kunstverein Ruhr, Essen: »Gerhard Richter und die Romantik« (EA, Kat.)
1995 The Israel Museum, Jerusalem (EA) □ Galerie Hauser & Wirth, Zürich (EA) □ Luhring Augustine Gallery, New York (EA) □ Haus am Waldsee, Berlin: »Editionen 1965–1995« (EA, Kat.)
1996 Carré d'Art, Musée d'Art Contemporain de Nîmes: □ »100 Bilder« (EA, Kat.)
1997 Martin-Gropius-Bau, Berlin: »Deutschlandbilder« (Kat.) □ 47. Biennale Venedig (Kat.)
1998 Wexner Center for the Arts, Columbus/Ohio (EA) □ Sprengel-Museum, Hannover: »Landschaften« (EA, Kat.) □ Galerie im Lenbachhaus, München: »Atlas« (EA, Kat.)
1999 Kestner Gesellschaft, Hannover: »Das Versprechen der Fotografie« □ Museum Fridericianum, Kassel: »Pro Lidice« (Kat.) □ Leverkusen, Museum Morsbroich/Kunstmuseum Winterthur: »Aquarelle, Zeichnungen« (EA)

Thomas Schütte

1954 geboren in Oldenburg
1973–81 Studium an der Kunstakademie Düsseldorf bei Fritz Schwegler und Gerhard Richter
1986–87 Gastprofessur an der Hochschule für Bildende Künste, Hamburg
Der Künstler lebt und arbeitet in Düsseldorf

Ausstellungen

1979 La Vitrine, Paris (EA) □ Galerie Arno Kohnen, Düsseldorf (EA)
1980 Galerie Rüdiger Schöttle, München (EA)
1981 »Westkunst«, Köln □ Galerie Konrad Fischer, Düsseldorf (EA)
1984 Düsseldorf: »von hier aus. Zwei Monate neue deutsche Kunst in Düsseldorf« □ Galerie Philip Nelson, Lyon (EA) □ Produzentengalerie Hamburg (EA) □ Galerie Johnen & Schöttle, Köln (EA) □ Galerie Jean Bernier, Athen (EA)
1985 Galerie Micheline Szwajcer, Antwerpen (EA) □ Raum für Kunst, Hamburg (EA)
1986 Museum Haus Lange, Krefeld (EA, Kat.) □ Galerie Croussel-Hussenot, Paris (EA) □ Galerie Tucci Russo, Turin (EA, Kat.)
1987 documenta 8, Kassel (Kat.) □ Westfälisches Landesmuseum, Münster: »Skulptur. Projekte in Münster« (Kat.) □ Lichthof im Westfälischen Landesmuseum für Kunst- und Kulturgeschichte, Münster (EA, Kat.) □ Museum Overholland, Amsterdam (EA, Kat.)
1988 Staatliche Kunsthalle Baden-Baden (EA, Kat.) □ Galerie Christian Stein, Mailand (EA, Kat.)
1989 Portikus, Frankfurt a.M. (EA) □ Stichting de Appel, Amsterdam (EA, Kat.) □ Marian Goodman Gallery, New York (EA, Kat.) □ Galerie Ute Parduhn, Düsseldorf (EA, Kat.)
1990 Kunsthalle Bern (EA, Kat.) □ ARC Musée d'Art Moderne de la Ville de Paris (EA, Kat.) □ Stedelijk van Abbemuseum, Eindhoven (EA, Kat.)
1991 Kasseler Kunstverein
1992 documenta 9, Kassel (Kat.) □ Vereeniging voor het Museum voor Hedendaagse Kunst, Gent (EA)
1993 Produzentengalerie Hamburg
1994 Hamburger Kunsthalle (EA, Kat.) □ Württembergischer Kunstverein, Stuttgart (EA) □ Carré d'Art, Musée d'Art Contemporain, Nîmes (EA, Kat.)
1995 Kunstverein Oldenburg (EA) □ Lisson Gallery, London (EA) □ Wako Works of Art, Tokio (EA)
1996 Distemper, Hirshhorn Museum, Washington □ Leopold-Hoesch-Museum, Düren (EA) □ Kunstverein Wolfsburg und Städtische Galerie Wolfsburg (EA, Kat.)
1997 documenta X, Kassel (Kat.) □ Westfälisches Landesmuseum, Münster: »Skulptur. Projekte in Münster« (Kat.) □ Kunstverein für die Rheinlande und Westfalen, Düsseldorf: »Zuspiel« (Kat.)
1998 Whitechapel Art Gallery, London □ De Pont Foundation, Tilburg □ Museum of Contemporary Art, Fundação de Serralves, Porto (EA)
1999 Dia Center for the Arts, New York/Produzentengalerie Hamburg: »Gloria in Memoria« □ Dia Center for the Arts, New York: »Scenewright« □ Dia Center for the Arts, New York: »In medias res«